Woje E. Saven & Drèksèl G. Woudsonn

MOZAYIK

YON KONBIT LITERÈ ANN AYISYEN

"AN ANTHOLOGY IN THE HAITIAN LANGUAGE"

PREFAS
Ig Senfò

KOLEKSYON
"Language EXPERIENCE, Inc."

"Language EXPERIENCE, Inc." renmèsye
Fondasyon Konnesans ak Libète (FOKAL)
ki sibvansyonnen pwodiksyon MOZAYIK.
Yon gwo mèsi tou pou ekriven kreyolis-yo
ki kolabore nan reyalizasyon konbit literè-a.

Language EXPERIENCE, Inc.
P.O. Box 17403
Plantation, FL 33318
resavain@gmail.com

ISBN: 978-0-7414-4045-7

Published by:
INFINITY PUBLISHING.COM
1094 New Dehaven Street, Suite 100
West Conshohocken, PA 19428-2713
Info@buybooksontheweb.com
Www.buybooksontheweb.com
Toll-free (877) BUY BOOK
Local Phone (610)941-999Fax (610 941-9959

Konsepsyon e reyalizasyon : **Woje E. Saven**

Revizyon : **Drèksèl G. Woudsonn**

Desen kouvèti : **Randy Williams / firmconcept**

Enprime nan Etazini

Sa ki nan liv-sa-a

MOZAYIK

YON KONBIT LITERÈ

In this country of shocking contrasts,
none symbolizes better
the primitive past and the pushbutton future
than the peasant "coumbite"...

- Selden Rodman

Anfas kontras chokan nan peyi-sa-a
pa gen anyen tankou konbit peyizan-an
ki ka senbolize pi byen
pase primitif ak fiti dinamize ...

- *Sèldenn Wòdmann*

Prenmye koze

MOZAYIK: Yon konbit literè ann ayisyen rasanble douz ekriti save ayisyen ak ameriken prepare an kreyòl ayisyen sou keksyon imanite, syans sosyal ak syans. Ekriven-yo se entelektyèl, pwofesè ak espesyalis nan rechèch, ki byen enfòme sou Ayiti, popilasyon-ni ak tradisyon-ni.

Yo deside pote apò-yo apre yo resevwa envitasyon Woje E. Saven nan mwa fevriye 1998 pou patisipe nan yon konbit literè ki gwoupe moun ki ekri an kreyòl ayisyen epi demontre lang prensipal ki pale ann Ayiti-a ka sèvi tou pou fè kominikasyon ekri. **MOZAYIK** se prenmye antoloji nan kategori pa-li kote ekriven-yo pa sèvi ak lang kreyòl ayisyen -an pou sèlman pibliye fiksyon kreyatif, pwezi, tèks relijye, chanson oswa pou popilarize enfòmasyon piblik.

Espesifikman, liv-sa-a vle satisfè bezwen elèv nan lekòl segondè ak etidyan nan inivèsite ann Ayiti ak nan dyaspora-a kap chèche anrichi konnesans -yo nan lekti tèks ki ekri nan lang prensipal Ayiti-a sou reyalite peyi-a. Ekriven-yo prezante sijè-yo yon jan ki ka estimile lide kritik etidyan-yo epi ankouraje-yo pran abitid fè avèk atansyon ànaliz moun, evènman, pwosedi ak fason pou kòmante sou yo. Sepandan, lektè tout laj ak tout aktivite nan lavi ki enterese fè lekti kreyòl ayisyen pou aprann sou pase Ayiti, reflechi sou prezan-ni epi vizyonnen fiti-li va jwenn nan **MOZAYIK** yon koleksyon enfòmasyon ak agiman pwovokatif.

Nan soutit **MOZAYIK** gen lide travay ansanm ak mo **konbit** ki reprezante yon aktivite kolektif peyizan ayisyen lè yo kole zepòl ak ponyèt pou defriche latè, plante jaden oswa fè rekòt danre. Se nan menm espri konbit tradisyonnèl-la ekriven-yo nan liv-sa-a kiltive yon jaden koze entelektyèl siyifikatif avèk yon konsantrasyon sou kreyòl ayisyen-an kòm sijè diskisyon oswa kòm lang zouti pou esplore lòt sijè.

Nan prefas-la **Ig Senfò** dekri istwa kreyòl ayisyen epi kòmante sou teyori lengwistik aktyèl sou kreyòl an konparezon avèk lòt kalite lang.

Defen **Pradèl Ponpilis** (1914-2000) esprime pwennvi penetran-ni sou kreyòl ayisyen-an ak sou apwòch lengwistik etid -li, enprime yon dènye fwa. Li dekri tou etap prensipal lavi-li kòm edikatè, chèchè, istoryen e kritik literè.

Maksimilyen Lawòch itilize eksplwa detektif fiktif kòm yon metafò pou li ekspoze etap plannifikasyon ak egzekisyon pwojè rechèch konsekan ki defini pwoblèm, seleksyonnen metòd envestigasyon apwopriye epi egzaminen evidans.

Drèksèl G. Woudsonn elabore sou ekriti lèt kòm yon mwayen kominikasyon anplis pou etnograf ki antiche istwa. Apre li rakonte kouman li aprann kreyòl ayisyen nan anne 1970-yo, li egzaminen deba sou òtograf kreyòl ayisyen depi 1940, dekri referans disponnib alèkile pou fasilite tranzisyon lang pale-sa-a an yon lang ekri.

Defen **Ève Florival** (1955-2005) adopte apwòch nostaljik moun sikonstans fòse kite peyi-yo pou li raple bon moman adolesans-li nan lakanpay Ayiti.

Brayant Frimann transkri kont ayisyen ki souliyen siyifikasyon sosyokiltirèl e lengwistik nan kontèks pèfòmans ki gide entèpretasyon oraliti tradisyonnèl.

Sanba **Jan Mapou** evoke souvni bon moman jennès-li nan pwovens Ayiti epitou vizyon adilt-li an konneksyon avèk devlopman politik ann Ayiti, nan Etazini ak ann Afrik.

Michèlwòlf Twouyo fè yon ànaliz kritik fason Tousen Louvèti manipile mo "fanmi", yon konsèp omojenizasyon ak mo ki varye avèk lemonn reyèl. Ànaliz Twouyo-a ekri sou fòm konvèsasyon san fason epi revele kouman konsèp mo "fanmi"-an pwovoke desepsyon ideyolojik ak esklizyon politik nan epòk Tousen-an menm epi enfliyanse pratik politik ann Ayiti jouk jounen jodi-a.

Katya Ilis ak Jina Ilis, de sè nan dyaspora ayisyen-an, pèmèt lektè-yo koute konvèsasyon-yo sou "narrative" istorik ayisyen ak idantite sosyal. Yo montre kontras ant "gran" narativ istorik ak lezòt yo rele "piti" oswa "ensiyifyan". Medam Ilis-yo an favè bay ti narativ lavwa yon fason pou kontre istwa pwisan men defòme gran narativ-yo rakonte sou Ayiti ak Ayisyen pase, prezan, fiti.

Frits Fontis konsantre sou tristès politik tradisyonnèl ayisyen-an pou li lanse yon apèl kretyen pasyonnen an favè yon angajman san ekivòk pou pouswiv lide ak objektif ki kapab pwomouvwa yon rekonsilyasyon nasyonnal, sosyal e politik.

Franswa Sevren enfòme Ayisyen-yo sou teknik pou kiltive pi mye plant jenjanm ak sitwonnèl epi dekri jan yo pwodi-yo nan divès peyi nan lemonn. Agwonòm Sevren ekri tou sou pwoblèm sante Ayisyen-yo. Li fè-yo sonje valè plant-yo nan nitrisyon ak medsin.

Gèdès Fleran esplike poukisa epi kouman mizik gen yon gran enpòtans nan Vodou. Li dekri mizik, enstriman mizik epi mizisyen ayisyen pami sèvitè-yo jounen jodi-a ak nan peyi afriken kote lide relijye e espiritYèl epi valè e tradisyon zansèt-yo soti. Deskripsyon-sa -a prepare ànaliz atantif senk chante ki entwodi sèvis Vodou-yo. Li esplike tou siyifikasyon chante-yo epi montre kouman yo enfliyanse aksyon rityèl-yo. .

Karin Richmann dekri yon mwayen kominikasyon pou konble fose ant konvèsasyon fasafas abityèl avèk ekriti okazyonnèl ki devlope nan kontèks migrasyon "transnasyonnal". Li ànalize kouman Ayisyen lakay ak lòtbò dlo itilize kasèt rikòdè pou voye pwent ak pwen – yon eleman pawoli endirèk ki konsènen pouvwa, enpòtans ak obligasyon sosyal Ayisyen toudebò mouvman migrasyon-an konprann.

MOZAYIK ak deskripsyon-sa-yo montre yon richès ransèyman sibtansyèl sou reyalite Ayiti konbinen avèk entèpretasyon ki fòse refleksyon. Li demontre klèman kijan yo ka eksprime nan lang kreyòl ayisyen-an lide solid sou divès sijè.

Se konsa tou nou ajoute nan konbit literè-sa-a ekriti **Jòj Silven, Poris Janbatis, Jisten Lerison** ak **Masèl Silven** ki pibliye kont, pwezi, woman ak chante popilè ki fè pati eritaj nasyonnal Ayiti.

Selon eksperyans ak sansiblite estetik ekriven-yo gen diferans nan izaj òtograf ofisyèl-la, nan chwa mo ak estil ekriti. Sepandan tout ekriven-yo apwouve lide òtograf ofisyèl-la konsakre: estandadizasyon ekriti Kreyòl Ayisyen-an ki yon eleman enpòtan nan evolisyon lang-lan. Donk, chak ekriven fè efò ekri Kreyòl Ayisyen-an avèk konsistans epi rantre nan ekriti-li kreyativite, imajri evokatif ak kadans distenktif langaj oral ayisyen-an.

Woje E. Saven
Plantasyon, Florid

Drèksèl G. Woudsonn
Touksonn, Arizona

Prefas

Liv-sa-a Woje Saven ak Drèksèl Woudsonn mete deyò jodi-a, **MOZAYIK, yon konbit literè ann ayisyen,** se yon koleksyon tèks an kreyòl yon gwoup Ayisyen mele ak etranje ekri. Yo tout se moun kap reflechi sou pwoblèm peyi Ayiti depi kèk tan lan espesyalite pa-yo (agwonomi, antwopoloji, istwa, lengwistik, literati). Yo chwazi sèvi ak lang kreyòl ayisyen-an pou mete refleksyon-sa-yo deyò.

Pa gen anpil liv tankou liv-sa-a pami liv kreyòl yo pibliye lan dyaspora-a. Kowòdonnatè-yo rele-li **MOZAYIK** epi kòm soutit yo esplike se yon **konbit literè** liv-sa-a ye. Sa vle di se yon rasanbleman, yon tètansanm jan yo konn fè lan peyi lakay-nou. Tètansanm-sa-a ap satisfè yon kantite moun: elèv lekòl segondè, etidyan inivèsite, moun ki renmen pwezi, moun ki renmen literati, moun ki renmen pyebwa.

Woje Saven prefere di "ayisyen" pou li nonmen lang natifnatal kretyen vivan ki fèt epi elve ann Ayiti pale, alòske mwen-menm mwen kenbe non "kreyòl"-la. Se non-sa-a yo ba-li depi lontan lè li te parèt lan Sendomeng pandan disetyèm ak dizwityèm syèk. Mwen konprann rezon ki fè Woje prefere di "ayisyen" olye li di "kreyòl".

Anpil moun kritike non "kreyòl"-la akòz move konotasyon li genyen pou yon seri moun. Genyen anpil move koutje moun te konn bay lang kreyòl-yo, genyen anpil pawòl kwochi moun kontinye ap voye sou lang-sa-yo. Men, malgre tout bagay-sa-yo, mwen pa wont kenbe non "kreyòl"-la paske se yon gwo kòd ki mare ak istwa peyi Ayiti li ye. Men se pa ann Ayiti sèlman moun pale yon lang kreyòl e se youn lan agiman patizan pou rele lang-lan "ayisyen" bay.

Nan tout zile ki lan zòn Karayib-la rive jouk lan Lwizyàn nan Etazini yo pale yon lang kreyòl. Genyen lang kreyòl ki baze sou franse (nou jwenn-yo ann Ayiti, Matinik, Gwadloup, Giyàn...), gen lòt ki baze sou angle (nou jwenn-yo an Jamayik, Trinidad...), genyen sa-yo ki baze sou panyòl (nou jwenn-yo lan Kiraso). Lang kreyòl-yo se konsekans 2 gwo evènman ki te pase nan listwa: esklavaj ak kolonizasyon.

Lan sèzyèm syèk, Ewopeyen ki te sòti ann Angletè, ann Espay, an Frans, ann Oland, lan Pòtigal, te ale fè dappiyanp sou Afriken ak Afrikèn ann Afrik epi te vini ak yo ann Amerik, fè-yo tounen esklav lan plantasyon kafe, sik, koton... Se konsa vin genyen lang-sa-yo moun rele kreyòl. Lè mo "kreyòl"-la te fèk parèt, yo te konn sèvi ak li pou tout blan ki te fèt lan koloni-yo pou diferansye-yo ak blan ki te fèt lan metwopòl-la. Apre sa, yo te vin sèvi ak mo "kreyòl"-la pou kalifye tout bagay ki te fèt osnon ki te sòti lan koloni-yo. Se lontan apre sa yo vin sèvi ak mo "kreyòl"-la pou deziyen lang moun pale lan peyi-sa-yo.

Se nan lang panyòl mo "kreyòl"-la te parèt premye fwa. "Criollo" se te non Blan panyòl te bay pitit yo ki te fèt lan koloni-yo. Li vin tounen an franse "Criole" epi apre li vin chanje an "Créole". Men se sitou lan zile Franse te kolonize yo rele lang-sa-yo "kreyòl". Lan laplipa lòt zile -yo, mo "kreyòl"-la pa egziste, menm si lang yo pale-a gen karakteristik yon lang kreyòl.

Konsa, lan zile Jamayik, non yo bay lang natifnatal pèp jamayiken-an, se pa kreyòl men "patwa". Epitou genyen peyi ki te lan sitiyasyon koloni ak esklavaj tankou Ayiti osnon Jamayik ki pa rele lang-yo "kreyòl". Lang kreyòl lan peyi Kiraso rele papyamento.

Kwak lang kreyòl-yo sanble yo pa ansyen menm jan ak yon seri lòt lang sou latè. Lengwis-yo poko rive konnen klèman ki kote lang-sa-yo sòti. Genyen 3 ipotèz sou kesyon-sa-a: Genyen yon premye ipotèz ki di sous lang kreyòl-yo se lan lang ewopeyen dominan-an pou ou chache-li. Dapre lengwis kap defann ipotèz-sa-a, lang kreyòl-yo se ta evolisyon lang ewopeyen dominan-an. Pi gwo reprezantan ipotèz-sa-a, se yon lengwis franse ki rele *Robert Chaudenson*.

Pou lengwis kap defann dezyèm ipotèz-la, nou ta dwe chèche sous lang kreyòl-yo lan ti gwoup lang Afriken yo te pale lè Ewopeyen-yo te depòte-yo ann Amerik pou vin travay kòm esklav. Pi gwo reprezantan ipotèz-sa-a se yon lengwis kanadyen ki rele *Claire Lefebvre*.

Twazyèm ipotèz sou sous lang kreyòl-yo se ipotèz *Bioprogram*-lan. Dapre ipotèz sa-a, lang kreyòl-yo se aplikasyon yon teyori lan syans lengwistik ki sòti lan rechèch yon gwo lengwis ameriken ki rele *Noam Chomsky*. Teyori *Chomsky*-a rele *Gramè inivèsèl*.

Dapre ipotèz *Bioprogram*-nan, tout kretyen vivan fèt avèk yon pwogram lan sèvo-yo ki pèmèt-yo pale. Se pwogram-sa -a ki pèmèt-yo kreye lang kreyòl. Se sa ki esplike genyen anpil resanblans sou plan estrikti pami tout lang kreyòl sou latè. Reprezantan ipotèz *Bioprogram*-nan se *Derek Bickerton*, yon lengwis angle.

Nou kite nannan keksyon-an pou lafen: Kisa yo rele yon lang kreyòl? Poukisa lengwis yo fè yon diferans ant yon gwoup lang yo rele "lang kreyòl" epi yon lòt gwoup lang yo pa konsidere tankou lang kreyòl? Sou ki kritè lengwis-yo baze-yo pou fè diferans-sa-a?

Dapre definisyon klasik lengwis-yo bay, yon lang kreyòl se yon lang pidjin ki tounen lang natifnatal moun ki pale li. Diferans ant lang kreyòl ak lang ki pa kreyòl sòti, dapre lengwis-yo, lan divizyon ant yon gwoup lang ki swiv yon devlopman "normal" kote yap chanje gradyèlman apati lang zansèt-yo (tankou: lang franse sòti nan lang laten), epi yon gwoup lang ki pa swiv yon devlòpman "nòmal". Lang-sa-yo parèt sanzatann. Yo pa gen zansèt, yo pa gen yon fanmi presi kote ou kapab wè se lan ras fanmi-sa-a yo sòti. Se lang kreyòl-yo.

Gwo diskisyon kap dominen lengwistik kreyòl kounye-a ap fèt sou 2 keksyon-sa-yo: èske genyen yon klas lang ki rele kreyòl lengwis-yo kapab defini dapre kritè tipolojik presi, osnon èske lang kreyòl-yo se rezilta "processus socio-historiques" ki eskli kritè tipolojik? Annatandan, kèlkeswa repons nou ta bay keksyon-sa-a, nou kapab wè, avèk egzanp kreyòl ayisyen-an, gen posiblite pou kretyen vivan di sa yo vle.

Se konsa Woje Saven ap mete men, depi plizyè àne, lan gwo konbit kap fèt sou lang kreyòl ayisyen-an. Li ekri liv pou aprann pale, li ak ekri lang-nou-an pi byen. Kwonnik-li-yo lan jounal ayisyen, *Haitian Times* ki pibliye ann angle, te vin yon referans pou moun ki te vle swiv aktyalite lan lang kreyòl ayisyen.

MOZAYIK se yon bèl egzanp divèsite refleksyon Ayisyen, natifnatal osnon adopsyon, fòmile nan menm lang kreyòl-la epitou rantre lan nannan keksyon-yo, pou esprime lide-yo, santiman-yo avèk tout sans-yo, tout nanm-yo.

Ig Senfò
Lengwis, Nouyòk, NY.

Alapapòt

Nan tradisyon ansèyman ann Ayiti, twa dènye anne lekòl segondè te rele "klas imanite". Se te lè elèv twazyèm — nou ta di dizyèm anne alekile — te kòmanse aprann istwa inivèsèl ak enpe gewografi mondyal epi etidye literati konsantre sou Ewòp epi sitou sou ekriven ak powèt franse an Frans.

Lè-sa-a elèv "klas imanite-yo" te vin enpòtan. Sa-yo ki tap mete pantalon kout kòmanse kraze chèlbè ak pantalon long. Konsa yo te sispann timoun pou yo pase jennjan. Yo pran rekreyasyon-yo apa. Yo se "les grands" nan zye pi jenn-yo.

Se nan "klas imanite-yo" elèv te kòmanse fè "ànaliz literè". Pwofesè ki te gen plis konpetans ak imajinasyon te pran okazyon klas-sa-a pou ede elèv-yo apresye estil ekriven ak powèt-yo, pataje santiman ak emosyon otè-yo epi reflechi. Men se pat tout pwofesè-yo ki te ensiste ase sou lide ak filozofi otè-yo, sou enfliyans ekriti-yo vin genyen sou sèvo ak konpòtman kontanporen-yo epi lòt moun apre sa. Se te lè sèten pwofesè te montre relasyon ant pwodiksyon literè ak evènman istorik.

Se konsa tou, lè ekriven-an oswa powèt -la te etale lide ak filozofi ki pat konfòm avèk kouran entelektyèl epòk-li oswa li pat genyen yon konpòtman konvansyonnèl nan kotidyen-ni, pat gen anpil chans pou li te fè pati ànaliz literè klas-la. Se te selon tandans oswa kwayans pwofesè-a.

Kifè klas ànaliz literè-yo te plis konsantre sou konsiderasyon akademik e gramatikal men pa ase sou jan yon ekriti kapab etale lide ak filozofi ki vin lakòz chanjman nan lavi ak konpòtman tout yon popilasyon. Èske se pa lide powèt e ekriven tankou Rouso ak Voltè ki te sèvi etensèl pou limen flanbo revolisyon 1789 an Frans?

Sepandan alòske, elèv "klas imanite-yo" etidye epi ànalize ekriti ekriven ak powèt franse depi mwayennaj rive diznevyèm syèk, yo aprann tikras sou ekriven kontanporen franse epi preske anyen kit sou ekriven ak powèt ayisyen kit sou literatè afriken ak karayibeen ki ekri nan lang franse tou. Kanta lang kreyòl ayisyen-an, pako gen kantite pwofesè konpetan ki kapab fè lekti-li byen ase pou ede elèv-yo apresye mesaj ak lide kèk Ayisyen-yo ki ekri nan lang-yo. Fè ànaliz kritik literati natifnatal-sa-a egzije konnesans reyèl lang ak tradisyon popilasyon-an tou.

KEKSYON POU REFLEKSYON AK ÀNALIZ

Jounen jodi-a gen literati ekri ann ayisyen ki merite atansyon enterese elèv nan "klas imanite"-yo epi apre. Se nan lespri-sa-a pwofesè Maksimilyen Lawòch pwopoze lektè **MOZAYIK**-yo dis keksyon pou refleksyon ak ànaliz.

1. Ki sa nou konnen sou otè tèks-sa-a? Kote li fèt, dat li fèt? Si li mouri, dat lanmò-li ? Ki sa li te konn fè anplis ekri tèks kon sila nou sot li la-a? Epitou ki lòt kalite tèks, atik oswa liv li ekri apa tèks-sa -a? Ki kote li te pibliye-yo nan ki lanne?

2. Lè nou li yon tèks nou ka dakò ak sa nou sot li-a oswa nou ka pa dakò. Ki pozisyon-nou sou sa nou soti li nan tèks-sa-a? Poukisa nou dakò, poukisa nou pa dakò? Ki kote nou annega, nou pou oswa nou kont, nou anbalan? Poukisa?

3. Sa ki di nan tèks-la, èske yo te ka di lekontrè? Antouka gen kote nou ka fè dekabès sou lide ki nan tèks-la. Ki lide? Pou ki rezon?

4. Nan yon tèks dabitid genyen yon plan. Chak lide bay yon lòt lanmen pou fè yon chenn ki mennen-n soti nan yon keksyon jouk nou rive nan yon repons. Jwenn pi gwo lide nan tèks-sa-a ki chak fwa ede nou fè yon pa annavan. Montre kijan youn bay lòt lanmen, youn fè-n vanse soti ale pi devan. Si gen kontradiksyon, apre sèten bagay fin di, lekontrè di, èske ou ka montre sa?

5. Nan yon tèks, se pa sèlman sa ki di pou nou wè. Yon tèks vle di plis pase sa otè-a ekri sou papye-a. Ka gen lide anba chal, lide ki pèmèt otè-a di sa li di-nou-an san li pa eksplike-yo. Se pa sèlman sa ki di aklè nan yon tèks ki ladan -ni. Gen lòt tèks ak lòt lide anvan tèks nou li-a. Èske pa gen lòt lide apre tèks nou-li-a tankou nou ta di manman tèks-la ak pitit tèks-la?

6. Nan yon tèks gen lide ki bon, dapre nou, epi lòt ki pa bon. Men gen sa tou ki ta fouti pi bon si yo te wete tèl bagay oswa si yo te mete tèl lòt. Tankou, olye otè-a di se vre nètalkole, san gade dèyè, li ta ka di sa vre nan tèl ka men sa pa vre nan tèl lòt, oswa sa pa vre toupatou ni tout tan men sèlman nan tèl tèl ka. Èske ou ka wè sa nan lide ki nan tèks nou sot li-a?

7. Nou ka dakò, nou ka pa dakò men si li bèl di li bèl. Èske jan otè-a ekri sa li ekri nan tèks-la se sèl jan li te ka ekri-li? Gen lòt jan li ta ka di sa? Nou ka bay egzanp? Poukisa jan li di sa-a pi bèl? Èske se paske mo li chwazi-yo di sa pi fò? Èske jan li mete mo-yo youn ak lòt fè nou santi pi plis sa li vle di? Èske sa ka fè-nou sonje sa pi lontan epi pèmèt-nou repete sa pi fasil?

8. Lè ann Ayiti nou di nap tire kont, nap bay lodyans, nap bay blag, nap bay yon doub, èske tout se menm bagay? Yon istwa ak yon devinèt, èske se menm bagay? Bay pou chak ka sa nou vle di lè nou di mo-sa-yo. Epi ki diferans ki montre yo chak se yon bagay separe?

9. Lè nou li yon tèks yon moun ekri nou gen dwa wè si moun-nan ap dekri tèt -li oswa ap prezante lòt moun. Nan kilès nan tèks-yo ou ka montre kote otè-a ap prezante tèt-li oswa ap dekri lòt moun?

10. Nou ka di menm bagay-la plizyè jan oswa pi fò oswa pi dousman. Pran kèk moso oswa tout yon tèks epi seye ekri -li nan jan pa nou ak mo-nou ki rele chèmèt chèmètrès. Si nou vle ale pi lwen pase sa otè a ekri, èske nou ka mete oswa wete sou sa li di?

pale-a pou yo vin fè lekti ak ekriti lang-

Lis sijesyon-sa-yo pa sèl keksyon chak lektè ka vle poze. Men, li ka jwenn ankourajman pou li ekri pwòp tèks pa-li, sou sijè li prefere ak nan fòm literè ki ba-li plezi. Lè lekti liv-sa-a va rive estimile enterè dis sou san (10%) kandida bakaloreya ase pou ankouraje-yo ekri nan lang ayisyen-an kòrèkteman, sa va yon gran pa nan kòmansman fòmasyon yon veritab bibliyografi nan lang ayisyen-an. Petèt lè-sa-a tou, "letrerasyon" va pi jenneralize ann Ayiti.

Annatandan, pifò Ayisyen, menm sa-yo ki ale lekòl, pa kwè li nesesè pou yo aprann fè lekti ak ekriti lang yo pale-a. Poutan Ayisyen-sa-yo ta dwe konnen tout timoun ak tout granmoun sou latè kòmanse pale lang peyi-yo depi yo tikatkat, men sa pa anpeche-yo ale lekòl pandan douz anne konsa pou yo aprann prensip ak regleman lang yo lan kòrèkteman. Ayisyen ki di "lang ofisyèl peyi-a se franse" bliye atik 5 konstitisyon 1987-la ki di: "Sèl lang ki simante tout Ayisyen ansanm se kreyòl. Kreyòl ak Franse se de lang ofisyèl Repiblik Ayiti."

Anviwon katreven anne anvan te vin genyen yon òtograf ofisyèl, yon ekriven ayisyen ki te rele Jòj Silven te pibliye nan anne 1901 yon liv li te rele *Cric? Crac!* Se yon liv kont li te koute yon peyizan ayisyen tire epi li te transkri sou modèl fab ekriven franse Lafontèn. Ann Ayiti, prenmye pawòl yon tirè kont se Krik epi tout asistans-lan reponn Krak !

Jòj Silven (1866–1925) te yon literatè, edikatè, avoka, diplomat, patriyòt angaje. Li te etidye Dwa an Frans epi sèvi Ayiti kòm diplomat nan Pari, Frans. Ann Ayiti, li te fonde yon lekòl pou avoka epi 2 jounal: *La Patrie* avèk *l'Union Patriotique,* epitou li te manm klib literè *La Ronde.* An 1901 li pibliye nan Pari, *Confidences et Mélancolies,* yon konpilasyon 29 pwezi epi li pibliye *Cric? Crac!* Nan liv-sa-a li fè yon rale nan 40 dènye paj-yo sou gramè ak vokabilè kreyòl ayisyen. Depi 1898, Jòj Silven te deklare: "*Jou yo va ekri ase bon liv nan lang kreyòl-la li va rantre nan lekòl andeyò tankou nan lekòl lavil. Lè -sa-a pwoblèm ansèyman primè ap preske rezoud.*"

Men youn nan fab Jòj Silven-yo ki te parèt nan yon liv Asosyasyon antwopolojik ameriken te pibliye (avril-jen 1953, p. 218). Se Wobè A. Hòl Jr. ki te prepare liv-la avèk Sizàn Komè Silven, Òmonn Makonnèl epi Alfrèd Metwo. Liv-la te pale sou *Kreyòl ayisyen: gramè - tèks - vokabilè.* Kòm Jòj Silven te ekri fab-li-a nan òtograf fransize ki te ann izaj nan epòk-li, nou kopye menm fab-la kòtakòt nan òtograf ofisyèl ayisyen kounye-a (paj 12).

Apresa nou va pran konnesans sa lòt ekriven-yo pote pou nou.

Woje E. Saven
Plantasyon, Florid

ÒTOGRAF FRANSIZE

Chien ki couè l'ombraj, cé viann

Toutt chien gangnin piç',
Main, toutt pas gagnin lesprit.

Gnou chien-mòn', qui té plein toutt viç',
Main qui té-sott tancou Bouqui,
Gnou bon matin, t'apé couri
Avec moceau viann nan guiol li.
Rivé bò la-riviè,
Li ouè nan d'leau-là, qui té clè,
Gnou lott chien, laidd, vòlè, gros gé,
Avec moceau mangé
Pi gros, pi goût, pasé pa li.
Ça sèlment mété di fé nan
Sang boug-là. Li prend grondé:
Houan!
Gnou fois, dé fois. Lott pas pati.
Li vancé; lott-là vancé tou.
Li quioulé; lott fait con li… Fou
Con gnou dévorant, li sauté
Nan colett ti-insolent-là;
En mainm temps, li mété jappé.
Aguio viann! Ni pa li, ni pa
L'ennmi-li, toutt plongé nan d'leau,
Con li t'apé fann dèyè-yo,
Li pèdi pié ... Ça fait con ça,
Quand Mouché soti là bien frett,
Sans sac ni crab, li ouè lott-là
Cété li-mainm, qui té gnou bett!

Cé ça qu'a toujou rivé
Moun' trò saf, qui fait métié
Quitté cay' Madanm yo, pou
Y'allé couri cascannett.
Lò yo fini bouqué nett
Chaché lanmou tout patout,
Bò Madanm yo, yo vini,
Mandé li: "Côté Lanmou?",
Madanm dit: "Lanmou pati!"

ÒTOGRAF AYISYEN

Chen ki kwè lonbraj se vyann

Tout chyen genyen pis,
Men, tout pa genyen lespri.

Yon chen mòn ki te plen tout vis,
Men ki te sòt tankou bouki
Yon bon maten tap kouri
Avèk moso vyann nan djòl-li
Rive bò larivyè,
Li wè nan dlo-la-a ki te klè
Yon lòt chen, lèd, vòlè, gwo je,
Avèk moso manje
Pi gwo pi gou pase pa-li.
Sa sèlman mete dife nan
San boug-la. Li pran gwonde:
Houan!
Yon fwa, de fwa. Lòt pa pati.
Li vanse, lòt-la vanse tou.
Li tchoule, lòt fè kon li... Fou
Kon yon devoran , li sote
Nan kòlèt ti ensolan-la-a.
Anmenmtan li mete jape
Adye vyann! Ni pa-li ni pa
Lennmi-li, tout plonje nan dlo,
Kon li ta pe fann dèyè-yo,
Li pèdi pye ... Sa fè konsa,
Kan mouche soti la byen frèt,
San sak ni krab, li wè lòt-la
Se te li-menm ki te yon bèt!

Se sa ki toujou rive
Moun twò saf ki fè metye
Kite kay madanm-yo pou
Yale kouri kaskanyèt.
Lò yo fini bouke nèt
Chache lanmou toupatou,
Bò madanm-yo yo vini
Mande-li: "Kote lanmou?"
Madanm di: "Lanmou pati!"

Pradèl Ponpilis

TE PASE TOUT LAVI-LI AP ANSEYE E NAN SALDEKLAS E LAKAY-LI tèlman li te renmen pataje konnesans-li epi ede plis li kapab nan domenm literati ak lengwistik. Li te fèt 5 out 1914 nan lavil Akayè kote li te konplete klas primè-li. An 1924 li te rantre nan klas uityèm Ti Seminè Kolèj Senmasyal. Se la li fini tout klas segondè-li jouk rive dezyèm bakaloreya an 1933. Touswit li rantre lekòldedwa kote li soti avoka an 1936.

Men se depi 1933 li kòmanse anseye nan klas uityèm Senmasyal epi nan sizyèm rive nan retorik Lise Petyon. An 1942 li jwenn yon bous pou li ale prepare yon lisans èslèt an Frans. Depi li retounen ann Ayiti an 1947 li rekòmanse anseye franse ak laten nan Lise-a. Lè-sa-a tou li vin anchaj sekretarya jeneral Lekòl Nòmal siperyè.

An 1951 apre yon tan tou kout kòm Sousekretè Leta Edikasyon nasyonnal, Pradèl Ponpilis vin prenmye direktè Lekòl Nòmal siperyè jouk an 1959 lè li retounen Sòbòn nan Pari pou prezante tèz doktora-li. Dezan apre li fè yon twazyèm vwayaj an Frans pou defann tèz-li-a: *La langue française en Haïti.* Lè li retounen li tabli yon klas literati ayisyen.

Kòm rezilta anne ansèyman pwofèsè Ponpilis-yo, plizyè liv literati soti. Pami-yo genyen *Pages de littérature haïtienne* (1951 & 1956), *Le manuel illustré d'histoire de la littérature haïtienne* epi yon kokennchenn *Histoire de la littérature haïtienne illustrée par les textes* an 3 volim (Edisyon Karayib 1972, 1975 & 1977). Pwofèsè-a ekri de dènye liv-sa-yo avèk Frè Rafayèl Berou, F.I.C.

Pradèl Ponpilis te pwofèsè lengwistik nan Lekòl Nòmal siperyè, nan Fakilte etnoloji ak nan Sant lengwistik aplike men li te yon kreyolis tou ki pibliye plizyè liv sou lang-lan tankou "*Contribution à l'étude comparée du créole et du français à partir du créole haïtien* (Edisyon Karayib 1973 & 1978), *Manuel d'initiation à l'étude du créole*" (Enpresyon majik 1983), *Le problème linguistique haïtien* (Edisyon Faden, 1985). Youn nan manm fondatè "Centre d'Études secondaires" li dirije sant-lan jouk laj ak fatig pat pèmèt-li ankò.

Pwofèsè Pradel Ponpilis pati nan Ginen dimanch 27 fevriye 2000 enpe apre katrè nan apremidi. Erèzman li te ekri "Rasin bezwen jarèt" depi 1990 epi li te voye maniskri -a pou piblikasyon nan MOZAYIK depi li te vin okouran pwojè-a. Mèsi Pwofèsè!

Rasin bezwen jarèt *1989-1990*

Mwen deja di sa nan jounal ***Edikatè.*** Nan 22 àne m pase sou ban lekòl ak inivèsite, se 5 àne sèlman m pase ak pwofèsè ayisyen, tout lòt rès tan-an, se mè franse, se pè franse, se layik franse ki te pwofèsè-m epi ankò nan 3 àne m pase nan Sòbòn, an Frans. Pi souvan, se ak liv franse mwen sèvi. Jouk koulye-a, se liv franse mwen li chak jou. Yon fwa anpasan, m ka li liv angle. Yon edikasyon konsa, li ka mennase fèbli rasin-ou, e kòm li fè tèt ou rive byen wo, nenpòt gwo van kapab chavire-w jete-w atè.

Mwen te santi sa bonnè, depi m te nan klas retorik Seminè Pòtoprens. Depi lè-sa-a, mwen debwouye-m chache liv Ayisyen ekri, pou mwen li-yo, pou mwen reflechi sou yo, pou mwen seye bay rasin-mwen jarèt. Pita, mwen di konsa : se pa mwen-menm sèl ki bezwen kenbe kontak ak zafè peyi-mwen, si mwen ekri yon ti liv sou ekriven ayisyen, sa kapab ede anpil lòt jennjan rekonnèt tèt-yo.

Se poutèt sa, depi àne 1951 jouk jodi-a, map ekri sou literati peyi-nou-an, map aprann jennjan konprann lekti, renmen lekti, dekouvri sa ki bèl ladann, sa yo pa kapab jwenn nan okenn lòt literati. Men mwen toujou ekri, mwen toujou di elèv mwen-yo, si yo dwe viv literati peyi-yo, si yo dwe renmen-li, se pa yon rezon pou yo pa apresye lòt literati, tankou literati peyi franse, literati peyi angle, si yo kapab li angle. Nan literati peyi etranje-yo, gen ekriven ki wè lwen, pi lwen pase peyi-yo. Nenpòt moun ka enterese nan sa ekriven nan nenpòt peyi ekri.

Esperyans mwen fè nan ekri sou literati peyi Ayiti, nan fè konnen-li, pa ban-m anpil traka. Elèv-mwen-yo ak piblik-la montre yo enterese anpil nan ekriven-nou-yo. Sèl difikilte-mwen, se fè kèk pami yo konprann yo mèt fannatik literati peyi-nou-an, yo pa oblije vare jete literati franse.

Men genyen yon lòt esperyans mwen fè toujou pou ranfòse rasin-mwen epi pou mwen ede Ayisyen bay rasin pa-yo fòs. Se nan zafè lang kreyòl-la. Esperyans-sa-a te pi kòryas epi mwen kwè li rete kòryas jouk rive jodi-a, malgre tou sa ki pase te dwe rann- li pi fasil.

Mwen koumanse travay sou kreyòl depi m te gen 35 àne konsa. Premye fwa-a, se te pou mwen te fè yon tèz pou mwen te vin doktè diplome Sòbòn. Mwen fè yon ***ti diksyonnè kreyòl-franse.*** Tèz-sa-a te gen gran enpòtans, li fè lang manman-m-nan rantre gran kote tout lòt lang tankou franse, angle, alman, italyen, laten, grèk te rantre deja.

Apre sa, mwen vin konprann kreyòl pa sèlman yon mwayen pou fè tèz, pou pran tit. Li merite pou yo etidye-li pou pwòp tèt-li, pou yo chache òganizasyon-li, pou yo ekri gramè-li. Mwen vin ekri de liv nan sans sila-a. Youn se te an 1978. Se nan epòk-sa-a, ministè Edikasyon nasyonnal mete yon refòm sou pye pou pèmèt yo moutre ti Ayisyen li ak ekri nan lang yo pale pi plis lakay-yo, nan lari ak nan lakou rekreyasyon lekòl-yo, tankou yo moutre-yo li ak ekri an franse, ann angle, an panyòl e menm an laten. Se te pou ede elèv-yo konprann sa yo li ak ekri, paske sa yo li ak ekri an franse, yo pa toujou konprann-ni, yo pa viv-li, li pa nan abitid-yo.

Lide konsa, jouk koulye-a, pa gen anpil moun ki aksepte-yo. Ministè Edikasyon nasyonnal te mande-m konkou-mwen pou ede li konvenk piblik-la. Nou te pale franse lò nou tap koumanse, men lò yon oditè di-nou sa ta pi lojik, dapre sa nap di -yo, si nou te pale kreyòl nou-menm, mwen di : boule, se pa yon pwoblèm pou mwen epi mwen reponn tout keksyon yo poze-m an kreyòl. Sa mwen pran, m pa ka pale. Sotiz mwen tande moun 50, 70 àne di, sa fè-m vin gen pitye pou yo.

Premye fwa yo prezante refòm-nan lan televizyon, se Remon Chasay, Wonni Dewòch ak mwen-menm ki te pale. Pou anpil moun se te ladezolasyon ki te koumanse. Yon gran dam di: "Peyi-sa-a fini, pou se Pradèl Ponpilis, Remon Chasay ak Wonni Dewòch ki potè figi-yo nan televizyon ap pale kreyòl." Gen yon lòt gran demwazèl ki di : *"Pradel Pompilus, un homme que j'admire tant, prendre cette position ! Quelle déception!"* Yon zanmi di-mwen : " *... M te oblije defann-ou, mwen di se fòse yo fòse-w pale konsa, pou yo pa revoke pitit gason-w kap travay nan ministè Edikasyon nasyonnal".*

Malgre tout amitye m gen pou li, mwen oblije di-li : " Pa defann-mwen ankò, paske ou pa konn ki moun mwen ye, yo pa janm fòse-m fè anyen, ni yo pa janm fòse-m di anyen. Ou pale kreyòl, mwen pale kreyòl, men ou pa antre nan nannan lang-lan tankou mwen, kifè ou mal pou ou konprann pozisyon-mwen". Gen lòt moun ki di mwen pa sensè, se pozisyon politik mwen bezwen pran nan moutre map defann lang pèp, m pa kapab soti Sòbòn pou mwen twouve-m ap di fò Ayisyen kapab li ak ekri nan lang manman-yo.

Mwen pa konn si yo suiv-mwen lè m reponn-yo : "Eta nou ye la-a, mwen te twouve-m ladann tou, men se yon pwofesè franse Sòbòn ki louvri je-m plis pase jan li te louvri deja, pou fè-m wè tout lojik, tout bèlte lang manman-m-nan genyen". Gen yon jenn gason ki menm di -mwen: *"Se egoyis ki nan kò moun ki vle ba-yo kreyòl-la, yo bezwen pou yo toujou devan, pou lòt moun rete nan dèyè kamyonnèt-la".* Mwen reponn-li: "Ou fè espre ou pale kòm si m te vle wete franse nan men-ou pou mwen ba-ou kreyòl. Mwen pa kapab ba-ou kreyòl, ou genyen-li deja".

Mwen di-w sèlman: "Kenbe-li pi fò, sèvi ak li, epi kenbe franse-ou fò tou, kontinye fè lekti-l, pale-l, ekri-l jouk sa kaba. Sa nou vle pou ti Ayisyen, se pou yo manyen de prensipal lang peyi-a daplon, nou ta vle pou yo tankou jwè foutbòl ayisyen dantan-yo, Fito Reye, Edwa Bèwèt, Vòlsi Bènadòt, ki pat nan chache bon pye, men ki te choute ak tou de pye-yo, epi ki te alèz pou yo bay gòl kèlkeswa jan balon-an te vini, anvan defansè-yo te rive sou yo".

Yon elèv-mwen ki te nan retorik di-m konsa : *"Yon bagay nou ta krenn, se si timoun-yo ta rive konprann tout bagay yo moutre-yo an kreyòl pou yo ta vin neglije franse".* Mwen reponn-li: "Nan ka-sa-a, lekòl ta rive kote li vle ale-a, sa vle di fè elèv-yo konprann tout bagay. Se sa lekòl ap chache, se pa lòt bagay. Elèv pa al lekòl pou aprann pale franse osinon angle. Yal lekòl pou yo aprann konprann, aprann konprann lavi-a, aprann konprann tout sa ki antoure-yo, plant, bèt, fanmi, vwazen, pou yo aprann viv ak yo".

Nap fèmen koze-a la. Yon lòt fwa petèt, ma va di jan m te kontan, lò m te wè ki plas kreyòl-la vin pran nan lavi peyi-a depi 7 fèvriye 1986, men tou jan sa pa fè-m plezi pou mwen wè kouman moun lavil, kit se boujwa kit se moun pèp, ap defigire-li lò yap pale. Men kèk egzanp :

"Se te yon bèl gòl, nou pral *rewè-li*" olye " ... nou pral *wè-l ankò*".

"Se menm dlo Pelig-la ki *awoze* plenn Latibonnit" olye " ... ki **wouze** plenn Latibonnit".

"Lapolis ap chache arete entèl ak entèl *ki pa gen anyen a wè ak* zafè sila-a" olye *"ki pa gen anyen pou yo wè nan zafè sila-a"*.

Byen souvan ou va tande yon espikè radyo kap fè rapò sou yon match foutbòl, byen souvan ou va tande li di :

"Abit-la *enflije yon katon jòn a jwè endelika-sa-a* (Se mwen-menm ki ekri fraz-la konsa pou fè wè li pa bon, **nanpwen konpleman endirèk avèk "a" nan kreyòl**).

Men, sa ki fè-mwen pi mal an verite, se lè mwen tande yon pwofèsè kreyòl tankou Y... V..., yon mèt ki gen anpil moun kape koute sa li di pou yo repete apre li, se lè mwen tande Y... V... li-menm di : "Mwen *envite-w a tande* sa entèl entel te di (epi li apiye sou "**a**"-a).

Nan pale yon kreyòl ki toupre franse, pafwa nou pèdi kèk fòm ansyen ki gen imaj ladan-yo :

- Mwen pi gran **pase**-ou ; sa w pa konnen pi gran **pase**-ou. Fraz sa yo pi bon kreyòl pase : Mwen pi gran ***ke*** ou ; sa w pa konnen pi gran ***ke*** ou (nan mo **pase-**a, ou ganyen franse *dépassé* ki fè yon imaj.)

- Sa m soti di-w la-a, *li* **enpòtan anpil**, pi bon kreyòl pase Sa m soti di-w la-a, *li très important* (mwen ekri dènye mo-yo an franse pou montre se franse wap pale). Lè sa-a, sa w di-a pèdi fòs li ta ka genyen si ou te di : Sa m soti di-w la-a, li enpòtan **anpil, anpil, anpil.**

Yon dènye konsèy: mete sou kreyòl-nou-an yon ti epis pwovèb. Se la yon politisyen natifnatal bat nou tout lò li pran lapawòl. Sonje:

"Sa yon nonm ka fè, yon lòt ka fè-li tou."

MEN YON DOUZÈN PWOVÈB KREYÒL AK DEGI MWEN TRANSKRI POU NOU JAN YO VIN NAN TÈT-MWEN SAN M PA FÈ MEMWA-M TRAVAY:

1 . Anpil men, chay pa lou.
2 . Apre bal tanbou lou.
3 . Granmèsi chen se kout baton.
4 . Bourik travay, chwal galonnen.
5 . Bay piti pa chich.
6 . Bat chen, tann mèt li.
7 . Zafè kabrit pa gade mouton.
8 . Jouwoumou pa donnen kalbas.
9 . Pati bonnè pa di anyen, se konnen wout ki konte.
10 .Lè chat pa la, rat bay kalinda.
11. Mennen koulèv-la lekòl pa anyen, se fè-l chita ki tout.
12. Lawouze fè banda tout tan solèy pa leve.
13. Se nan chimen jennen yo kenbe chwal malen.

Ève Florival

TE YON EDIKATÈ KÒRÈK KI TE EDE TIMOUN AYISYEN PI BYEN LI TE KAPAB. Nèg Wànament kote li fèt 15 daou 1955 epi li resevwa ansèyman primè-li, se Okap li fè etid segondè-li anvan li deside vin pran chans-li nan Etazini. Li te gen 22 anne. Men lavi nan peyi-sa-a pa toujou fasil jan anpil moun reve-li. Se konsa Ève Florival blije titile nan djòb faktori pandan lap etidye angle jouk li jwenn yon anplwa kòm èd travayè sosyal diran 7 anne. Pandan tan-sa-a tou li etidye ekonomi nan inivèsite paske li di: " Nèg-la te gen entansyon al ranje Ayiti."

Annatandan pandan lap chèche travay nan domèn etid li gen diplòm pou li-a, li vin aprann yo bezwen moun pou anseye an kreyòl. Ou ta ka di se sa menm Ève Florival tap tann. Li prese al enskri-li epi yo chwazi-li. Kifè li di: " M komanse lage bon bèt sou timoun ayisyen-yo ki te konn pale kreyòl sèlman. Men malgre tout gran patriyòt m te ye devan letènèl gen yon bagay mwen pat sòt Ayiti avèk li, m pat konn ekri kreyòl." Konsa li aprann ekri kreyòl epitou lal pran, Devi, Florid, yon mastè Inivèsite Nova nan edikasyon.

Ève Florival di sistèm-nan "mèsi anpil pou okazyon si-la-a paske li renmèt-mwen nanm-mwen. Apre sa m santi-m yon gason total. Alekile m ka ekri kreyòl. Epitou m vin prepare pwogram byen kowòdonnen pou anseye matematik, syans ak syans sosyal an kreyòl. Nan kad aktivite literè mwen aprann timoun-yo di pwezi, rakonte istwa, fè teyat. Se konsa yo rive jwe 'Bouki ak Malis'."

Ève Florival pati kite-nou depi 2 janvye 2005. Granmèsi lachans li te gen tan pwopoze de tèks. Lekti "Lapli isit ak lapli lakay pa menm" epi "Vakans lakay pa gen parèy" kapab bay anpil lèktè jwa ak tristès men sitou gran souvnans.

Mèsi Ève Florival.

Lapli isit ak lapli lakay pa menm

Jodi-a lapli ap tonbe tout jounen. Tout peyi-a trankil.

Si m pat lekòl m ta di tout moun ap dòmi yo poko leve.
Poul pa chante, chen pa jape. Isit pa gen poul nan lari.
Gen gwo izin kap moulinen ak gwo avyon epi gwo tren kap fè bri.
Solèy-la gri chaje ak nyaj. Ou tande gout lapli kap tonbe
tèk tèk sou do kay-la ak sou fèy pyebwa.
M pase tout jounen-an nan lekòl-la ap reve je klè sou tout bon ti bagay
ki te pase ant mwen-menm ak sè-m lakay epi ant manmi-m ak papi-m.

Detanzantan m voye je-m deyò-a. Map gade lapli kap tonbe san rete.
Lapli-a ap tonbe fò. Mwen renmen lè lapli ap tonbe.
Yo di konsa lò lapli ap tonbe ann Ayiti timoun-yo benyen nan lapli-a.
Ala kontan m ta kontan si m te ann Ayiti!
M ta kouri ak tout boulin pou mwen rantre anba dlo-a.
Ti Gera chita lekòl-la. Li fin fè devwa-l anvan tout timoun-yo
pou li gade lapli kap tonbe. Li fòse baye tank li ta renmen ale.

Si m te lakay-mwen m ta mete yon ti mizik rasin byen ba
pou mwen koute. Mwen ta pran yon liv powèm kap pale-m
lè Ayiti te Ayiti, tout bon jan manje tap gaspiye.
Lò sa-a ti nèg pat konn vin trennen devan pòt vwazen.
Si m te lakay-mwen ala reve m ta reve sou tout bon bagay
ki te konn pase nan peyi-sa-a e ki te konn fè jenn nèg ak jenn nègès fyè.

Si m te lakay, m ta mande manman-m kwit yon bon mayi
ak aransò pou mwen avèk yon zaboka sou kote-l.
Ou fin manje yon manje konsa wap mache ou santi-ou dizòm.
Kounye-a kote-m chita-a m pa menm santi-m yon nonm.
M santi-m tankou yon vwayajè kap mache lontan epi ki bezwen
yon kote pou li poze. Li pa menm ka twouve-l paske pa genyen.

***Jodi-a 28 septanm 1995, se yon timoun yo rele Mana
ki te pran inisyativ kopye nòt-sa-a m te ekri sou tablo-a.***

Vakans lakay pa gen parèy

12 janvye 1996

Mwen rele Alfons Jozèf. M soti Ayiti lò mwen te ti katkat. Kounye-a mwen gen dizan. Mwen abite Miyami ansanm ak manman-m epi papa-mwen. Mwen nan senkyèm anne lekòl epitou mwen travay byen. Mwen renmen manman-m ak papa-m paske yo ban-mwen tout sa m bezwen. Mwen renmen pwofesè-m anpil paske li montre-m tout sa ki bon. Mwen pale angle ak kreyòl kou rat.

Manman-m toujou di-m yon bagay m pap janm bliye jouk mwen mouri. Li toujou di-m: "Diyite yon moun chita nan respè ak lanmou li genyen pou peyi-l ak lang peyi li". Se poutèt sa mwen-menm ak frè-m epi sè-m-yo nou pa janm bliye Ayiti ak lang manman ak papa-nou. Mwen se yon Ayisyen natifnatal. Move moman fè nap viv deyò men sa pa di nou sispann Ayisyen pou sa.

Mwen-menm ak manman-m nou pase yon kondisyon. Li di: "Travay byen lekòl, potè bèl nòt ak bon kànè ban-mwen epi map voye-w pase gran vakans Ayiti". Kòm mwen toujou ba-li sa li vle, li toujou ban-mwen sa mwen vle. Donk vakans ete -yo se Ayiti mwen pase-yo lakay grann-mwen ak granpapa-mwen. Lò nou leve granmaten mwen-menm ak yon tonton-m nal tire lèt nou mete bouyi pou fè kafè. Pita nale nan jaden nou koupe bannann epi nou keyi tomat, manyòk, patat, fèy lanman laye ak zepina pou nou fè bon bouyon.

Apre sa nou monte chwal-nou. Nale nan lòt jaden-yo, nal chanje bèt-yo, mennen-yo bwè dlo, ba-yo manje, retire-yo nan solèy mete-yo nan lonbraj. Lò nou fini tonton-m-nan monte pyebwa-yo. Li keyi mango, li keyi kennèp epi nal benyen nan rivyè ki toupre-a.

Pita ankò nou koupe kann, keyi zaboka, zannanna, gwayav, labapen, lanmveritab, kowosòl epi nou mete-yo nan makout-nou sou chwal-nou. Lò nou tap vini nou te galope chwal-yo paske yo pat chaje men apre sa nou pa kouri-yo ankò paske makout-yo chaje kou Legba.

Lò nou tounen nan apremidi grann-mwen tèlman kontan wè-m ou ta di gen yon anne depi li pat wè-m. Kounye-a li ban-m yon bon plat mousa byen cho. Mwen manje mousa-m byen manje epi apre sa mal ede tonton-m woule mayi nan moulen pou nou fè akasan demen maten. Rive aswè mwen-menm ak lòt ti kouzen ak kouzin nou fè jwèt lago. Nal kache dèyè gwo pyebwa. Gen ladan-nou menm ki monte kache nan pyebwa. Se youn nan jwèt m renmen anpil paske si ou pa konn kache, ou pa konn kouri, se ou yap kenbe.

Lò nou vin bouke nou tout al chita anba galeri kote grann-nou ak granpapa-nou tire bèl kont pou nou. Lò-sa-a bèl lalin deyò epi tout zetwal nan syèl-la soti. Lalin-nan tounen yon gwo fa kap voye je sou tout kanpay-nan. Yon silans kouvri lanati. Yon ti van dous vante nan fèy pyebwa-yo, yon ti van frèt soufle toupiti, se lè pou tout moun chèche chimen kabann, ale dòmi.

Chak jou vakans-mwen se yon jou dekouvèt. Chak jou pou mwen se yon fèt, se yon jwisans. Youn nan bagay mwen te pi renmen se konbit tonton-m te mennen-m-nan. Tout peyizan-yo gen wou-yo nan men-yo ap plante diri. Rèn chantrèl-la voye yon mizik monte, kout tanbou atrap-li, tout peyizan-yo fè refren pandan yap travay san pèdi tan. Mwen tèlman renmen tout bagay-sa-yo m pran yon wou mwen-menm tou m tonbe travay.

Lò vakans fini m mare pakèt-mwen epi m tounen Miyami. Men lè-sa-a se kè-m kap rache paske sa m twouve nan peyi-m, peyi etranje te mèt ban-m lò ak dyaman, m pap janm kab bliye-l. Map kontinye travay byen lekòl pou lò mwen gran m kab ede peyizan-yo fè pi bon jaden.

Sonnen Klòch-la Sonnen

Yon pwezi Poris Janbatis pibliye nan "Lavi an Myèt"

Maten-an klòch-la karyonnen ge

Kè klòch-la te kontan kont kontan-n
Se te maryaj Tita ak Tinès.
Amidi-a li sonnen byen sen
Klòch-la te sonnen pou lapriyè
Klòch-la te gen tout repo lespri-l.
Akatrè-a klòch-la te sonnen tris
Kè klòch-la tap benyen nan lapenn
Vwa klòch-la te sonnen tris anpil
Pou Ton Si ki pati lan Ginen.

Pou jounen-an
Klòch-la te tris
Klòch-la te sen
Klòch-la te ge.
Klòch-la te sonnen twa fwa
Twa fwa vwa klòch-la te rezonnen
Pou di nou tout lavi gen twa fas.
Lavi gen maten
Lavi gen midi
Lavi gen aswè.

Klòch-la va sonnen sen
Li va karyonnen ge
Vwa-li va tris anpil.
Nan pran sonnen tris
Li va karyonnen ge
Byen sen li va sonnen.
Li va sonnen twa fwa
Twa fwa la pran sonnen
Sou chimen tout kretyen.

Poris Janbatis *fèt 16 mas 1936 sou bitasyon Kawòch nan komin Tènèv. Apre li fè etid biblik nan Lekòl Teyoloji Bòlos, Pòtoprens, li pati an 1965 pou ale etidye Teyoloji an Frans. Lè li retounen ann Ayiti an 1971, li konsakre tan-ni nan ansèyman lang ayisyen-an ak Bib-la. Li pibliye,"Boukèt lespwa"(pwezi), "Chen pèdi, chat genyen"(istwa kout), "Kout flach sou 300 pwovèb ayisyen"(1974-1975-1985), "Kreyòl nan literati politik ak literati ofisyèl" (Conjonction, no.161-162, mas-jen 1984, pp. 17-22), "Istwa yon chat baka"(adaptasyon), "Lerison: yon lodyans kreyòl", Nan lonbray inonsans"(woman, pri literè Deschamps, 1987), "Nan lizyè parantèz" (pwezi 1993), "Tonton Matin"(istwa kout) ak lòt ankò. Li tradwi Konstitisyon 1987-la an kreyòl.*

Brayant Frimann

SE YON SITWAYEN ONNORÈ AYITI KI TONBE ANNAMOU AVÈK PEYI-A depi prenmyè vizit-li an 1958 lè li te vin fè yon vire pandan li tap prepare doktora-li nan Inivèsite "Yale". Apre plizyè vwayaj ki dire ant de semenm ak sis mwa nan lavil tankou andeyò lan divès kote nan peyi Ayiti, li kòmanse anseye lang ayisyen nan Inivèsite Kannzas kote lap dirije yon Enstiti etid ayisyen.

Anne apre anne, doktè Frimann pa janm sispann ranmase mo, ekspresyon ak patikilarite nan lang ayisyen-an pou li anrichi *Haitian/English Dictionary* li prepare avèk kolaborasyon doktè Jowèl Lagè diran 20 anne. Yon edisyon diksyonnè-a ki sòti an 1996 te gen 35.000 mo. Yon katriyèm edisyon vin gen 49.000 mo lan anne 2002. Men se pa tout. Anmenmtan Frimann kontinye koleksyonnen mo ak ekspresyon nan lang ayisyen-an pou yon nouvo diksyonnè Angle/Ayisyen toujou avèk Jowèl Lagè.

Anvan menm piblikasyon diksyonnè Ayisyen/Angle-a, Frimann te prepare an 1992 *Haitian Creole/English - English/Haitian Creole Medical Dictionary* avèk yon glosè sou manje ak bwason. Apre sa li pibliye yon edisyon revize an 1997. Men doktè Brayant Frimann pa kontante-li fè rechèch sou lang ayisyen-an pou li prepare diksyonnè, li ekri nan lang-lan tou. Kifè nan pami 16 kont li ekri nan "Ann bay lodyans" li chwazi 6 li otorize-n pibliye nan "konbit literè-sa-a".

Antou, Frimann ekri oswa revize 19 liv nan lang ayisyen, angle epi alman. Nan Inivèsite Kannzas li se pwofèsè franse ak Etid ayisyen. Pwofesè Frimann etidye franse nan Sòbòn ak Lekòl Nòmal siperyè nan Pari, Frans epitou nan Inivèsite "Yale" kote li fè yon doktora nan lang franse ak literati.

Ann bay lodyans

FÈ-M KADO YON TI PWASON

Vwala se te yon nèg yo te rele Jan Pòv. Li pat gen kay, jaden ni fanmi! Li te sitèlman pòv, lè lapli ap tonbe, se anba pon-an li dòmi. Lè larivyè-a desann, dlo-a mouye zòtèy pye-li. Lè gwo kamyon ap pase, tout pon-an souke sou tèt-li, epi dlo te vin sal tout afè-li. Chak midi nèg-sa-a desann nan bouk al mande lacharite.

Te gen yon bon sitwayen ki te rele Lifèt Gwozouzoun. Chak jou Gwozouzoun te fè-yo bay Jan Pòv yon ti pwason. Te gen twòp pwason nan kay-la epi lègliz rekòmande pou fè lacharite. Lè mouche Gwozouzoun te bay Jan Pòv yon pwason, li te santi li nèg debyen nètale. Epi chak lè Jan Pòv te resevwa pwason-an, se pat de mèsi li te konn di, se pat de kout chapo li te konn voye pou mouche Gwozouzoun. Li pat jannm bouke repete: "Bondye va beni-ou, Bondye va remèt ou sa."

Konsa, avèk charite-sa-a ni Jan Pòv ni mouche Lifèt Gwozouzoun, yo kontan toulede: Jan Pòv te kontan paske li te jwenn manje pou li pat mouri grangou, lòt msye-a te kontan paske li te fè zèv. Jou ale jou vini, bagay-la te kontinye konsa.

Pi ba pon-an te gen yon lòt nèg ki te rete la, se Jan Pechè. Chak jou msye pati byen bonnè pou lal peche, li tounen lè labrin diswa ap tonbe.

Yon jou podjab mouche Gwozouzoun tonbe malad. Tout moun te ozabwa. Jan Pòv menm te nan gwo lapenn. Men sanble lè-a rive pou mouche Gwozouzoun. Yo fè gwo lantèman premyè klas. Eritye yo-menm tap diskite afè byen-yo … yo bliye si te gen yon moun yo te rele Jan Pòv Mezanmi nèg-la te gen anpil lapenn vre, grangou tap pete fyèl-li anmenmtan. Li tap kalkile: kounye-a mouche Gwozouzoun mouri, ki kote pou li ale plenyen sò-li, kilès ka pral ba-li yon ti lacharite?

Yon jou li desann bò larivyè-a, li fè yon ti chita, li fèmen je-li, lap lapriyè: "Bondye, tanpri souple, voye yon lòt bon pwochen vin sove lavi-m, non." Lè li louvri je-l, kilès li wè kap vini! Jan Pechè, privye-l sou do-l, gwo panyen-ni nan men-l. Lè Jan Pòv wè nèg-la, li di nan kè-l: "Zafè nèg-sa-a pa fouti bon. Li pye atè, dèyè kanson-n chire menm jan avè-m. Yon sèl bagay: li miyò pase-m paske li konn kenbe pwason."

Men grangou-a fè Jan Pòv mande-l kanmenm: "Tanpri, vye frè-m pou lanmou Bondye, fè-m kado yon ti pwason. Depi mouche Gwozouzoun mouri, menm dlo disyèl m pa goute nan bouch-mwen!". Jan Pechè reponn: "Vye frè, mwen pa kab, non. Kote ou wè sa-a ye la-a, li pa menm ase pou mwen bay madanm, pitit, ti frè, ti sè. Pou jan m wè-ou ba la-a, map oblije ba-ou yon ti piti.

Men ou pa bezwen konte sou mwen pou mwen ba-ou youn chak jou. Si ou vle, denmen maten bonnè bonnè, nou ka ale ansanm lè m pral peche. Konsa ma montre-ou kenbe pwason, ou pap bezwen mande ankò." Se konsa Jan Pòv te tounen yon gwo pechè pwason. Li te kite metye mande.

Kilès ki te fè plis byen pou li? Moun ki konn ba-li pwason, oubyen moun ki te montre-li kijan pou li kenbe pwason.

TIJO AK TIG-LA

Tijo se yon tigason sizan. Nan peyi-l gen bèt mechan yo rele tig. Yon jou Tijo al pwonmennen nan bwa tou sèl. Yon ti moman, li tande yon gwo rèl. Se rèl yon moun kap soufri… Tijo al gade sa ki genyen.

DEGOUDEN POU BONDYE

Yon samdi swa, papa Ti Lifèt te ba-li yon pyas. "Yon degouden se pou ou bay lègliz demen maten. Ak lòt degouden-an, ou mèt al achte yon krèm."

Ti Lifèt kouri vit sòti lakay-li. Lale nan boutik krèm-lan. Men anvan li rive la, li tonbe bip! Epitou yon degouden tonbe bling! … Yon gwo chen vale-l.

Ti Lifèt di: "Oo-o! erèzman se degouden papa Bondye-a chen-an vale la-a!"

Tijo wè yon tig ki te tonbe nan yon gwo twou. Li pat kapab sòti paske twou-a te fon. Kounye a tig-la prizonnye. Li di Tijo: "Ou se yon bon tigason, ede-m sòti souple." Tijo reponn: "Si mwen retire-ou nan twou-a, wap manje-m." Tig la di: "O non, bon ti pitit-mwen, mwen pap manje-ou. Pa panse sa, non." Tijo mande-li: "Èske wap pwomèt-mwen ou pap manje-m?" "Wi, pwomès fèt," tig-la di avèk gwo vwa li.

Tijo ede tig-la sòti nan twou-a. Lè tig-la fin sòti, li vole sou Tijo. "Lèzòm mechan," tig-la di-li: "Si m pa manje-ou, wap vin mechan tankou lòt zòm-yo, men kòm mwen pa grangou kounye-a, m-ap tann yon ti moman anvan mwen manje-ou. Si ou dakò, nou pral mande lòt moun-yo sa yo di nan sa."

Tijo ak tig-la rive devan yon pye bannann. Tijo kanpe, li pale ak pye bannann-nan: "Koute, ou-menm ki konn fè bèl fig ki dous, ki bon, mwen ede mouche tig retire tèt li nan pèlen, men kounye-a li vle manje-m. Èske sa se jistis?" Pye bannann-nan reponn-li: "Mwen-menm, mwen bay lèzòm bon fwi. Lèzòm pran-yo. Apre sa, lèzòm pran manchèt-yo, yo koupe-m epi boule-m. Lèzòm se mechan. Tig-la ap fè byen si li manje-ou."

Lè tig-la tande sa, li kòmanse gwonde. Li vle manje Tijo. Men Tijo di: "Tanpri souple, konpè tig, ban-mwen yon ti delè. Annou mande mesye bèt volay-yo yon konsèy."

Tijo kontinye ap mache ak tig-la. Prèske menm lè-a, yo kontre ak yon kòk. Tijo di-li: "Mouche tige te pran nan pèlen, m delivre-li, men kounye-a li vle manje-m. Èske sa se jistis?" Kòk-la leve tèt-li, li chante twa fwa:

Koukouyoukou!
Koukouyoukou!
Koukouyoukou!

Epi li di Tijo: "Mwen-menm m reveye lòm chak maten. M siveye poulaye-a. Mwen rann lòm sèvis tout lavi-mwen. Men lè m tonbe granmoun, li mete-m nan kaswòl-li epi li manje-m. Lòm se mechan, li merite mouri."

Tig-la gade Tijo, li niche babin-ni. Li kòmanse santi li grangou. "Tann-mwen yon ti moman," Tijo di-li. "Gade yon manman bèf la-a. Annou mande-li konsèy." Tijo pwoche-l: "Manman bèf, ou menm ki konn reflechi, ou gen esperyans. Mwen ede tig demakònen kò-l nan pèlen, men kounye-a li vle manje-m tou. Èske sa se jistis?" Manman bèf pa cho reponn, lap reflechi. Alafendèfen li di: "Lòm tire lèt mwen chak jou, li bwè-li, li wè li bon. Epi lè mwen fè yon pitit, li pran li, li touye-l, epi li manje-l. Lè map vin granmoun, lap touye-m epi lap manje-m tou. Lòm se bèt ki mechan. Si tig la pini-li, li byen fèt."

Tig-la vole atò sou Tijo, men ti gason-an tonbe kriye. Li di: "Annou mande yon dènye konsèy ankò, se dènye-a." Tig-la reponn: "Dakò, men fè vit paske mwen kòmanse grangou." Tijo ak tig-la rive devan yon pyebwa. Konpè makak tap pran plezi-l, li tap vole sou branch-yo. Tijo rele-l: "Mouche makak, bon ti frè-m, reponn mwen souple. Konpè tig ou wè la-a te pran nan pèlen, li te tonbe nan yon twou. Mwen sove-li, men kounye-a li vle manje-m. Sa ou di nan sa?" Makak-la di-li: "Sa ou di? Pale pi fò, m pa tande-ou." Tijo rekòmanse rakonte. Makak-la di: "Mwen soud, m di-ou. Pale pi fò! M pa konprann. Kisa ou rele twou-a? Se yon fòs? Yon pèlen? Mennen-m al wè."

Tijo ak tig-la kondi makak-la nan bwa-a. Yo rive kote twou-a. Makak-la mande tig-la: "Ki kote ou te tonbe? Desann pou mwen ka wè byen." Tig-la lage kò-l nan twou-a. Twou-a te fon anpil. Tig-la pa ka sòti ankò.

Alò makak-la vire gade Tijo. Li di: "Apa li mare. Ou-menm, Tijo pitit- mwen, kite li nan twou-a. Li byen kote li ye a. Pa ede-l sòti. Si ou delivre-l, ou se yon nèg sòt. Li-menm, si li pat manje-ou talè-a, se paske se nèg sòt li ye. Kounye-a, pa kanpe la-a, non."

KIJAN POU MWEN JWENN KÒB?

Vwala te gen yon zarenyen ki te razè nèt. Li di nan tèt li: "M bezwen jwenn kòb. Kisa pou mwen fè?" Msye kalkile anpil, epi li desann twal-li, li kòmanse mache.

Dabò li ale wè yon ti sourit. Li di-li: "Ti sourit, bon zanmi-mwen, tanpri prete-m yon pyas. Ma remèt-ou-li denmen vè midi. "Ti sourit-la reponn: "Dakò. Men yon bèl goud, sèlman pa bliye remèt. Denmen amidi map pase chache-li." Zarenyen pwomèt: "Wi, ou mèt vini denmen amidi."

Answit li rive devan kay Konpè Chat. "Bonjou, konpè-mwen! Ban-m nouvèl-ou! Monchè, ou-menm ki gen tout sa ou vle tanpri, prete-m sèlman yon ti pyas epi denmen vè midi ma remèt-ou-li." Konpè Chat reponn: "Dakò, pran goud-sa-a, men denmen amidi map pase pran-ni lakay-ou, wi."

Zarenyen mache mache, li rive lakay mouche Chen. "Monkonpè Chen, m razè nèt. Ou pa ta gen yon ti pyas prete-m? Ma remèt-ou-li denmen amidi." Konpe Chen di li: "Men, pran sa-a. Denmen amidi ma pase chache-li." Zarenyen reponn li: "Wi, pa gen pwoblèm. Ou mèt vini, map pare pou ou."

Apre sa, zarenyen-an ale nan bwa. Li chache jouk li jwenn mouche Leyopa. "Konpè Leyopa, tanpri, mizerikòd souple, prete-m yon pyas. Ma remèt-ou-li denmen amidi." Leyopa di li: "Oke, map fè-ou konfyans jouk denmen. Men yon goud. Pa bliye remèt, non. Denmen amidi map pase chache-l lakay ou."

Andènye nèt, zarenyen-an al kay mouche Lyon. Li fè-li lareverans jis touche tè. Li konnen kòm tout moun, mouche Lyon se wa zannimo-yo. Li di avèk anpil respè: "Majeste Wa, granmèt-mwen, fè-mwen favè prete-m yon pyas pou denmen amidi." Mouche Lyon reponn-ni: "Se dakò, men mwen-menm, map pase chache-li lakay-ou denmen amidi." Zarenyen-an di: "Pòt lakay mwen toujou louvri pou mouche Wa."

Zarenyen kontan nèt. Vwala kounye-a li gen senk goud. San pèdi tan, li rantre lakay-li. Denmen li konnen li pral resevwa vizit, men li pare. Nan denmen, kèk ti moman anvan midi, li tande nan pòt-la: Tòk! tòk! tòk! Yon ti vwa di: "Se mwen-menm, wi, ti sourit." Zarenyen di-li byen fò: "Map vini. Antre, ti sè-mwen. M konnen sa ki mennen-ou." Zarenyen louvri pou ti sourit-la, epi li kòmanse rakonte-li sa li te fè yè. Li pale, li pale. Ti sourit pa ka di yon ti mo.

Yon lòt moman, yo frape nan pòt-la. Zarenyen mande: "Ki moun ki la-a?"

"Myaw! myaw! Se mwen-menm, Konpè Chat." Zarenyen di: "Tann yon ti moman. Map vini, wi." Anvan li louvri pou mimi, zarenyen di ti sourit: "Ey! Kache kò-ou yon ti tan nan pyès dèyè-a. Ou konnen sa mouche Chat ka fè si li wè ou la-a."

Ti sourit pè chat. Li kouri rantre nan chanm dèyè-a. Pandan tan-sa-a, zarenyen al louvri pou mouche Chat. Li di-li: "Antre, frè-mwen, m pral remèt dèt-ou touswit." Men zarenyen kòmanse rakonte chat-la tout sa li te wè yè. Li pale, li pale san rete.

Yon lòt moman, yon moun frape nan pòt-la. Zarenyen mande: "Ki moun sa a?" "Wou! wou! se mwen, Konpè Chen. Ou konnen sa ki mennen-m." Men anvan li louvri pou Konpè Chen, li di mimi: "Si Konpè Chen wè ou la-a, ou konnen lap kouri sou ou. Vit, antre nan pyès dèyè-a." Chat-la poko antre, li wè ti sourit-la. Li mete pat-li sou li, li touye-l epi li manje-li.

Pandanstan, zarenyen louvri pòt-la pou mouche Chen. Li di-li: "Antre vit, zanmi-mwen. Map remèt-ou dèt-la touswit." Li fè chen an antre epi li kòmanse rakonte istwa. Li pale, li pale.

Yon lòt moman, yon moun frape nan pòt-la. Zarenyen mande: "Ki moun-sa-a?" "Se mwen-menm, Leyopa. M te pwomèt-ou vizit!" Zarenyen di-li: "Map vini, tann yon ti moman, souple." Anvan li louvri bay Konpè Leyopa, zarenyen di chen-an: "Ou konnen, Konpè Leyopa pa renmen-ou. Si li wè ou, lap vole sou ou. Ou konnen li mechan epi li gen fòs pase-ou. Ou met al kache nan pyès dèyè-a!"

Konpè Chen kòmanse tranble. Li pa mande anpil esplikasyon. Li poko antre, je-l tonbe sou chat-la. Konpè Chen pa pè ankò. Li vole sou chat-la, li touye-l la-a rèdmò.

Pandan tan-sa-a, zarenyen louvri pòt-la pou mouche Leyopa. Li di-li: "Antre non, m pral remèt-ou dèt-la touswit." Li fè mouche Leyopa antre epi li kòmanse pale. Li pale san pran souf.

Yon lòt moman, moun tande frape nan pòt-la. Zarenyen mande: "Ki moun ki la-a?" Mouche Lyon gwonde: "Se mwen-menm!" Zarenyen prese reponn: "Map vini, wi!" Men anvan li louvri pòt-la pou lyon-an, li di mouche Leyopa: "M kwè lyon pa zanmi-ou. Si li wè-ou, batay ap mare. Ou konnen wap pèdi. Konsèy m ba-ou: kache kò-ou nan pyès dèyè-a pandan li pral vin la-a." Leyopa pase nan pyès dèyè-a. Lè li antre, li wè chen-an. Li vole sou li, li pa fè de bouche avè-l.

Pandanstan, zarenyen louvri pòt-la pou mouche Lyon. "Majeste Wa, m di -ou antre, wi. Mwen tap tann-ou. Mwen te pare yon ti dine pou ou." Pandan lap pale, zarenyen louvri pòt chanm dèyè-a. Lyon-an wè Leyopa. Li monte sou li, li kase rèldo-l, li manje li tou kri. Lè lyon-an fin manje, li pa menm di mèsi. Li vire gade zarenyen: "Kounye-a, ban mwen kòb-mwen!" Zarenyen an di: "Majeste, kòb-ou-a, li la-a nan lakou-a. Ou mèt vin pran-ni, wi."

Zarenyen louvri pòt lakou-a. Men jan zarenyen pale, lyon fè kòlè. Li vole anlè pou li ka kraze-l ak yon kout pat, men zarenyen fè yon eskiv. Lè lyon tonbe, tè-a louvri anba fòs-li. Mouche Lyon tonbe nan twou pèlen chasè te fouye. Li kase kou-l, epi li ale nan peyi bwachat.

Se konsa zarenyen te rive touye ni ti sourit, ni chat, ni chen, ni leyopa, ni lyon san li pa peye okenn dèt.

ISTWA YON BOURIK

Te gen yon nèg ki fèk marye. Nèg-la monte ak madanm-li sou bourik-li. Bourik-la fè yon fopa. Nèg-la di: "Sa fè yon fwa." Bourik-la fè yon dezyèm fopa. Nèg-la di: "Sa fè de fwa." Bourik-la fè yon twazyèm fopa. Nèg-la desann bourik -la ak madanm-li, epi li touye bourik-la.

Madanm li di: "Poukisa ou fè sa?" Nèg -la di: "Sa fè yon fwa."

MONT MONPÈ

Nan yon ti bouk te gen yon monpè ki te konn kite mont-li sou yon ban nan legliz-la, anvan li rantre nan konfèsyonal-la. Li te konn fè sa pou li pat janm gen tantasyon gade lè pandan yon fidèl tap konfèse. Yon jou, yon msye vin konfèse. Li di: "Monpè, padonnen-m, m fèk vòlè yon mont." Pè-a di: "Se pa ase pou ou mande padon, fò ou remèt mont-la tou." Nèg-la mande:

"Ou vle-li monpè?" Pè-a reponn: "Mwen-menm menm? Non, mwen pa bezwen-n. Se pou ou potè-l bay mèt-li."

Nèg-la reponn: "Enben, mwen ofri-l li, men li pa vle pran-ni."

Lè-sa-a, pè-a di: "Oke, konsa pa gen pwoblèm. Ou mèt pran mont-lan pou ou!" Epi, li bay nèg-la absolisyon.

Lè nèg-la fin ale, pè-a voye je sou ban-an. Li mete de men nan tèt. Epi maltèt pran-ni la-a menm.

Granmèsi demach fanmi ak zanmi, yo lage-li epi an 1972 li jwenn viza ameriken pou li ale Nouyòk. An 1979 ansanm ak yon gwoup atis, li fonde yon branch Sosyete Koukouy Nouyòk ki pran kòm deviz: "Potomitan Kilti Lakay - N'ap klere nan fènwa." Men an 1984 fatige ak

Jan Mapou

SE PLIZYÈ VANYAN NAN YON MENM AYISYEN NATIFNATAL Pwofesè Frimann rele, "Yon fòs lanati kap fonse". Annefè li se pwofesè/kontab/etnològ/kreyolis/sanba/ekriven/powèt/womansye/administratè/dramatij/metèansèn /aktè / librè /jounalis /animatè radyo /direktè Sant kiltirèl Mapou / direktè-fondatè Sosyete Koukouy".

Jan Mapou fèt Okay Difon 12 oktòb 1941 sou non "Jean-Marie Willer Denis". Li pran non vanyan Jan Mapou lè, 18 desanm 1965 nan Pòtoprens ak youn gwoup zanmi tankou Pyè Banbou pou "Ernst Mirville", Jan Tanbou pou "Henry-Claude Daniel", Pyè Legba pou "Emile Jules", Idalina pou "Marie Lucie Bayas", Togiram pou "Emile Célestin Mégie", yo fonde Mouvman Kreyòl Ayisyen ak Sosyete Koukouy.

Nan prefas *Choublak ak Kamelya,* yon liv pwezi kreyòl Jan Mapou pibliye ak 10 lòt sanba an 1965 yo di : "Sosyete Koukouy-la ap goumen pou kilti pèp ayisyen-an kite literati teledyòl-la - literati bouch-an-bouch youn di lòt-la - pou li antre nan liv. Sosyete Koukouy-la ap ankouraje tout atis-plim, tout nèg lasyans ekri konesans-yo nan lang manman-n ak papa-nou-an".

Rive 1967, Jan Mapou vin prenmye animatè 3 pwogram sou levasyon ak edikasyon nan Radyo Karayib: "Emisyon Solèy", "Isit Jennès" ak "Òwò Piblisite" pou kore Mouvman Kreyòl-la. Men, rive 6 avril 1969, makout debake nan estasyon radyo-a, pase mennòt nan ponyèt Jan Mapou ak senk lòt manm mouvman kreyòl ayisyen-an ki te la. Zanmi-an pase 4 mwa 3 jou ak 30 lòt prizonnye nan yon selìl Fò Dimanch ki te gen espas reyèlteman pou 7 moun sèlman.

lanèj epi fredi, Mapou mande travay-li yon transfè. Yo voye-l kòm direktè tout sistèm paking ki nan Èpòt entènasyonnal Miyami kote li resevwa plizyè onnè kòm yon administratè konsekan.

An 1985, Jan Mapou ak yon ekip ansyen Koukouy Nouyòk tankou Yolann Toma, Kiki Wennrayt, Mikèt Wennrayt, Jàn Mapou, Limone Jozèf, Inavi Jozèf... yo fòme nan Miyami yon lòt branch Sosyete Koukouy ki vin gaye Kanada, Konnetikèt, Tanpa Be, Ayiti, Nouyòk, Homsted. An 1990, Mapou louvri yon libreri nan "Little Haiti" (Miyami). Libreri Mapou vin yon sous referans pou moun enterese nan istwa, lang ak literati ayisyen. Se kafou rankont tout atis ak ekriven ki pase nan Miyami. Rive 1997, li monte Sant Kiltirèl Mapou anndan Libreri Mapou kote li òganize konferans, woumble, pyèsteyat, dans ak chante tradisyonnèl, ekspozisyon penti, elatriye.

Men se pa tout aktivite nèg vanyan sa-a. Depi 1987, chak senmenm li pibliye nan jounal *Haiti en Marche* yon paj an kreyòl li rele "Tigout pa Tigout". Anvan sa, li te konn pibliye atik an kreyòl nan jounal *Haiti Observateur* nan ribrik : "An n'Aprann Li Kreyòl" (1981-1984). Sanba Mapou ekri 2 liv pwezi, yon ti liv sou istwa kout avèk 5 pyèsteyat. Li deja mete sou planch ann Ayiti, Nouyòk ak Miyami plis pase 15 pyès teyat Pyè Legba, Feliks Moriso Lewa, Ralba ak tandòt ankò.

Dramatij Mapou ekri *Anba Tonèl* (1981), *Tatalolo* (1983), *Lanmò Jozafa* (1984), *Anba Lakay* (1988, Kolektif), *Maryaj Daso* (1989), *Fèt Manman* (1990, avèk Kiki Wainwright), *Libète ou Lanmò* (1991), *Tout Kolon se Kolon* (1992). Sepandan, pyès teyat-li ki pi enpòtan se *DPM Kanntè* (Drèt Pou Miyami, Teyat Total). Yo jwe pyès-sa-a prenmye fwa jou 20 novanm 1994 devan plis pase 2,500 moun epi ankò 4 desanm 1994. *DPM Kanntè* vin yon liv ak videyo depi 1996.

DPM se istwa Botpipèl-yo: "Nou aprann poukisa yo kite peyi-a, sa yo kwè, sa yo espere, sa yo reve ..." Jan Mapou konprann soufrans yo. Kèk 40 anne anvan li te ekri nan prefas "Choublak ak Kamelya": "Kòd lonbrit yon sanba mare ak lavi peyi-li, lavi pèp-li, lavi fanmi-li, lavi zanmore-l, zanmi katye-li, kanmarad travay-li. Kè yon sanba se yon gita 1.000 kòd sansib. Li akòde ak divès tay banbou, ak tout batri vaksin k'ap woule, soufle kadans konbit lavi-a".

Se menm santiman-sa-a nou jwenn nan kèk powèm Mapou-yo ak Fantezi Kreyòl plis de istwa kout: "Rat lakay" ak "Vakans Timounn Okay", Jan Mapou ofri nan paj-sa -yo.

Referans pou entwodisyon-sa-a soti nan "Ki Moun Kijan Mapou?"
Brayant Frimann ekri pou prezante ***Anba Mapou-a :***
sis istwa tou kout Jan Mapou an kreyòl ayisyen

FANTEZI

Anba youn bèl lalin kristalin

WONGOL

Banbile banbile-w

sou tèt youn kolin
sou wout Lasalin...
Fransin ak Jozefin
ap fè dodin
sou sak farin youn machin.
Katrin kouzin Karin
pitit-pitit Kawolin
ap koute Edwin
k'ap jwe youn mandolin
anlasisin siwolin

++++++++++

Kilè koulin koupe
k'ap koupe kokoye
ka koupe kou kolonkaliko koyo
kakajako kòbòy
kouyon kowonpi
k'ap kòche-kraze-kofre
kòk kalite Karayib
Kiskeya ?

+++++++++++

Si lekòl te fèt an kreyòl
Tidyo ta v'al lekòl
Tidyo ta aprann lekòl
Tidyo ta vin elèv lekòl
Elèv lekòl nan lekòl kreyòl
Elèv ti lekòl elèv gwo lekòl
Tidyo ka vin pwofesè lekòl
Pwofesè, Tidyo ka minis.
Minis, Tidyo va bati lekòl
Anpil lekòl pou elèv ak pwofesè.
Tidyo elèv
Tidyo pwofesè
Tidyo minis
Tidyo...kab prezidan.
Tidyo prezidan
Touye-m rache-m
Ayiti kente.

Mal sele ka foule
Apre kase mayi
N'ap konte bougon

+++++++++++++

Anba zepolèt se dèy
Dòmi pa mouri
Depi tèt pa koupe
Espwa toujoula

+++++++++++

Fèy mapou ak manyòk
sanble kou marasa
mapou pa manyòk
manyòk pa mapou
Viv bouki ban-m manti

JA

Nan chache, pale, fouye
M'jwenn youn ja
W-a lou
W-a lou paw!
Nan debwaze, fouye, mete pikwa
Chak kout pikwa se Ja
Pikwa isit, pikwa lòtbò
Ayayay! Ja
Adwat agòch
Nan mitan, sou kote
Ja sou Ja
W-a lou
W-a lou paw!
Peyi d'Ayiti, se peyi Ja
Bande ponyèt
Touse kanson
Mete pikwa.

KALINDA

Timounn k'ap chante...Chante ...

Chante chante-n
Timounn k'ap danse…Danse.. .
Danse danse-n
Jodi se fèt… Souke
Souke souke-n

Timounn k'ap kriye
Kriye ... Kriye kriye-n
Gagari lasoufrans, lave lamizè
Todye lespwa
Latè mèg awi li mèg! Grese latè
Dlo je se bonè, tankou lapli pote rekòt.

Timounn k'ap priye
Priye ... Priye-priye-n
File kolye nevenn pou Nòtredam
Foule dyakout Sen Djo
Lote ... Lote Sen Jid
Sen Jak ak Sen Antwàn
Pou chak ding, denng, donng

Timounn k'ap dòmi
Aleee ... Dòmi dòmi-n
Kabicha rale singo
Tonton Nwèl anfouraye
De sakpay boure pay, dife nan pye
Pikan kwannan, kandelab lantouray
Pasi-pala... Laretrèt oflanbo.

Timounn k'ap soufri Adyeee...
Pran pasyans
Ti trip, gwo trip, filangèt kasav
Mayi bouyi, ladous-ki-vyen
Pye krab fè bon bouyon
Zepina, koupye, bonbon kodenn
Remontan lafeblès.

Timounn k'ap soupi
Soupi...Soupi soupi-n
Demen pi tris.
Biskèt reponn "Mea Culpa".

KITE-M KRIYE

Kite-m kriye ... Wi mezanmi
Kite-m kriye!

Soufrans lan di wi mezanmi
Kite-m rele!
Doulè-a rèd wi mezanmi
Lapenn nan ap manje tout zantray mwen, wi
Mezanmi tanpri kite-m kriye, kite-m rele

Se fann anndan-m ap fann
Se rache kè-m ap rache
Se fyèl mwen wi mwen santi k'ap pete
Se pa plezi non m'ap pran
Se doulè k'ap rabote plafon lestonmak-mwen
Rachonnen tout zantray-mwen

Adye mezanmi, ide-m non
Ide-m rele, ide-m kriye
Kenbe do-m mezanmi
Soutni do-m mezanmi
Ban-m lebra non mezanmi
Youn ti zepòl souple pou m'apiye
Pase men nan tay mwen ... Ay!
Soutni-m, wi soutni-m ... woy!
Kite-m dyaye ... Kite-m rele
Ay! kite-m rele pou frè ak sè m' yo
Kite-m rele ... Houn! Kite-m kriye
Lavwa ... Wi lavwa pou n'reveye Bondye
Sanble li bliye nou ...
Kakofoni rèl va monte nan syèl
Pou lèsen, lèmò bese je gade ...
Annou houke jouk langinen tande.

Vwa-m yo fèb wi mezanmi
Grangou, zenglendo lage koukouwouj
Yo dezespere, y'ap sipliye, y'ap mande sekou
Yo vle viv ... Yo kite lakay ak espwa lavi
Ba-yo lebra non ... Sove-yo non.. .
Gade jan reken ap devore-yo mezanmi!

Ay! Kite-m kriye non pou tout kadav-sa-yo
Lanm lanmè trangle, toufe-nou woulawoup
Kite-m kriye pou yo ... Yo, reken fin detripe
Kite-m pale pou yo ... Yo koukou ap tyake
Kite-m kriye pou yo tout pò malere-sa-yo
Refijye sou lanmè ki pa janm rive
Espwa demen pou lanmè jodi

Wi, kite-m kriye ak tout fòs-mwen
Pou yo tout ... Owi yo tout wi
Ki pa gen kay poupare lapli
Ki pa gen rad, ki pa gen soulye
Pou y'al legliz priye Bondye
Wi, kite-m rele pou yo ...
Kite-m dyaye pou yo!

Alademal papa!
Alade soufrans manman
Ki doulè-sa-a mezanmi!
Kisa yo fè, kisa yo di?
Depi nan koton y'ap mande
Moso lavi tanpri souple ...
Pesonn, wi pesonn pa tande ...
Woy! ... Alade soufrans! Alade lapenn manman!
Ide-m non mezanmi ...Ide-m rele anmeeee!

mas 1999 jou 40 refijye ayisyen neye nan lanmè Miyami

VIVA ... VIVA ... MANNDELA

Nou tout te la
Ansanm ak tout Lafrik la
Ape jofre souf koupe

Kilè nan fant pòt la
Manndela t'ape pèse

Se te nou tout
Nou tout pitit zantray Lafrik
Nou tout
Ki te kanpe
Ki t'ap danse
Ki t'ap gade
Ki t'ap priye

Se te nou tout
Pitit Tousen Breda
Tousen
Ki te louvri baryè tankou Manndela
Se te nou tout
Pitit Malkòm pitit "Martin"
"Malkòm" ak "Maten"
ki te fè bèl rèv liberasyon sila-a

Ay! jou sa-a papa
Jou maten sila-a
Ou te fè tout esplwatè espante
Tout blan mannan chatmawon
Leve tèt gade
Leve tèt kontanple
Leve tèt admire youn nèg grannèg
Youn barak youn atibon legba
Ki deklare kare-bare
Nou tann twò lontan pou libète nou
Nou pa ka tann ankò
N'ap soufri twò lontan nan zantray nou
Nou pa p'soufri ankò
N'ap kriye twò lontan sou kadav
Frè ak Sè-nou-yo
Dlo je nou seche
Nou pa p' kriye ankò
Li tan pou se dlo lajwa ak bonè
Ki koule nan zye-nou

Ou fè nou tout santi
Kondisyon batay la toujou la
Anyen pa chanje
Egal ... anyen pa deranje

Si pou mouri
W 'ap mouri ak nou
Si pou mouri
W 'ap mouri pou nou
Ou se bon kaliko
Bout karyann fondasyon libète

Depi syèkedèsyèk
Y'ap fè-nou filalanng
Souf nou about
Libète sila-a
Se plonje pou nou plonje men-nou
Ak raj
Pou nou rape-l nan sakit ayo

Ay ! Manndela papa!
Jodi-a nou rele
Nou chante
Nou danse
Nou pyafe
Nou houke ak tout fòs-nou
Viva ... Viva Manndela!
Apated nan koma
Apated fèt pou kaba
Tankou gwo bout miray Bèlen
Tankou diktatè bòt desanlye
K'ap krabinen pitit bondye
Nou di Viva ...Viva
Nèlsonn Manndela

Vyolans ratkay

Pou : "Danielle Roumer"

Toutoulita s'oun bèl ti demwazèl koulè tamaren. Li gen 15-an. Li pa konn papa-l. Manman-l s'oun malerèz k'ap goumen ak lavi-a pou fè levasyon-l. L'al lekòl. Bèl timounn devan letènèl. Toutoulita se admirasyon tout mounn nan katye-a.

Li bèl. Li replèt. Li chèlbè. Li parèt pi devlope pou laj-li. Vwazinay rele-l Boulòt.

Lò Boulòt abiye, mete ti wòb minijip, ba gogo-li sou li, outadi s'oun modèl. Li mache sou ren ak youn kadans defile mannken.

Ti pitit-la chaje ak gangans!

Malen, manman Boulòt vin jwenn viza pou l'rantre Ozetazini. Li deside depoze Boulòt nan youn pansyon Pòtoprens annatandan papye imigrasyon pitit-la fin pare pou li rantre al jwenn manman-l Nouyòk.

Adonis se menmaj Malen. Li pa papa Boulòt. Li pa menm konnen Boulòt. Li te rankontre Malen nan youn ti siyepye ka youn zanmi nan Nouyòk. Se nan foto li rekonnèt Boulòt. Depi lè sa-a lòy li vire. Se toutan l'ap admire foto pitit-la; fè Malen konpliman pou jan Boulòt anfòm.

Manman Boulòt te mete-l nan pansyon pou penmèt li-menm, manman-an, rantre Nouyòk, vin degaje-l voye lajan bay ajans vwayaj-la pou pitit-la rantre vin jwenn ni menmsi se an touris. Lè li rive l'a degaje-l.

Boulòt te konn sa. Li mouri poul-li, etidye ti leson-l pou evite dezagreman ak manman-l. L'ap tann jou non-l desann pou li rantre Nouyòk. Tout fòmalite fin ranpli. Lè papye fin prepare pou Boulòt rantre, Malen ki pòtko gen vakans pou li te antreprann vwayaj-la, voye Adonis Pòtoprens pou l'al fin òganize fòmalite-yo pou Boulòt.

Adonis fè ladesant kay matant Malen. Depi Adonis rantre nan Samdi, l'ap mande pou Boulòt. Gade non! Nan imajinasyon-l, li gen tan vizyalize pitit-la, li wè demach-li, souri-li, ti pale sou lanng -nan Adonis anzingdekontraryete. Li tounen youn chasè, fizi-l ogadavou k'ap veye youn toutrèl. Li tande tout kòmantè lafanmi ap fè. Li tande jan Boulòt entelijan, jan Boulòt s'oun bèl timounn ki pwomèt anpil. Jan ti mesye-yo ap kase tibwa nan zòrèy-li, li pa pran priyè ... Anfen, tout chive nan tèt Adonis kanpe. Outadi chen ki wè zo nan gran chemen.

Finalman, pansyon-an kite Boulòt al kay Matant Malen pou I'al wè Bòpè-l. Adonis souri swa, lò li tande Boulòt ap tann-ni nan salon-an. Li mache bwòdè, l'avanse tou dousman, li anbrase Boulòt debò epi li ba-l youn akolad. Li pase men nan figi Boulòt, li gade-l nan blan zye ... Li souri. Li ba-l youn dezyèm akolad.

- O pitit mwen, kouman ou ye ? Se tout tan manman-w ap nonmen non-w avèk mwen. Gade gwosè-li ! Alabèl ou bèl pitit ! Vire non, tounen non, kite-m gade-w non..Rete, rete...Apati jodi-a tanpri rele -m "papa".

- Mwen-menm, m'ap rele-w "pitit".

Li anbrase-l ankò. Li ba-l youn lòt akolad. "Bo" sa-a se manman-w ki di se pou m'anbrase-w pou-li. Akolad-la dire, youn anviwè sispèk-sispèk.

Matant-lan ki t'ap gade delwen pandan li te nan kuizin-nan pouse youn soupi. Li santi li jennen-jennen pou li wè jan Adonis ap chifonnen tipitit-la. Jou swa sa-a, Adonis envite Boulòt al sinema *Driving Ciné*. Annapre, y'al bwè krèm alaglas sou Channmas. Depi jou sa-a, se youn pwogram sinema chak swa. L'al chache Boulòt nan pansyon-an, mennen-l al manje nan restoran osnon al sinema. Boulòt te byen kontan pou li soti ak Bòpè-li, pran ti distraksyon li pa jwenn nan pansyon-an. Youn senmenm poko pase, Adonis soti nan sinema, li pran kamyonèt ak Boulòt, y'al manje griyo "Au Griot D'or" Bizoton. Jou swa sa-a, Boulòt te abiye ak youn bèl ti wòb twal swa ki ranmase tout fòm kò-l. Wòb la chita sou kuis Boulòt. Detanzantan, l'ap pouse-l desann. Grenn je Adonis pa soti sou kuis ti inosan-an.

Lò yo retounen, li te gentan minuit kapote. Adonis mande Boulòt pou l'rete dòmi kay Matant, denmen l'ap mennen-l al pran viza. Akòz blakawout, nanpwen limyè, Matant te kouche ap dòmi depi uitè diswa. Li kite youn ti lanp avè limen.

Boulòt rantre nan chanm-nan sou pwent pye, li dezabiye-l epi li mete youn ti bikini chemiz denui sou li. Li kanpe devan kwafez-la, l'ap penyen tèt-li. Se konsa, li santi youn lonbray dèyè do-l, reflè pat men lonbray-la kon pat men satan agrandi twa fwa plis devan moso glas la anba reflè lanp avè-a. Boulòt vire, l'ale pou li pete youn rèl. Adonis plop, li met men sou bouch-li. Boulòt pouse-l. Adonis peze bouch-li pi fò, li makònen kò-l ak pitit-la, li trennen-l, li kapote-l sou kabann nan, epi ... tankou youn bèt sovaj, li vyole pitit-la.

Lò Boulòt wè kabann nan benyen ak san, laperèz pran-l, li panike, l'ap tranble, l'ap goumen pou li retire gwo pat men Adonis k'ap peze bouch-li. Adonis kenbe fèm. Li pa vle Boulòt fè twòp bri pou Matant tande. Li di Boulòt nan zòrèy, gade, si ou fè nenpòt ki bri, si ou pa sispann goumen avè-m, m'ap di manman -w ou gen *boyfriend,* ou pa p'vwayaje al Nouyòk. M'ap dechire paspò-a. Adonis fè Boulòt chanje dra-a, sere-l anba kabann-nan epi fè-l kouche toudousman. Boulòt pase tout nuit-la ap kriye.

Boulòt leve byen tris, li mete rad sou li epi Adonis akonpaye-l mennenn nan konsila-a pou l'al pran viza. Nan epòk sa-a jwenn youn viza se te gwo biznis.

Manman Boulòt te deja peye ajans lan $5,000.00 US. Kidonk, viza Boulòt te garanti. Nan denmen Adonis pran avyon ak Boulòt rantre Nouyòk.

Rive Nouyòk, Boulòt kontan wè manman-l, li anbrase-l ak dlo nan zye. Malen konprann se youn kriye lakontantman. L'ap takinen Boulòt dèske li chagren li kite ti peyi li renmen anpil-la. De twa jou pase dlo toujou ap koule nan zye Boulòt. Ou ta di youn wobinèt ki fware k'ap bay dlo san rete.

- Cheri, sa k'pase? Apa depi ou vini w'ap kriye? Ou pa kontan rantre Nouyòk?

- Wi manman.

- Sa ou genyen w'ap kriye ak ògèy konsa? Depi ou vini se youn kriye, kriye san rete. Sa ou genyen pitit ?

Boulòt rele manman-l sou kote, li rakonte-l tout sa k'pase-l ak Adonis. Manman-an ki gen espwa pou l'jwenn rezidans refize kwè-l, ap eseye kase fèy toufe sa.

- Gade non machè, ase repete tenten non! Adonis pa mounn k'ap fè bagay konsa. S'oun mounn respektab. Adonis soti nan gran fanmiy. S'oun nèg k'ap viv nan kay-la ak mwen, s'oun sipò. Ou konprann? Isit pa Ayiti pitit. Si se pa Adonis mwen pa konn kote m't'ap jwenn lajan pou mwen voye chache-w. Li pa janm ni manke-m dega, ni di-m fout.

- Wi manman, Adonis, vyole-m. Mwen pa demwazèl ankò. Li menase-m. Li di-m l'ap touye-m. Li di-m l'ap di-w se nan fè vakabonday si mwen ta rive ansent.

- Fèmen dyòl-ou tande. Adonis se mounn debyen, m'di-w li pa p'fè zak konsa. Al pran san savon nan lari-a epi vin lage-l sou do Adonis, enpètinan!

- Manman pa kite-m nan kay-la pou kont mwen non. Mwen pè, Boulòt di ak dlo nan zye.

- Enben w'aval nan travay ak mwen.

Peyi isit pa Ayiti non. Blan-an pa p'pèmèt-mwen trennen-w dèyè-m non. Ou konn youn bagay, si ou pa sispann fè manti sou Adonis m'ap bak ou Ayiti.

Boulòt pa fouti dòmi lèswa; l'ap fè kochma. Chak fwa li wè Adonis, l'anvi kouri. Li wè gwo pat men Adonis-yo k'ap peze bouch-li epi men gwosè grenn je Adonis k'ap mennase-l.

Li rakonte Ànamarya youn ti zanmi-li jan li pè rantre lakay li apre lekòl. Ti zanmi-an esplike-l lalwa peyi isit. Li di mounn isit espesyalman fi pa fèt pou aksepte abi fizik ak sikolojik-sa-yo. Li di-l si mouche-a ta manke fè youn jès, manyen-l, Anamarya di-l pa ezite youn minit, rele lapolis. Rele 911. Rele ...

Se konsa, youn jou Adonis kite travay li bonè-bonè, li rantre byen move, li jwenn Boulòt ki chita devan tab-la ap etidye.

- Gade non Boulòt apa Prensipal la sot rele-m, li di w'ap bay gwo pwoblèm nan lekòl. Ou fenk rantre nan peyi-a ou koumanse bay pwoblèm deja. W'ap goumen ak lòt timounn, w'ap manke pwofesè dega, ou refize etidye leson-w ...

Pwoche isit ... Adonis, rale sentiwon-l, li fè Boulòt desann kilòt-li epi li rache dèye -l ak kout sentiwon. Li pouse-l. Li kalote -l. Li rale-l. Li bourade-l. Li dechire rad-li. Li mete-l toutouni. Tout tete pitit- la deyò.

Adonis plòp li poze lapat sou tete-yo. Li tonbe anbrase-l. L'ap karese-l. L'ap rele-l cheri. Li di l'ap ba-l lajan, I'ap achte machin pou li ... Gade non, l'anraje! Boulòt rale soti, li kouri rantre nan youn chanm epi li fèmen tèt-li akle. Li pran telefòn-nan, li rele 911. De minit potko pase, lapolis debake. Boulòt esplike kijan mouche-a plonje sou li pou li fè kadejak sou li ankò.

Lapolis te gen evidans ak rad chire-yo epi Boulòt ki te plen mak sou kò-l. San pèditan, yo pase mennòt pou Adonis. Y'al lage-l nan prizon pou vyolans seksyèl sou ti demwazèl-la

"Zonbi mann mannan wi Wa
Madan Wa malad
Wi Wa
Ti poulèt sove
Wi wa! ... "

Nan peyi pa-m Okay Difon, depi mwa jiye rive, timounn, pitit richa fè malèt-yo pou y'al pase vakans Pòtoprens, Lakapital osnon aletranje. Y'al granri, achte rad nèf, bèl ti wòb mini, ba gogo,

Vakans timoun Okay

" -Ala youn bèl ti rad
-Wi chè
-Kiyès ki fè-l?
-Madan Aman
-Nan ki machin?
-Machin akoud
Weeeee..."

Ewi! Apre youn tan se youn lòt. Lontan-lontan, lò sa te konsa-konsa, depi mwa jiye rive, se te lajwa deviv. Twa mwa vakans. Twa mwa banbòch. Se lè timounn al andeyò, bwè kokoye, peche krab, monte chwal, manje bonbon-kaptenn, al laplaj lobe, woule nan sab, bay so kabrit, al nan plenn keyi mango ... Se epòk bèl anpatèt pou sèvolan dodo nan syèl...

Lè aswè rive, anba bèl lalin, won kon baboul, tout timounn sanble pou sote kòd, chita kòtakòt, youn tiwòch nan men ak kachkach li byen, sere li byen, tire kont Bouki ak Malis, Jan Sòt ak Jan Lespri, tim-tim bwachèch ... Bay lodyans ki fè ri jouk ou pipi, chante bèl-bèl ti chante, fè lago-lago ti sanble, fè wonn ti poulèt sove.

talon kikit, pantalon plake pou y'al taye bobis, fè tyoul nan Rèks-teyat, danse nan Sèk militè, al nan radyo-teyat nan sal Sen Lwi.

Depi vakans rive, gason pa kanpe. Twa mwa vakans, aktivite tribò-babò. Chak apremidi, se youn laposesyon sou wout Gabyon. Timounn-granmounn ak gran chapo-pay pral nan match foutbòl. Timounn ki pa gen kòb chita nan lòj, kidonk yo moute, jouke kò-yo sou youn pyebwa pou yo jofre osnon glise-filerantre an katimini, pran daso nan lantouray pay kokoye ki sèke teren foutbòl laravin Okay. Lò vakans rive, timounn kou granmounn plonje Bouri. Bouri se youn bitasyon kote lafrechè matinal filtre nan fant fèy pye-kokoye ak pye-zanmann. Bèl gazon ak tout kalite pye mango, bonjan mango fransik Damyen.

Granmtimaten timounn kou granmounn leve, sanble zanmi-fanmi y'al fè piknik. Yo pote dra, zòreye, wayal, kasav ak zaboka, diri ak dyondyon, bannann poban, bannann fran byen rèk, bèl grenn pwason babaren fri osnon kèk bon bout moso griyo k'ap naje nan youn gwo bonm sòs pikliz ... Ak de twa ti kola kenz, osnon sitwonnad pou rafrechi lestonmak-yo. Sou bitasyon Bouri, Okay, depi solèy leve mounn fè kenken ... Yo benyen, yo manje, yo jwe, yo bay lodyans. Timounn-yo ap sote kòd, jwe sèk, teke mab, monte sèvolan, fè jwèt lagè, mennen toupi nan pòk...

Chak apremidi, lè vakans rive, mounn sou mounn monte Lilèt. Lilèt se youn lòt bèl ti kote toujou pwòp, toujou fre. Dekoupe tankou kawo-damye, ak pye zanmann k'ap kadanse debò nan woulawoup labriz dlo dous ak dlo lanmè. Youn tralye pyès kanno anbandisyon ap veye zwazo mechan, youn lannmi-reken depi 1804.

Espesyalite lilèt se doukounou. Plat tankou planmen. Byen cho. Bon gou sèl. Bonkou piman ak kokoye graje. Doukounou Lilèt, Okay Difon, lò epòk vakans, se koupe dwèt. Apye osnon abisiklèt, timounn Okay ki pral benyen Lilèt pa janm bliye mete youn wondèl 20 kòb nan pòch yo... Se epòk, y'al peche zuit, peche paloud anba sab, woule nan sab cho, rale sengo anba frechè pye zanmann...

Mwa Jiye, Okay Difon, bann timounn, opipirit chantan, pran wout Chapantye. Y'al fè loupin nan chit Lapèl. Lapèl se randevou dèzamoure. Youn chit dlo fre ki soti anwo nan tèt mòn tonbe nan pas Lapèl k'oun vale benediksyon.

Mwa jiye, se mwa fistibal alamòd. Tinèg pran wout Kamase pou y'al keyi mango, manje siwèl, touye zwezo palmis ak zètolan ... Abitan nan plenn Okay renmen timounn lavil. Yo monte pyekokoye, keyi kokoye. Yo monte pyemango, souke pyemango. Yo pran gòl keyi labapen tigrenn, bouyi pou yo.

Epòk vakans, Okay... Ala bèl epòk! Awi ! Se epòk mayi bouyi, ladous-kivyen, pistach griye, veritab vip-pip kalebouyi. Se epòk zaboka, wayal ak manba, doukounou kokoye, bonbonmakwe, ak kannkale. Se epòk tibout panyen mango bòdmè fè tikòb. Mango miskad dous kon siwo; mangodlo woz, byen fre; ti mango nèt youn bouche. Sikre jouk nan grenn ; mango won tranch janbon; mango kòn Miragwàn nanpwen la ; mango labich fonn nan bouch; mango fil pou latòtòt ...

Lò vakans rive nan vil Okay, timounn pa chita nan kay. Yo monte Kanperen, al Somatiren, y'ale Tòbèk, Dibrey, Labòd, Chantal, Anikè, Disis, Kavayon pou y'al manje kribich sote nan grès. Y'al Pòsali, achte chapo pay, bèl ti pantouf pit koulè Lakansyèl ... Anfen-anfen, depi timounn yo chanje klas, yo tounen gren pwonmennen. Sa ki kapab, aswè, yo mete bèl ti rechanj sou yo, y'al Reks-Teyat pou yo wè pou ladizyèm fwa pafwa, *"Fanfan La Tulipe"* osnon *"Le fils de personne"* osnon *"Les trois mousquetaires"* osnon *"Tom Douley"*... Kanta *"Devine qui vient diner"* menmmenm se te pa-yo-sa. Yo rele, yo soufle, yo pase Chiki, Dodye ak Lwi Petyon Teya nan betiz lò blakawout fim kase kòmkwadire se yo ki te lakòz.

Epòk vakans Okay, nan pwen la. Ti demwazèl fè pak anvan karèm. Randevou dèyè lakatedral, bò Fatima apre mès katrè. Se la, kopen soulye italyen pwent-a-file mizik krawkraw, ap kase tibwa nan zòrèy ti medam-yo. Yo krab kò-yo pou fè tibo, ti karès damou. Jenn ti matcho yo-menm, kanson eskanpe, file kon razwa ap fè zyedou, voye ti lèt damou.

Apre vakans Okay, tout mesye-dam yo anfòm. Yo graaaa! Machwè-yo fè tete. Dèyè yo fè dèt m'a peye. Men granmounn lontan toujou di: Grès vakans se grès mango, se grès mizè.

Enjennyè, teyolojyen, pwofesè, Frits Fontis se yon ekriven tou. Ant 1982 ak 2003 li pibliye dis liv an franse kote li diskite konviksyon ak filozofi kretyen-ni swa nan sèmon li deja fè swa nan refleksyon ak ànaliz sou *Kretyen ak Politik, Maten Litè Refòmatè-a, Yon sivilizasyon lanmou* epi *Maksis*. Lè madanm-li mouri, Fontis dedye-li yon liv avèk foto li rele : *Maude Paultre Fontus, un exemple de Foi vivante*. Kòm madanm-li toujou vwayaje

Chante pou Pitit Kay

Kilè na wè Ti Kay
Kilè na wè lakay?
Vini bèl nèg, vini tanto
Vini lakay dodo!

Na byen dyougan Ti Kay!
Na santi bon lakay...
Vini chouchou, vini tanto
Vini lakay dodo

Tout se pou ou Ti Kay
Tout se pou lakay
Vini toutout, vini tanto
Vini lakay dodo

La famille des Pitite-Caille
Typographie Firmin-Didot, Paris, 1929, pp. 48-49.

Jisten Lerison *fèt Pòtoprens, Ayiti, 10 fevriye 1873. Se te yon avoka, ekriven, jounalis, edikatè, patriyòt ayisyen. Alòske li tap anseye istwa, li pibliye yon liv sou epòk kolonial espayòl ann Ayiti. An 1898, li fonde peryodik "Le Soir" li dirije jouk li mouri an 1907, epitou li ekri de liv* *pwezi, "Les chants de l'aurore"(1893) ak "Passe-temps" (1893). Men sa ki fè yo konnen-ni pi plis se "La famille des Pitit-Caille" (1905) epi "Zoune chez sa Ninnaine" (1906), de woman satirik. Se Jisten Lerison ki ekri pawòl chan nasyonnal aysyen-an, "La Dessalinienne" [Ochan pou Ayiti] ki te ranpòte prenmye pri nan yon konkou. Chansonnye Depradin [Kandio] chante-li pou prenmye fwa ann oktòb 1903 avèk akonpayman pyano Jilyen Koutwa nan "Petit Théâtre Sylvain (rue du Centre)", Pòtoprens.*

Frits Fontis

RANMASE KONNESANS NAN DIVÈS DOMENM POU LI BAY SÈVIS LAVIDIRAN. Repetitè an matematik pou elèv nan klas segondè, li etidye enjennyè anmenmtan nan Inivèsite Leta Ayiti kote li rantre loreya epi li soti dezyèm. Men kòm enjennyè Fontis te vle pastè tou, li ale etidye diran twa anne nan Seminè Batis Lenbe ann Ayiti. Lè li vin jwenn yon bous pou li ale pouswiv etid matematik nan Etazini, li pwofite pou li fè etid siperyè an teyoloji epi li soti loreya ankò avèk yon diplòm bachelye an divinite. Pita, li pran yon mastè an teyoloji nan Seminè Prinstonn epi yon doktora an teyoloji nan *California Graduate School of Theology*.

Avèk dyakout konnesans-sa-yo, Pastè Frits Fontis ki fèt Hench, Ayiti, 8 out 1930, konsakre tan-ni pou evanjelizasyon ak sèvis kòm sekretè nan Sosyete Biblik. Se yon pozisyon ki pèmèt-li ede nan tradiksyon ak distribisyon Bib-la epi gaye ansèyman-ni ann Ayiti ak nan lòt peyi alantou-yo epi ann Afrik. Se konsa diran kenz anne li vin anchaje biwo Sosyete Biblik nan Repiblik Santafriken, nan Kòtdivwa ak nan Zayi. Epitou li vin tabli nan peyi Kennya kòm konseye pou tout peyi frankòfòn ann Afrik. Ant 1975 ak 1977 pastè Fontis te anchaje Lègliz Evanjelik franse nan lavil Nouyòk.

An 1981, li retounen ann Ayiti kote li pran chaj pi gran Legliz Batis nan peyi-a epitou li anseye filozofi ak relijyon afriken nan Inivèsite Leta Ayiti. Lè-sa-a tou, enjennyè Fontis kòmanse bati plizyè Legliz pwotestan nan peyi-a. Li agrandi Legliz Batis li anchaje-a epi li konstwi sou pwopriyete legliz-la yon lekòl ki anseye depi kindègadenn rive nan klas bakaloreya. Apre douz anne sèvis ann Ayiti li emigre nan Etazini kote li sèvi Legliz Batis ayisyen-an nan Miyami jouk li "retrete" an 1999.

avèk li tout kote li ale, pastè-a ekri: "M kapab afime 46 anne nou viv ansanm-yo pèmèt nou travay tout kote nou pase pou glorifye non Bondye."

Nan yon lòt liv li ekri: *La Bible et le Negro-africain*, Ayisyen enfòme kapab jwenn plizyè referans ki montre konneksyon tradisyon ansestral Ayiti avèk Afrik. Epi Frits Fontis ekri woman tou. Dabò li pibliye prenmye woman-ni *Accords retrouvés* nan Etazini. Men lè Mezon Edisyon franse *Farel* deside fè enprime-li tou yo pibliye-li sou tit *Conflits de Valeurs*. Se istwa sèvis kretyen yon jenn doktè ayisyen avèk madanm-li nan Plato Santral. Yon lòt woman *Bientôt le Soleil* kontinye istwa prenmye-a. Nan woman-sa-a doktè-a afime optimis kretyen-ni pou Ayiti.

Depi Pastè Fontis "retrete", li vin pi aktif. Li fè sèmon, seminè, maryaj, antèman, konfèrans plizyè kote nan Etazini, ann Ayiti ak Kanada. Pi plis li remarye ak yon kouzin prenmye madanm-li ki gen yon misyon andeyò lavil Senmak. Se yon okazyon pou pastè Fontis retounen sèvi tanzantan ann Ayiti kote li pa sèlman preche men ede popilasyon-an aprann bati kay-yo ak twati beton.

Frits Fontis refize gwo plas nan gouvènman Ayiti plizyè fwa. Chak fwa li di, li se yon pastè li pa yon politisyen. Sa pa anpeche-li kit nan sèmon-ni kit nan literati-li pale sou keksyon ki okipe lespri-li ak kè-li konsènen peyi Ayiti li renmen anpil. Lè-sa-yo, li pran enspirasyon-ni nan lang kreyòl ayisyen-an pou li transmèt mesaj konstriktif yon teyolojyen ayisyen libere. Se kalite mesaj-sa-a nou jwenn nan lèt tou louvri-sa-a Frits Fontis te ekri an septanm 1998.

YON LÈT TOU LOUVRI POU FRÈ AYISYEN-MWEN-YO KI TANKOU MWEN GEN YON KOKENN ERITAJ MEN KAP MONTE TANKOU MWEN TOU YON KALVÈ KI DI ANPIL.

Kounye-a, nou rive tou pre venteennyèm syèk-la men lèzòm pa pèdi tèt-yo jan yo te fè-li lè ventyèm syèk-la rive, malgre tout bèl dekouvèt ki sanble ap tann-yo nan syèk kap vini-an. Li ta bon pou nou fè, nan yon moman konsa, yon ti kanpe pou nou wè kote nou ye nan ti peyi-nou-an.

Premye janvye 1804 peyi-nou-an te fè yon kokennchenn antre nan mitan lòt peyi-yo. Pèsonn pat vle wè li. Men li te fè anpil jefò pou li te avanse. Peyi Frans te fè Ayiti peye yon gwo dèt pou rekonnèt endepandans-li. Peyi Etazini te tann 58 anne anvan li tabli relasyon diplomatik avèk Ayiti. Anpil lòt peyi te imilye-li plizyè fwa. Pa menm yon sèl ladan-yo te vle pale ak li egalego. Vatikan te fèmen je-li pou li pat rekonnèt nouvo repiblik-la kòm yon kote pou li te voye misyonnè. Sitiyasyonsa-a te anpeche peyi-nou-an mennen yon lavi nòmal apre endepandans-li.

Lè ventyèm syèk-la te kòmanse, Ayiti te sanble pèdi tout jefò li te fè pou li te sa genyen endepandans-li. Blan meriken te antre lakay-nou san pèmisyon epi li te kenbe Ayiti anba pye-li pandan 19 anne. An 1934, prezidan meriken yo te rele Franklen Delano Wouzvèlt pran desizyon kite Ayiti. Moun-yo ki renmen pale bèl franse te kòmanse di: "Men li, nou pran dezyèm endepandans-nou"

Men pat rete lontan pou yo te wè se te pawòl anpil. Nou te toujou rete anba pye blan meriken. Batay nou te konn genyen youn ak lòt yo te rekòmanse pi rèd. Li te tris pou wè Ayisyen rayi Ayisyen epi ap goumen youn ak lòt. Divizyon sa-a te bay yon nonm san kè okazyon pou li pran pouvwa-a ann Ayiti epi fè lannwit tonbe sou nou. Lè li te kòmanse fè klè ankò an 1986 nou pat kapab kontwole ti limyè demokrasi ki te komanse parèt sou peyi-a avèk pwomès yon lavi miyò pou tout moun.

Kounye-a nou tounen yon espektak nan je tout moun. Nou se yon peyi an fayit kap lonje bòl-li bay lòt peyi pou li kapab viv. Nou pwodi sèlman 20% sa pèp -nou-an bezwen pou viv. Tout pyebwa-nou-yo ap disparèt. Nou gen kèk resous anba tè-nou-an, tankou lò ak lajan bò Kankòk ak Lenbe, kwiv bò kote Fò Libète, liyit bò Mayisad nan Plato Santral, mab nan tout peyi-a, boksit nan Forèdèpen, nan Miragwann ak nan Boman (nan Grandans-la) epi petèt ankò yon metal yo rele iridyòm nan zòn Jakmel, elatriye ... Men tout resous-sa-yo rete anba tè jiskonnye-a epi peyi-a ap tounen annarye.

Genyen yon Ayisyen ki di li pa dakò ak moun ki di: peyi-nou-an bò barank-la. Li kwè sa pi rèd ankò: Nou nan fon barank-la menm. Sa pou nou fè mezanmi pou nou fè peyi-nou-an soti nan barank-sa-a? Genyen moun ki di nou pa ka fè anyen pou li ankò. Se pou nou kite-l trankil. Men nou-menm ki kwè nan Bondye e ki konnen sa li kapab fè, nou tankou Pè Abraam nou jwenn nan Bib-la, nou vle kenbe lespwa menm si tout bagay parèt pèdi (Women 4: 18). Nou santi nan fon kè-nou peyi-a kapab soti nan sa li ye-a si nou sekwè kò-nou epi si nou pran desizyon pou nou genyen yon lòt konpòtman ak yon lòt mantalite.

Se pou sa mwen ekri lèt-sa-a. Na jwenn ladann envitasyon yon pastè ki tris anpil voye bay tout Ayisyen natifnatal pou yo sekwè kò-yo poutèt sitiyasyon kote peyi-a rive. Se mesaj yon pastè ki pa gen pyès anbisyon politik, ki pa nan okenn pati politik, ki pap atake pèsonn nan lèt-sa-a men ki vle fè devwa-li **paske ka-nou grav anpil.** Li vle mande tout Ayisyen pou yo ekzaminen tèt-yo epi, san yo pa fèmen je-yo sou tout move bagay lòt peyi fè-nou pou yo rekonnèt responsablite pa-nou nan malè peyi-nou-an. Tankou santinel nou konn wè nan gerit-yo, li vle di frè ak sè ayisyen-li-yo nou ka soti kote nou ye-a si nou repanti (2 Kwonik 7: 11) epi si nou chanje kondwit-nou.

Kounye-a nou kanpe youn anfas lòt tankou kòk gagè avèk zepwon-nou-yo byen file. Menm divizyon nou te konnen nan istwa peyi-a parèt ankò. Nou sonje kouman Desalin ak Petyon te oblije goumen ak bann San-Sousi, Larose, Ti Nwèl Priyè, Lamou Derans pou yo te ka rive mete tout moun ansanm, pou yo te kilbite blan franse nan lanmè. Nou sonje sa ki te rive apre pwoklamasyon endependans-lan.

Nèg te sispann mache kòtakòt epi yo te rekòmanse goumen youn ak lòt. Pase yo te mete men ansanm pou repare endigotri, sikreri ak konstriksyon pon ak vyadik ki te kraze pandan batay endepandans-lan, youn tap chache dechire lòt. Moun ki te rele tèt-yo elit yo te fè yon bann ti gwoup ki pat renmen youn lòt. Yo te bliye devwa yo te genyen pou bati yon peyi. Yo te gen yon bèl chans pou yo te montre lemonn antye sa "Nèg nwè ti zòrèy" kapab fè, men yo te kite chans-la pase epi moun ki tap defann peyi- nou-an nan lòt peyi-yo te santi yon gwo desepsyon.

Ki kote nou rive kounye-a? Nou toutouni, nou pami nasyon ki pi pòv nan lemonn. Nou pa fouti gen yon ti fyète pou nou fè sa zansèt nou yo te fè lan lanne 1804. Annou rekonnèt yon bagay mezanmi: se nou-menm ki premye responsab sitiyasyon nou ye-a. Annou onnèt ak tèt-nou, annou pa fèmen je-nou men aksepte laverite epi repanti, annou vire do-nou bay bagay ki mete-nou nan lobèy-sa-a: egoyis, jalouzi, koripsyon, rayisab. Annou kite dèyè kilti-sa-a ki pouse-nou sispekte e meprize lezòt-yo, ki anpeche-nou rekonnèt valè-yo. Annou chanje atitid-nou.

Gen moun ki di: bagay-sa-yo pa kapab chanje konsa. Yo kwè nou kondàne pou nou rayi youn lòt. Men mwen pa kwè sa. Move mantalite konn chanje, prejije konn disparèt lè moun pran konsyans sa ki pa bon epi yo deside fè jefò pou chanje-yo. Sa pran tan, se vre, men nou kapab gen laviktwa nan batay-sa-a. Nan peyi Etazini yon gwoup moun, fanm kon gason, te wè enjistis yo te fè fanm-yo lè yo te refize rekonnèt valè-yo epi yo te deside travay pou chanje sa. Kounye-a, malgre kèk ti detay ki pou chanje, yo fè gwo pwogrè. Valè fanm-yo rekonnèt tout kote. Yo gen gwo plas nan gouvènman ak endistri. Nou kapab chanje vye abitid-nou-yo ak vye prejije-nou-yo, si nou konnen sa pou nou fè epi si nou mete-nou ansanm. Pou nou soti nan sa nou ye-a gen senk solisyon prensipal map sijere :

- **Dabò bay edikasyon prenmye plas nan aktivite peyi-a.** Yon gran zanmi-mwen, doktè Lwi Mas, rele edikasyon **zam toutbon-an**. Men edikasyon nap pale-a, se pa yon edikasyon kape plen tèt moun ak yon bann enfòmasyon sèlman, men yon edikasyon ki bay tout moun, **moun andeyò kon moun lavil,** yon bon fòmasyon ki pa ale nan yon sèl sans. Pwofesè ak elèv dwe etabli yon dyalòg nan mitan-yo pou yon edikasyon ki ede chak elèv dekouvri, renmen epi administre peyi-li ak resous-li -yo, ki montre-li chache solisyon nasyonnal pou tout pwoblèm nasyonnal-nou-yo, ki pòte chak Ayisyen pran responsablite-li, ki fè li renmen òganizasyon ak disiplin, ki aprann-ni aksepte diskisyon e respekte lòt moun, ki ankouraje-li pran sò-li nan men-ni san li pa tann moun soti deyò potè ba-li sa li bezwen pou li mennen yon lavi nòmal. Sa pa vle di pou sa li pa kapab resevwa yon èd nan men lòt peyi. Men li dwe konprann pou peyi-li vanse se li ki dwe fè jefò, se li ki dwe gen disiplin ak solidarite.
- **Dezyèm solisyon nou ta pwopoze** se pou nou mete konnesans-nou-yo ak resous-nou-yo ansanm menm si yo pa anpil. Nou genyen kounye-a anpil Ayisyen andedan ak andeyò peyi-nou-an ki kapab mete tèt-yo ansanm pou yo bati yon pwojè sosyete valab. Se pou yo fè-li natirèlman apre yo fin koute pèp-la. Sa ki pi enpòtan, se pou youn aprann respekte lòt, apresye lòt epi pale ak lòt. Genyen yon bèl avni kap tann-nou si nou fè lapè youn avèk lòt. Gade peyi Almay ak peyi Frans, yo te pase anpil anne ap goumen. Men kounye-a, yo mete ansanm pou yo bati kontinan yo rele Ewòp-la. Gade ankò sa ki te fèt nan peyi yo rele Afrikdisid-la: Popilasyon peyi-sa-a ki te divize pran desizyon pou yo padonnen youn lòt, pou blan ak nèg nwa kapab viv ansanm nan peyi-a. Bagay-sa-a kapab fèt ann Ayiti tou. Dyaspora-yo kapab kolabore ak moun andedan-yo pou yo egzekite yon pwojè sosyete.

Ansanm yo kapab genyen pwojè devlopman oswa ogmante sa ki la deja (alfabetizasyon, konstriksyon klinik, lekòl ak legliz andeyò, plantasyon pyebwa, òganizasyon kowoperativ, konsèvasyon rekòt, elatriye). Si yo fè anpil pwojè konsa yo va kapab kontwole distribisyon èd epi yo va gen asirans popilasyon-an resevwa pou li-menm sa ki soti lòtbo pou-li. Epitou nou ta vle ajoute preparasyon peyi-a pou yon touris nasyonnal kapab devlope. Moun ki ta vle vin refè fòs-yo nan bèl-peyi-nou-an ak nan bèl kilti-nou-an ta kontan anpil.

Annou mete tout fòs pèp-nou-an ansanm pou nou kapab fè yon gwo konbit pou devlopman peyi-a. Annou sonnen kèk kout lanbi pou nou rasanble tout moun ki vle peyi-a mache. Depi kounye-a annou mete-nou ansanm, nou-menm kap viv deyò, pou nou ede moun nan peyi-a ki viktim siklòn. Se va premye pa nou va fè nan direksyon kolaborasyon nap pale-a.

Depi kèk anne, yon gwoup zanmi ak mwen-menm, nap chache konpoze yon teyoloji kominikasyon. Youn nan bi-nou se pou nou jwenn kondisyon yon bon dyalòg aprann koute, chache mete-nou nan plas moun kap pale-a pou nou kapab konprann-ni pi byen, soufri avèk li, genyen bon fwa, imilite, onnèkte entelektyèl, pasyans ak plis ankò. Moun kapab aprann bagay-sa-yo. Nou kapab montre timoun-nou-yo tout bagay-sa-yo depi yo piti e menm granmoun-nou-yo tou si nou prepare bon pwogram televizyon ak radyo pou yo.

- **Twazyèm sa mwen ta rekòmande-a** se pou nou chache wè klèman ki sa sosyete-nou-an vle genyen. Bib-la di nou: "Kote ki pa genyen vizyon pèp Bondye va peri" (Oze 4:6). Annou chache reve sa ki bon. Sa va ede-nou pa kontan ak sa nou genyen kounye-a. Annou mache ansanm pou nou ale mete men-nou sou yon avni ki mwen tris, ki pi jis e ki pi bon pou tout Ayisyen. Genyen yon gran save franse ki di: "Lè nou travèse pòt itopi-a, se lè-sa-a nou rantre nan yon kote ki fè tout moun santi yo byen."

Annou gen kouray pou nou bandonnen chimen rayisab ki pa janm mennen-nou okenn kote. Annou kòmanse konstriksyon yon lòt sosyete ki va bay tout moun menm chans pou yo reyisi. Se yon dèt nou dwe pèp-nou-an, yon pèp ki si tèlman fyè, si tèlman gen abilte e ki genyen yon kouray ki si tèlman gran.

- **Katriyèm bagay nap sijere** se pou nou chache gen nan peyi-a jistis pou tout moun. "Jistis se yon bagay ki leve tèt yon peyi." Se sa liv Pwovèb nan Bib-la di nou. Yon gran save pwotestan yo te rele Pòl Tilich ekri nan youn nan liv-li-yo gen diferan kalite jistis. Genyen sa li rele jistis ki pini. Jistis-sa-a bay koupab-la pinisyon li merite. Genyen yon lòt jistis li rele jistis atribitif ki bay chak moun rekonpans travay li merite. Genyen yon lòt jistis ankò li rele jistis distribitif ki bay chak moun sa yo bay tout lòt moun. Men pi wo pase tout jistis-sa-yo, gen yon jistis Tilich rele jistis rejeneratris.

Se yon jistis ki kwè ou pa dwe jije yon moun sou sa li te fè sèlman men sou sa li kapab fè demen. Sa pa vle di yo pa dwe pini moun ki koupab-la. Si ou fè sa wap ankouraje koupab fè plis bagay ki pa bon toujou. Men apre yo fini kondàne koupab -la, apre li fin pase yon tan nan prizon pou li peye sa li te fè-a, yo dwe ba-li yon chans pou li rantre nan sosyete-a epi nou dwe ede-li vin itil. Lennmi peyi Almay ak peyi Japon pa te kraze-yo nètale apre dezyèm lagè mondyal-la. Konsa jodi-a peyi-sa-yo vin yon fòs pou mete lapè nan lemonn.

Si nou pran desizyon pou nou bay jistis yon chans nan peyi-nou-an, la vin yon potomitan ladan-ni, la jwe yon gran wòl nan devlopman, li va fè-nou konprann nou pa dwe kenbe tout bagay nan Pòtoprens men nou dwe soti nan kapital-la pou nou ale ede moun andeyò-yo mennen yon lavi ki vo lapenn, la fè-nou konprann yo se moun tankou tout lòt moun, avèk ti rèv-yo, avèk dwa tankou tout moun. Kote yap viv-la nou dwe founi lekòl, dlo potab, elektrisite, lopital, elatriye.

Se pou nou fè wout nan tout peyi-a pou moun andeyò kapab ale nan mache kominal pou vann pwodi latè-yo kote yo jwenn bon pri. Epitou nou va ajoute: lè nou adopte yon sistèm ekonomik, fò nou pa bliye tout sistèm gen viktim-yo, moun ki pa kapab adapte-yo. Nou va sonje li nesesè pou nou ede moun-sa-yo. Sizoka nou ta chwazi yon sosyete ki lese mache-a devlope poukont-li, fòk nou ba-li yon dimansyon sosyal, sètadi ede viktim-li-yo.

Men map rantre nan yon domenm ki pa pou mwen. Se moun ki antrenne pou sa ki pou ban-nou yon pwojè sosyete. Yon ekip moun save-nou-yo va prepare-li lè yo fin tande pèp-la paske nou pa kapab konnen bezwen-ni pi byen pase-li. Granmèsi Bondye, nou pa manke moun save ki pou fè travay-sa-a. Nou genyen-yo andedan peyi-a e nou genyen-yo nan peyi etranje tou. Sa nou bezwen konnye-a se tètansanm. Mwen vle isit-la pale sitou avèk moun ki rele tèt-yo elit. Annou sispann fè yon distenksyon ant moun dyaspora ak moun andedan. Nou tout nou se Ayisyen natifnatal. Nou tout nou soufri lè yap pale ti peyi-nou-an mal.

Mwen konnen, se vre, genyen moun ki pa vle yo rele-yo Ayisyen lè yap viv nan yon lòt peyi. Men mwen rekonnèt tou yo se yon ti minorite. Map pale nan lèt-sa-a ak Ayisyen ki aksepte yo se Ayisyen pou mwen mande-yo mete-yo ansanm pou leve defi ki devan-yo-a. Ti peyi-nou-an kouvri ak san, se vre, men li gen kanmenm yon bèl istwa ak anpil lòt bèl bagay ki fè moun renmen-ni: bèl plaj avèk bèl ti sab fen, bèl ti zwazo avèk bèl plimay epi bèl ti chanson, bèl nègès kape potè tèt-yo tankou rèn, gason kanson ki konn travay e ki pa manke kouray. Tout bèl bagay-sa-yo pa kapab pèdi mezanmi, non yo pa dwe pèdi. Moun dyaspora-yo, annou bliye logèy-nou. Moun andedan-yo, annou bliye kòlè-nou pou nou tout travay ansanm.

- **Dènye bagay mwen ta renmen rekòmande** - e mwen pa di tout bagay mwen ta kapab di nan lèt-sa-a - se pou dirijan nou-yo. Li ta bon yo fè travay-yo ak seryozite. Se pou yo konprann yo la pou fasilite antrepriz sektè prive-a nan peyi-a. Men sektè-sa-a pa kapab fè anyen ki solid e dirab si sektè piblik-la pa bay-yo wout, ennèji, transpò piblik, telefòn, elatriye … Lè sektè piblik-la kapab, fò li prete madansara-nou-yo lajan pou yo devlope ti komès-yo. Men fò sektè piblik-la ta fè kon li konnen tou pou li bay tout moun nan peyi-a sekirite, trankilite nan lari-nou-yo ak nan kè-nou. Politisyen-nou-yo dwe konprann avèk Rene Kostè pawòl-sa-a ki vre anpil: "*Politik se yon syans ak yon bèlte. Se syans ak bèlte pou pwomosyon tout kominotè-a, ki chache mete ansanm tout sa kap fèt tout kote nan peyi-a epi fè-yo rantre nan yon aksyon ki bon pou tout moun*".

Annou rekonnèt verite-sa-a: se sèlman si nou kole tèt-nou ansanm nou va kapab fè peyi-nou-an konnen pwosperite nou tout ta renmen pou-li. Annou kole zepòl ak zepòl pou nou fè konkèt yon lavi miyo pou tout moun. Annou sispann pale anpil, anplwaye gwo mo ak bèl fraz. Annou sispann fè ti Malis, pèsonnaj kont-nou-yo ki rize epi san pitye. Nou dwe fè jefò pou nou kite lespri timoun nan lavi-nou. Annou bandonnen mantalite ansyen kolonize-nou-an pou nou mennen yon lavi vrèman lib avèk tout responsablite ki vin avèk li. Annou bliye fòt ayè-yo. Annou aprann padonnen. Kilti-nou-an pa konn padonnen se vre, li mande vanjans ak

kout lang. Poutan, sa Evèk ***Desmond Toutou*** te di nan yon ti koze li te fè ak yon repòtè chanèl televizyon CNN-nan se vre: ***"Nou tout fèb, nou tout kapab tonbe, men si nou vle viv lontan se pou nou bay padon yon plas nan kè-nou. Annou bay pwochen-nou padon-sa-a ki potè lespwa."***

Epitou se vre wi, mezanmi, premye moun padon sèvi, se moun ki padonnen-an paske rayisab detwi kè ki soutire-l. Se yon bagay nou dwe pitit-nou-yo ak zansèt-nou-yo ki te fè gwo sakrifis pou ban-nou tè-sa-a. Yon ti tè ki rele-nou chèmèt chèmètrès. Annou mete tèt-nou ansanm pou nou ede pèp-la mache pi douvan. Mwen mande Bondye pou li ede -nou! Mwen mande-li ban-nou bon santiman epi fè-nou louvri kè-nou bay Jezikri, pitit-li-a ki te sove-nou-an. Mwen mande-li fè nou renmen tout moun kap viv sou latè beni-sa-a avèk nou Ayisyen tankou moun lòt peyi-yo

Ayiti peyi-mwen

(Pawòl ak Mizik Masèl Silven)

Mwen fèt nan yon bèl ti peyi
Ki benyen lan mè dèzantiy
Peyi-m sila-a wi, m renmen-li
Li tèlman dous tèlman trankil.
Ayiti se konsa l rele
Li trè joli li trè chaman
Yo mèt ban-m lò mèt ban-m dyaman

Mwen pap janm kite-l.

Refren (2 fwa)
Ayiti! Ayiti!
Mwen renmen-ou pou tout lavi
Ayiti manman cheri
Se lan bra-w pou mwen mouri

Peyi-m sila-a se siwo myèl
Li dous pase yon kann kreyòl
Pitit-li pa konprann valè-l
Paske li pa genyen bon dyòl.
Men etranje ki apresye-l
Depi nan peyi-a l vini
Li pa vle pyès pou li kite-l
Tank li renmen-li.

Ayiti se yon marabou
Ki kapab fè yon nonm vin fou
Ayiti se yon milatrès
Li konn zye dou li konn karès.
Ayiti se yon bèl gri
Ki kapab bay yon nonm frison
Ayiti se yon bèl nègès
Li met moun nan livrès

***Masèl Silven** se yon ekriven dramatij, otè "LOCOCIA", yon pyès teyat ki te vin selèb Pòtoprens, Ayiti, nan anne 48/49-yo. Li te ekri epi mete sou sèn tou "Maître et Médecin", "Le Mariage de Jésula" ak kèk lòt pyès ankò. Pitit de edikatè repite, Silven te fèt Grangwav, Ayiti, 15 out 1908. Apre etid primè ak segondè "Institution St. Louis de Gonzague", Pòtoprens, li rantre Lekòl Dedwa kote li diplome avoka tankou frè-li, Frank Silven, ki te prezidan Ayiti diran de mwa an 1957. Masèl li-menm olye li swiv metye avoka-a, li te pito enterese nan teyat, mizik ak dans. Li vin yon pyonnye dans folklorik ayisyen epi konpozitè pawòl ak mizik "Ayiti peyi-mwen", yon chante Ayisyen renmen anpil. Poutan powèt/ mizisyen-sa-a ki te ekri "Ayiti mwen renmen-w pou tout lavi ... mwen pap janm kite-w" mouri ann egzil fòse Kanada 11 septanm 1987.*

Franswa Sevren

SE YON AGWONNÒM NATIFNATAL KI KONNEN VALÈ PLANT AK PYEBWA depi lè li te etidyan nan Fakilte Agwonnomi ak Medsin Veterinè nan Damyen. Se sa Erik Pyè rapòte nan prefas liv remakab Franswa Sevren-an ki rele *Plant ak pyebwa tè d Ayiti*, Éditions Quitel pibliye nan mwa desanm 2000, Pòtoprens, Ayiti.

Dapre msye Pyè, "si gen yon sèl moun nan pwomosyon agwonnòm 1967/1971-la ki ta dwe ekri yon liv konsa, se te Franswa paske msye depi li te etidyan, li te yon fouyapòt ki toujou vle konprann poukisa tèl bagay fèt tèl jan, ki toujou ap chèche esplikasyon syantifik..."

Pou li, "chak pyebwa se yon gwo laboratwa e si nou ta reyisi konnen sekrè tout pyebwa ansanm, nou ta genyen yon kokennchenn famasi ki ta ka bay tout moun nan peyi-a remèd." Se konsa lè Franswa rive keyi yon mango madan fransis, msye Pyè di: "Li vire-l, li tounen-l, li mezire-l epi li kòmanse esplike-m tout karakteristik fwi-a genyen, ki valè nitritif-li, non syantifik-li (Mangifera indica)."

Kifè, Franswa Sevren ki fèt Ansavo, nan Sid Ayiti, 11 desanm 1946 toujou ap obsève plant ak pyebwa, fè rechèch, mennen ankèt, poze keksyon epi pataje ak lezòt sa li dekouvri oswa aprann. Se konsa li va esplike paske kòlèt yon mango madan fransis solid sa ba-li yon avantaj sou lòt kalite mango-yo. Epitou li va bay esplikasyon sou "valè pwoteyin ak kalori mango genyen".

Pwofesyon agwonnòm ankouraje kiryozite syantifik Sevren ki vle konnen plis li kapab sou pwoblèm agrikilti ak anviwonnman nan peyi Ayiti, sou amennajman basen vèsan, sou kontwòl ewozyon, pwogram rebwazman, konsekans tè ki mal brase, koze irigasyon ak kredi agrikòl, epi plizyè lòt keksyon enpòtan ankò.

Nan liv-li-a Franswa Sevren seye jwenn kèk eleman repons pou keksyon anpil moun ap poze. Pou lòt moun zafè pyebwa enterese, gen plas pou yo pote rezilta rechèch pa-yo epi pwopoze solisyon. Dapre msye Pyè, "lè Franswa pibliye liv-sa-a yon moun ka di se yon fason pou li kontinye ofri lòt moun mango li fè jefò keyi ak fwi li rekòlte ."

Pifò Ayisyen konnen anpil nan plant Franswa Sevren chwazi pou li prezante nan liv-li-a apre li te pibliye-yo plizyè semenm apre semenm nan jounal *Le Nouvelliste* Pòtoprens. Gen ladan-yo ki pou manje tankou kokoye, zaboka, lamveritab. Gen lòt ki pou epis ak remèd tankou sapoti, lalwa, jenjanm ak sitwonnèl. Se sou de dènye-sa-yo pwofesè Sevren ap bay kontribisyon pa-li nan paj kap swiv-yo.

Kantite jenjanm yo pwodwi sou latè kounye-a se 35.000 tòn. Peyi Lenn pou tèt pa-li pwodwi 17.000 tòn. Lòt peyi ki pwodwi anpil jenjanm se Jamayik, Nijerya, Bennen, Sri Lanka, Syera Leyòn, Chin Popilè ak Tayiwan. Men pi fò nan pwodiksyon jenjanm-sa-a, se peyi Etazini ak peyi Angletè ki achte-li pou fè kèk kalite bwason tankou *ginger ale* ak *ginger beer.* Nan lang angle *ginger* se yon mo ki vle di jenjanm. Lòt peyi ki achte jenjanm, se peyi arab-yo, tankou Arabi Sawoudit ak Ejip. Nan peyi-sa-yo, yo sèvi ak jenjanm pou prepare yon pwodwi ki rele poud kèri (*curry* nan lang angle). Arab yo sèvi anpil ak pwodwi-sa-a, nan manje-yo. Kèk peyi Ewòp, tankou peyi eskandinav-yo, achte jenjanm tou.

DESKRIPSYON BOTANIK

Jenjanm se yon plant ki dire anpil tan nan tè. Nan langaj teknik-la, jenjanm se yon plant

KONNESANS SE LIBÈTE

JENJANM

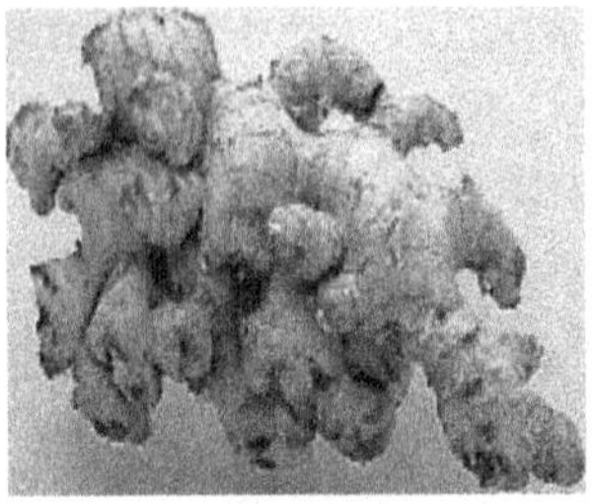

(Zingiber officinale)

KÈK BAGAY NOU DWE KONNEN SOU KILTI-LI

Jenjanm se yon plant ki sòti kote ki fè cho nan kontinan Azi, espesyalman nan yon zòn ki chita ant peyi Chin ak peyi Lenn. Jenjanm, yo kiltive-li nan anpil peyi Karayib-yo, espesyalman nan peyi Jamayik. Yo plante-li tou divès kote ki fè cho nan peyi Amerik, peyi Azi ak peyi ki nan zòn Wès Afrik. Meksik se youn nan premye peyi nan Amerik-la ki kòmanse fè kilti jenjanm depi nan kòmansman sèzyèm syèk-la. Vè làne 1525, jenjanm rive nan peyi Jamayik. Apre sa, lal devlope nan divès lòt peyi Karayib-yo.

èbase. Jenjanm, genyen 2 kalite tij:

1.Yon tij ki anba tè men ki pa desann twò fon. Yo rele-li rizòm. Se sa, yo rele pat jenjanm-nan. Tij-sa-a, li gen yon fòm ki pa regilyè e li gen yon pakèt ti branch ladanni. Anndan pat jenjanm-nan, genyen anpil fib. Sou li, genyen yon pakèt ti fèy ki gen fòm kal pwason. Fèy-sa-yo pa vèt. Sou rizòm-nan, genyen yon bann ti ne.

2.Nan ne ki sou rizòm-nan, apre yon sèten tan, genyen yon lòt kalite tij ki sòti anba tè-a ki pral bay sa yo rele tij aeryèn-yo. Yo-menm, yo ka genyen yon wotè ki varye ant 50 ak 70 santimèt. Sou tij-sa-yo, nap jwenn kalite fèy ki vèt e ki alonje. Jenjanm bay flè ki parèt nan pwent tij-la. Flè sa yo genyen yon koulè vèt tire sou jòn. Flè-sa-yo parèt ant mwa dawou epi mwa novanm. Flè-yo pa bay fwi. Ant mwa desanm ak mwa avril ki se jeneralman yon epòk sèch, fèy-yo vin jòn epi yo fennen.

PI BON KONDISYON POU JENJANM DEVLOPE

Jenjanm se yon plant ki pouse nan tè ki fon, ki lejè epi ki gra anpil. Li pouse byen anba pyebwa, men fòk lonbray-la pa twòp.

Nan peyi Ayiti, moun pa jwenn gwo plantasyon jenjanm. Gen kèk kote tankou Bomon nan Grandans, Kap Wouj nan zòn Sidès ak lòt rejyon nan peyi-a kote yo fè anpil kafe, moun ka jwenn kèk ti plantasyon jenjanm. Nan peyi Ayiti, yo toujou asosye kilti jenjanm ak kilti kafe.

Tè-sa-yo dwe chita ant 750 ak 1200 mèt altitid. Jenjanm, yo plante-li kote ki fre. Li bezwen anpil solèy ak anpil lapli. Kantite lapli-sa-a ka rive jiska 2000 milimèt nan yon làne.

KIJAN NOU KA REPWODWI JENJANM

Plantasyon jenjanm pa twò difisil pou fèt. Nou dwe koupe pat jenjanm-nan an ti mòso ki genyen ant 2 santimèt edmi ak 5 santimèt longè. Men nou dwe gen asirans chak ti mòso-sa-yo gen omwens yon je, sa vle di, yon ti jèm sou li.

Se ti jèm-sa-a kap devlope pou bay tij aeryen-an. Plan jenjanm, nou ka simen-yo dirèkteman nan tè kote nap fè plantasyon-an. Travay-sa-a ka fèt nan kòmansman sezon lapli, sa vle di, ant mwa avril rive mwa me. Pou nou plante plan jenjanm, nap fouye yon twou ki gen 10 santimèt pwofondè. Ant chak liy, nap kite 70 santimèt epi sou chak liy nap fouye twou-yo chak 30 santimèt. Sa ki fè sou yon kawo tè, nap genyen 61.428 plan jenjanm.

Pou nou plante yon kawo tè, nap bezwen yon tòn trant (1.30 tòn) plan jenjanm. Si gen bon jan imidite nan tè-a, jèminasyon jenjanm-nan ap kòmanse fèt anvan yon mwa apre nou fin fè plantasyon-an. Byen vit, plantasyon-an ap pouse epi lap kouvri tout tè-a nèt.

REKÒT JENJANM

Sèt (7) al dis (10) mwa apre plantasyon-an fin fèt, nap wè fèy-yo vin tou jòn epi yap kòmanse fennen. Se yon bon siy ki di rekòt-la ap kòmanse. Sou yon kawo tè, nou kapab rekòlte 12 tòn jenjanm fre; sa ki koresponn ak yon tòn katreven (1.80 tòn) jenjanm sèk.

Lò nou fin rache pat jenjanm-yo, nou dwe netwaye-yo byen. Retire tout kras tè ak tout ti moso rasin ki sou yo. Apre sa, nap koupe-yo an ti mòso anvan nou mete-yo byen seche, swa nan solèy swa nan yon sechwa. Si se nan solèy, pou jenjanm-nan byen seche, lap bezwen ant 6 ak 8 jou.

Eksperyans montre, jenjanm ki genyen 70 pousan imidite lò li fin rekòlte epi ki resevwa 50 degre santigrad kòm tanperati pandan 4 jou, ap rete sèlman 6 pousan imidite nan jenjanm-sa-a. Ak imidite-sa-a, nou kapab moulen jenjanm-nan epi lap ka konsève tout fòs-li anpil tan apre san okenn pwoblèm.

Pou fè rekòt jenjanm-nan, pi bon zouti nap bezwen se yon bèch. Nou dwe pran anpil prekosyon pou pat jenjanm-yo pa blese.

KÈK PWODWI NOU JWENN NAN JENJANM

Pat jenjanm nan genyen ladan-ni yon lwil esansyèl ki fè jenjanm nan santi bon epi ki fè li sèvi nan preparasyon likè. Sou chak 100 gram pat jenjanm, nap jwenn ant 1.50 ak 3 pousan lwil esansyèl -sa-a. Nan menm 100 gram-sa-a, nap jwenn tou ant 5 ak 8 pousan rezin. Se rezin-sa-a ki fè jenjanm-nan gen yon ti gou pike.

KÈK BAGAY YO FÈ AK JENJANM

Nan peyi Ayiti, jenjanm se yon pwodwi ki gen anpil enpòtans. Jenjanm se yon epis yo itilize nan preparasyon bonbon siwo. Nan zòn Jeremi, yo sèvi ak li nan preparasyon konparèt. Yo mete-li nan kleren ak lòt kalite fèy pou fè kleren tranpe. Yo konn mete yon ti mòso jenjanm nan mayi moulen dous ak diri olè.

Kèlkeswa kote nan peyi Ayiti, depi se

andeyò, veye mò pa tap posib san kafe ak te jenjanm. Lè konsa, tout moun ka pase nwit-la san dòmi pou yo sa chante, jwe kat ak jwe domino.

Nan tan lontan, tout timoun ki pral lekòl, lè rekreyasyon yo te konn achte yon kalite dous (*pain d'épice* nan lang franse) yo te konn vlope ak papye jounal. Yo te rele dous-sa-yo jenjanbrèt lakòl (*gingerbread* nan lang angle). Nan jenjanbrèt lakòl-sa-a, te gen anpil jenjanm.

Amatè kòk batay konn kranan bouch-yo. Apre sa yo soufle jenjanm-nan sou kwis ak sou kou kòk-la. Bagay-sa-a fè fè moun-nan rann gaz anpil.

- Li bon pou moun ki gripe epi ki kòmanse anwe. Moun-nan ap pran yon ti mòso jenjanm ki chofe anba sann dife, lap kraze-li nan bouch-li ak yon mòso rapadou. Sa ap ba-li yon bon soulajman.

Lò yon moun fin mouye nan lapli, li pran refwadisman, li gen lafyèv, li fatige anpil, yo ka ba-li yon bon te jenjanm mele ak kanèl epi anniyetwale.

Jenjanm se yon plant ki ka ede-nou divèsifye pwodiksyon ak sa nou voye vann lòtbò dlo.

kòk-la vin gen plis rezistans, lò lap batay ak lòt kòk parèy-li nan gagè.

Yo sèvi ak jenjanm nan konfizri. Se avèk li yo prepare dous, sirèt, kandi, ak chiklèt. Gen anpil peyi kote yo sèvi ak jenjanm pou prepare somi ki sèvi nan konsèvasyon vyann.

MALADI YO TRETE AK JENJANM

Jenjanm gen anpil renmèd landan-ni:
Li bon pou moun ki gen pwoblèm lestonmak ak difikilte pou fè dijesyon manje. Li bon pou moun ki toujou anvi vomi. Moun kap vwayaje nan bato ak nan kamyon epi ki gen tandans vomi, ta dwe pran yon ti moso jenjanm pou li kraze nan bouch-li tout tan lap vwayaje-a.

- Li se yon bon dezenfektan pou moun ki gen blesi.
- Li bon pou moun ki soufri bwonchit ak opresyon.
- Li bon pou moun ki soufri kolik. Li

DESKRIPSYON BOTANIK

Sitwonnèl se yon plant èbase epi se yon gramine ki ka rive plis pase yon mèt wotè. Li nan menm fanmi ak zèb ginen, vetivè, kann, banbou, elatriye. Lò li fin pouse, li fè yon touf ki sanble anpil ak zèb ginen. Fèy-yo long, yo etwat epi rebò-yo file. Fèy–sa-yo ka genyen ant 40 santimèt ak 200 santimèt, sa vle di, 2 mèt longè. Pran enpe fèy sitwonnèl, kraze-yo nan men-ou, yap bay yon bon sant ki sanble anpil ak sant sitwon. Nan peyi cho-yo, se pa fasil yon pye sitwonnèl rive fleri. Rasin sitwonnèl, se tankou rasin zèb ginen. Rasin-sa-yo se yon bann ti rasin tou fen epi yo pa desann twò fon nan tè.

KI ITILITE SITWONNÈL

SITWONNÈL

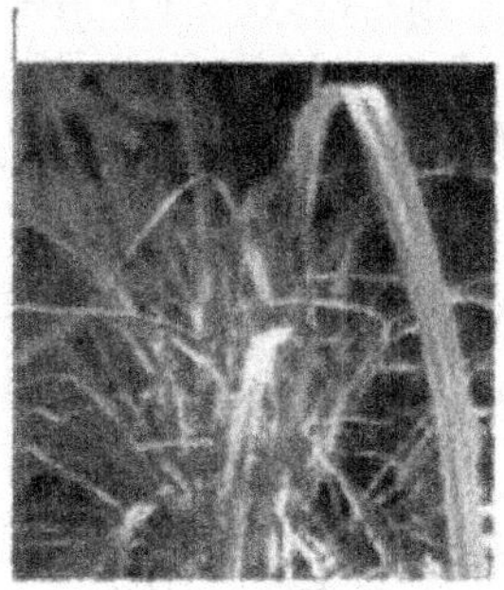

(Cymbopogon citratus)

KÈK BAGAY NOU DWE KONNEN SOU KILTI-LI

Ki bò plant sitwonnèl-la sòti?

Sitwonnèl se yon plant ki sòti nan peyi Lenn. Apre sa, li ale devlope tout kote ki fre oubyen ki fè cho sou latè. Nan peyi Karayib-yo, depi lontan, sitwonnèl se yon plant yo kiltive nan anpil ti jaden ki pre kay. Men nan anpil lòt peyi, sitwonnèl yo kiltive-li kòm plant endistriyèl. Li sèvi anpil nan endistri medikaman, nan endistri pafen ak endistri alimantè. Fèy-li santi bon anpil epi sant-li kenbe anpil tan.

Sitwonnèl se yon plant awomatik. Tout moun ki viv nan peyi cho, yo konnen itilite sitwonnèl. Te sitwonnèl se yon bon rafrechi. Pran kèk fèy sitwonnèl, mete yon ti moso jenjanm ak kèk fèy bwadin, dousi-li ak siwo myèl, te-sa-a moun ki bwè-li, lap fè-li swe anpil. Te-sa-a, moun ka bwè-li tou lò gen fredi. Li bon tou pou moun ki soufri maladi gaz. Pye sitwonnèl fre gen ladan-ni yon lwil esansyèl ki gen ladan-ni 70% ak 85% sitral (*citral* nan lang franse) ak misèn (*myrcene* nan lang franse).

Anfèt, pwodwi-sa-yo ede dijesyon pi byen lò moun fin manje. Lwil esansyèl ki nan sitwonnèl-la gen ladan-ni pwodwi ki konbat doulè. Li kwape ensèk tankou moustik epi li menm rive tiye-yo tou.

Se yon bon remèd pou timoun ki gen bouton nan tèt. Nan peyi Kiba ak nan peyi Matinik, te sitwonnèl se yon bon remèd pou moun ki soufri maladi tansyon twò wo. Li bon pou moun ki fè kòlè. Li bon tou pou vomisman. Sitwonnèl se yon bon remèd pou moun ki pran refwadisman. Lè-sa-a malad-la ka bwè yon te ki gen ladann sitwonnèl, bazilik, fonbazen ak melis. Fonbazen, yo rele li ankò *atiyayo* nan peyi Ayiti.

Pran 10 fèy sitwonnèl ki fre; mete-yo bouyi nan yon lit dlo. Nap bwè yon tas chak fwa nou fin manje, sa ap fasilite dijesyon-an. Menm te-sa-a, si nou pran-ni twa fwa nan yon jounen, li bon pou lafyèv ak lagrip. Lò nou boule fèy sitwonnèl ki sèk, lafimen an ap kwape moustik. Kèk ti sache fèy sitwonnèl ki sèk nou mete nan yon lamwa kote nou mete rad ap rive kwape tout vye vèmin ki ka vini pwonmennen sou rad-nou-yo. Lwil sitwonnèl bon pou moun ki soufri tèt fè mal, rimatis ak opresyon. Lwil-sa-a se yon bon dezenfektan.

Lwil esansyèl ki nan sitwonnèl-la, sèvi tou nan preparasyon medikaman, savon, pafen, likè ak anpil lòt kalite bwason. Gen kèk peyi nan sidès Azyatik-la, lò yo retire pati nan fèy ki anlè-yo *(limbe)* ak rasin-yo, yo sèvi ak sa ki rete nan fèy sitwonnèl-la *(gaine)* kòm manje.

Sitwonnèl, yo sèvi ak li anpil nan travay konsèvasyon sòl kòm ranp vivan. Kèk travay konsèvasyon sòl kote yo te konn sèvi ak sitwonnèl, nou te ka wè-yo nan peyi Ayiti anpil kote tankou nan zòn Senlwidisid, nan zòn Kavayon, nan zòn Lenbe, elatriye

PI BON KONDISYON POU SITWONNÈL POUSE

Sitwonnèl pouse nan tout kalite tè depi tè-sa-a pa kenbe dlo. Li pouse byen kote ki fè cho, kote ki fre e kote anpil lapli tonbe.

KIJAN YO KA REPWODWI SITWONNÈL

Sitwonnèl, yo pa sèvi ak grenn-yo pou fè repwodiksyon plant-sa-a. Pou nou rive fè repwodiksyon-an, nou dwe pran yon mòso nan touf la, nap koupe yon pati nan fèy ak mòso rasin-yo, lò nou pral fè plantasyon-an. Nou ka plante-yo nenpòt ki lè nan àne-a. Pou nou fè plantasyon-an, nap kite 90 santimèt ant chak liy ak 50 santimèt ant chak twou sou chak liy. vle di, sou yon kawotè, nap bezwen 28.666 touf. Men li preferab pou nou fè plantasyon-an nan kòmansman sezon lapli, konsa nou pa ta bezwen sèvi ak dlo wouzay.

Plan sitwonnèl-yo pouse fasilman epi plantasyon-an kouvri tè-a byen vit. Se sa ki fè nou pa menm bezwen sekle plantasyon-an. Lò nap fè rekòt fèy sitwonnèl, nou dwe koupe fèy yo sou yon wotè plant-lan ki varye ant 10 ak 15 santimèt. Sa pèmèt pye sitwonnèl-yo repouse byen vit ankò. Rekòt-la ka kòmanse ant 6 ak 8 mwa apre plantasyon-an fin fèt. Men apre sa, nou ka kontinye fè rekòt-la chak 3 al 4 mwa jiskaske nou rive sou 7 rekòt.

Kantite fèy sitwonnèl nou ka rekòlte sou yon kawotè se 12 tòn. Sèl bagay, apre chak rekòt nou dwe bay chak kawotè 250 liv yon angrè yo rele *ire*. Angrè-sa-a gen anpil azòt epi li pèmèt fèy yo repouse byen vit.

SITWONNÈL NAN PEYI AYITI

Pandan àne 50-yo, te gen anpil gwo plantasyon sitwonnèl nan zòn Senrafayèl ki nan Nò ak Senmichèl ki nan Latibonnit. Aktivite-sa-yo te konn bay anpil moun travay.

Depi kèk tan, nan anpil makèt nan Pòtoprens, moun ka jwenn fèy sitwonnèl sèk yo vann nan bwat. Èske bagay-sa-a, pa ta dwe ankouraje yon lòt fwa ankò devlopman plantasyon sitwonnèl anpil kote nan peyi Ayiti? Yon ti bwat fèy sitwonnèl nan makèt se pa bagay ki vann bon mache.

Ti dife boule ...

Pou louvri lodyans ...

Lannwit te blayi kò-l sou do mòn-yo. Yon ti van lapenn tap soufle, men timoun-yo pat sispann jwe. Sedènye tap kouri dèyè Asefi, ti vant-li gonfle ak move grès, ti mizerikòd-li byen pandye nan fè nwa-a.

Anwo nan syèl, lalin tap foure je-l anba jipon zetwal, men toupre bò lantouraj-la, 3 koukouwouj tap fè lago ak lamizè.

Lamèsi brase difè-a, li jete yon moso bwa, epi li di: "Timoun sispann!"

Tout granmoun-yo leve tèt-yo. Lamèsi gade-yo. Yo te si tèlman anpil, li pat fouti konte yo tout. Tipous te la, Wowo te la,

Michèlwòlf Twouyo

EKRI PRENMYE LIV-LI NAN LANG NASYONNAL AYISYEN-AN. Liv-sa-a rele *Ti difè boule sou istwa Ayiti* (1977). Pou Ayisyen ki konnen langaj peyi-li depi yo di " ti difè boule" batay mare. Se konsa pwofèsè Twouyo prezante epòk revolisyon zansèt Ayisyen-yo nan Sendomeng. Yon revolisyon ki te dire depi 1791 rive 1804.

Tankou anpil jenn ann Ayiti orizon entelektyèl Michèlwòlf Twouyo te plis oryante sou Ewòp, men sikonstans politik voye-li nan Etazini. Kifè, an 1969 li kouri kite Ayiti pou Nouyòk kote li jwenn refij nan kominote egzile ayisyen-yo epi pouswiv aktivite militan politik-li pami atis ak entelektyèl. Eksperyans sila-a ranfòse anbisyon-ni: "konvèse ak moun ki pa nan milye akademik" .

Se avèk lide-sa-a Twouyo ekri, *Ti difè boule sou istwa Ayiti* , yon pwodi dirab ki, li kwè, soti nan yon chwa konsyan. Petèt se te yon evolisyon natirèl: papa-li ak monnonk -li toulede te ekri istwa. Men, nan yon sèten sans liv-la vin bay Twouyo yon pozisyon kontrè avèk orijin epi atitid klas-li. " Ti difè" keksyonnen tradisyon grannèg-yo ki te deja ekri sou istwa Ayiti. Epi, sa ki pi enpòtan pou Twouyo, " se prenmye liv nan lang ayisyen ki pa yon woman, ni yon pyès teyat. Apa yon ponyen powèt ak kèk ekriven woman, entelektyèl ayisyen ekri liv-yo an franse."

Antouka, *Ti difè boule sou istwa Ayiti* pa yon liv istwa tradisyonnèl nonplis. Twouyo ekri-li prèske tankou yon kont kote Grann Lamèsi ànonse : "Fanmi-yo nou fè rasanbleman sila-a paske Grenn Pwonmennen tounen". Li-menm li di li pral rakonte sa li te wè "nan peyi tan lontan". Se konsa liv-la gen pwovèb, chante ak pawoli granmoun, tout natifnatal. Twouyo te fin ekri liv-la an 1977, twa anne anvan desizyon sou òtograf ofisyèl lang ayisyen-an. Li pran tan revize pou *MOZAYIK* twa moso nan istwa-li-a.

Apre piblikasyon liv-la epi yon prenmye diplòm inivèsitè, Twouyo jwenn admisyon nan Inivèsite "John Hopkins" kote li fè etid avanse jouk rive doktora ann istwa ak antwopoloji nan yon depatman yo te fèk louvri nan inivèsite-a. Se nan inivèsite-sa-a tou li anseye pandan plizyè anne anvan li transfere kòm pwofesè nan Inivèsite Chikago. Pwofesè Twouyo fè anpil konferans nan Etazini ak nan lòt peyi nan Karayib-la epi ann Ewòp. Youn nan lòt liv li ekri se *Peasants and Capital: Dominica in the World Economy* (1988) kote li konbinen pèspektiv global ak disiplin antrekwaze.

Fifi te la … Voklen te vin ak tout tanbou-l. Timari te pote kafe. Nerestan te gen kèk ne kann li te koupe an ti miyèt pou tout moun te ka jwenn moso.

Lamèsi di:

- Fanmi-yo, nou fè rasanbleman sila-a paske Grenn Pwonmennen tounen. Depi sou Prezidan Tibab, nou te voye Grenn Pwonmennen chèche dènye bout mizè-nou. Nou te voye-l chèche ki mò ki touye Lanprè, ki mò ki touye Tipyè, Sefanm ak Marilis … ki mò kap souse fanmi-an jouk jounen map pale la-a.

Nou te ba-l bwè, nou te ba-l manje. Nou te ba-l bon rechany pou li te fè lawout san pran souf. Jou pase, dlo koule, defen papa-m gen tan pati. Gen nèg ki te kòmanse di Grenn Pwonmennen gen lè mouri. Gen lòt ki te kwè li bat ba. Epi maten-an, m byen sezi, mwen tap benyen nan tèt dlo-a, kilès mwen wè? Grenn Pwonmennen!

Laj te kòmanse ba-l payèt, figi-l te parèt fatige, epi … kòmkidire … (sa pat fèm plezi ditou) li te gen yon pòz moun lavil. Men, kè poze vide sou mwen lè li bo-m 2 bò, epi li di: " Sò Lamèsi. Kouraj ! Ou mèt sonnen rasanbleman-an, nap konn sa ki rive fanmi-yo".

- Enben kote-l? Fè-l pale non.

Lamèsi voye je-l dèyè, li gade touf kandelab-la. Touf kandelab-la louvri. Nèg -la vanse, tèt-li bese.

- Fanmi-yo, m di: Onnè.

- Respè, Grenn Pwonmennen.

Ti van lapenn-nan sispann koule. Nonm-nan twouse janm kanson-n, li chita sou chouk bwa-a nan mitan Tisè ak Fanfan.

- Fanmi-yo, mwen pote nouvèl. Depi sou Prezidan Tibab, se pwonmennen map pwonmennen. Mwen wè mòn, mwen wè larivyè. Mwen wè savann, mwen wè lanmè. Mwen kale je-m sou lòt peyi, maprann pale langaj ... Men, lè m resi rantre nan lakou tan lontan, mwen wè si toutbonvre nou deside jwenn bout maladi -a, fò nou vire gade deyè ... Fò nou fè vizyon tout kriz ki te pase nan fanmi-an, fò nou chèche ki mak yo kite nan san-nou.

- Men, nou pa konn sa ki te pase. Menm Grann Andremiz ki te fèt dikdantan, sou Prezidan Silven Salnav, pa konn sa Lanperè te di.

- Enben, se sa mwen vin fè la-a. Se sa ase mwen vin fè la-a. M sot nan peyi tan lontan pou mwen rakonte-nou sa ki te fèt.

Mwen sòt nan peyi pwofondè pou mwen pale langaj-la ban-nou. Mwen ... se tou sa m ka fè ... mwen sòt twò lwen ...

Ti van lapenn-nan retounen, li tizonnen flanm difè-a. Flanm difè-a monte, monte, li klere tout fanmi-yo. Grenn Pwonmennen vire gade Sedènye:

- Sila-a fèt dèyè do-m pa vre?

- Sila-a pami sa ki fèt dèyè-ou-yo wi. Se dènye-a. Sa ki te vin apre-l-la mouri. Men Loulouz gen tan gwòs ankò.

Van lapenn-nan pati ak pawòl-la. Sedènye met tèt-li sou zepòl Asefi. Grenn Pwonmennen grate gòj-li. Anwo nan syèl, zetwal tap bay lalin gabèl, men toupre bò lantouraj-la, 7 koukouwouj tap lonje dwèt sou lamizè. Grenn Pwomenen di konsa …

(Ti dife boule, paj 13-14)

ay
lavi gen lè li gen mistè souvan n bliye nou tout se frè

Premye degizman ideyoloji Louvèti-a mete pou maske kontradiksyon-yo, se degizman lafanmi-an. Ideyoloji Louvèti-a pretann di: angiz sosyete-a se yon makonn klas, li se yon sèl FANMI. Lè

Tousen wè travayè-yo derefize chawaye sou bitasyon, li di-yo: "Tan nou te konn sakrifye bay ansyen mèt esklav-yo, nou dwe bay sosyete-a-li, bay kokennchenn kòt fanmi nou ladann-nan." Bitasyon ki bitasyon, kote ti nèg tap trimen di pou zotobre, ideyoloji-a te ba-yo degizman lafami-an (Konstitisyon 1801, atik 15). Chak bitasyon se yon "fanmi ... e chak travayè latè, chak ouvriye se yon paran nan fanmi-sa-a" (atik 16).

Degizman fanmi-an pat egziste nan sosyete Sendomeng-lan sèlman. Nou jwenn-ni nan ideyoloji ni aristokrat, ni boujwa ann Ewòp-yo. Nou jwenn-li an Frans, anvan, pandan epi apre Revolisyon 1789-la. Men, nan Sendomeng, tankou nan tout peyi Afrik osnon peyi ki gen desandan Afriken, degizman lafanmi-an pran pi byen, pase li fè jwenti ak wòl espesyal fanmi ak vwazen jwe nan sosyete sila-yo. Ositou ideyoloji Louvèti-a dòmi nètalkole sou degizman sila-a. Tout pwoblèm nan sosyete-a, tout kontradiksyon pami klas osnon kategori klas-yo parèt maske kòm pwoblèm (an fanmi) ki ka rezoud (an fanmi). Mwen pa ta sezi si Tousen ki Tousen te pran nan degizman sila-a. Jil Breda (Moyiz Louvèti) ak Chal Belè te pase pou "ti neve -l". Sa pa anpeche Tousen fè fizye Moyiz. Sa pa anpeche Desalin pran Belè an trèt.

Men pawòl "neve"-sa-a te ride ranje degizman-an rèdchèch. Se sou menm woulib sa-a toujou, Louvèti te jwe rèdchèch pou fòse nyès-li, yon fi Chansi (yon fanm nwè) marye ak Kolonèl Vènè (yon milat) pou montre kouman nwè ak milat se menm kòt fanmi-an. Se sou menm woulib-sa-a Desalin pral chèche marye pwòp pitit pa-li, Selimèn, ak yon milat (Petyon). Kòm tifi-a pat vle, Desalin fè arete mennaj manmzèl-la, yon sèten Kolonèl Chansi, yon nèg wouj nan menm fanmi Chansi-sa-a, pwòp neve Tousen Louvèti ... Kòmkidire, gendelè Listwa komik ak dlo nan je-l. Pwòp fanmi Tousen Louvèti te pral pran nan mera ideyoloji lafanmi sila-a.

MEN, KITE NEVE PRAN TONTON...

Ideyoloji lafanmi-an se yon degizman ki itil anpil pou klas osnon kategori opouvwa-yo, se yon degizman ki antre nan nenpòt ki sitiyasyon. Se yon degizman ki pèmèt foure nenpòt ki moun nan menm sak-la, selon sitiyasyon politik-la. Fanmi-an gen dwa tout limanite, egzanp: kokenn fanmi "Lèzòm", relijyon-yo renmen site-a, kòmkidire tout moun se frè. Fanmi-an gen dwa tout moun ki gen yon menm zansèt: "fanmi endijèn Sendomeng-lan". Fanmi-an gen dwa tout moun ki menm koulè: "la grande famille noire". Fanmi-an gen dwa tout moun ki sot menm depatman: "Frères du Sud" ; tout moun ki sot andeyò: "Frères de l'arrière-pays".

Nan istwa peyi Ayiti, ideyoloji lafanmi -an sèvi sitou pou kore prejije koulè-a. Anplis rakò ekonomik ak rakò politik ki soude-yo, mèt bitasyon ak gwo negosyan milat konsidere tèt-yo tankou yon sèl fanmi ki gen dwa fè chouyerav sou tè Ayiti. Menmman parèyman, pwofitè "nwaris"-yo (nèg nwè klas mwayen ak mèt bitasyon nwè sitou) di: non, nou nan fanmi-an tou. Nou gen plis dwa pase milat paske fanmi ayisyen-an se yon fanmi moun nwa, ositou si nap maspinen pèp-la se kòmkidire gran frè kap bat ti frè.

Pou Tousen Louvèti li-menm, degizman lafanmi-an te kouvri nenpòt ki gwoup: tanto nouvo lib-yo, tanto ansyen lib-yo, tanto tout mèt bitasyon. Men, nan kondisyon politik espesyal Sendomenglan, poutèt dominans pwòp kategori pali-a tap chèche tabli nan sosyete-a an 1798-1801, pou Tousen Louvèti, fanmian se te tout "moun" tout "dividi" ki te pile tè Sendomeng e ki te dakò ak prensip libete jeneral-la. Fò tout moun, kèlkeswa klas-li, te rantre nan fanmi-an pou Tousen te ka jwe dezyèm jwèt-li-a, jwèt papa-a.

(Ti dife boule, paj 197-199)

Tèks orijinal: **Michel-Rolph Trouillòt**
Ti difé boulé sou istoua Ayiti
(Brooklyn N Y: Koleksion Lakansièl, 1977)

bon papa timoun tawode

Dezyèm degizman ideyoloji Louvèti-a mete sou kontradiksyon-yo, se degizman papa-a. Degizman-sa-a fè jwenti ak premye-a. Si sosyete-a se yon kòt fanmi, gouvènman-an se chèf fanmiyo, e chèf gouvènman-an se papa sosyetea, papa tout dividi ki nan sosyete sila-a.

"Patènalis" sila-a (sètadi pòz papa) mare ak grandè pase, dapre pawòl kap dominen sosyete-a, se papa ki pi gran nèg fanmi-an. Gen yon kolonn blan sousou ki te di Tousen se Bonnapat Sendomeng, se sèl Èkil, sèl Aleksann Legran peyi-a.

Tousen li-menm te di Kolonèl Vensan kòd lonbrit Sendomeng te nan men-l. Jou 8 fevriye 1801, li te di travayè–yo: "Mwen se yon bon papa kap pale ak pitit-li-yo, kap montre-yo chimen kè kontan pou yo-menm ak tout fanmi-yo."

Li te di ankò: "Map pale ak nou kòm si m te papa-n" (28 me 1801). Twa jou apre li tap pale ak Desalin sou ansyenlib-yo, li te di: "Mwen konsidere-yo kòm frè-m, kòm pitit-mwen." (31 me 1801). Apre lagè nan Sid-la, pandan Tousen tap fète, gen yon fanm blanch ki vin chante pou li.

Chante-a pati konsa:

Jeneral (pran pòz) papa-nou
epi tout pitit-ou-yo ap zanmi Tousen.
Tousen tande lwanj-nou
Gras-a-ou tout moun gen kè poze.

Katya Ilis ak Jina Ilis

SE DE PRENMYE NAN YON FANMI TWA SÈ KI SOTI AYITI POU VIN CHÈCHE KONNESANS nan trankilite Etazini men ki toujou rete souche nan tradisyon peyi manman ak papa-yo ki te vin pouswiv yon lavi miyò ak twa pitit fi-yo.

Katya te deja yon ti jennfi lè li rive nan nouvo peyi-li-a. Touswit li etidye literati angle ak teyat epi li resevwa yon diplòm Mastè ann ESOL (angle pou moun ki pale yon lòt lang) nan Kolèj "Notre Dame" Merilann. Alèkile lap anseye ESOL nan yon lekòl Baltimò, Merilann.

Men Katya pa enterese nan ansèyman sèlman. Li ekri pwezi, esè ak istwa imajinè ki pibliye nan plizyè magazin literè tankou *Calabash, The Caribbean Writer, Ma Comère: Journal of the Association of Caribbean Women Writers and Scholars, Peregrine, Poui, Wadabagei* ak lòt ankò. Sa li ekri pibliye tou nan *The Butterfly's Way: Voices From the Haitian Diaspora in the United States* (1999), yon liv yon lòt pitit Ayiti, ekriven repite Edwidj Dantika, konpile. Epitou, Katya ekri yon koleksyon istwa kout li rele *Still Drifting* (Toujou aladeriv). Lap viv nan Merilann avèk mari-li epi yon pitit fi.

Avèk yon doktora ann antwopoloji, Jina prezante tèt-li kòm yon antwopològ / powèt pawolè / pèfòmè. Anmenmtan li se yon asistan pwofesè Antwopoloji ak Etid Afriken/Ameriken nan Inivèsite "Wesleyan" (Middletown, Konnektikèt). Jina enterese nan rechèch sou ekonomi politik, idantite gason ak fi, ras ak klas sosyal nan dyaspora pami popilasyon nèg. Li pibliye prenmye etid etnografi-li: *Downtown Ladies: Informal Commercial Importing and Self-Making in Jamaica.* (2007).

Men se sitou avèk pawoli nan pwezi-li Jina montre atachman-ni pou Ayiti. Li gen yon espektak li prezante sèl, poukont-li. Li rele-li, "Because When God is Too Busy: Haiti, Me, & the World" (Paske lè Bondye twò okipe: Ayiti, mwen-menm ak lemonn). Li di espektak-sa-a "se yon pèfòmans etnografik natifnatal adapte an pawoli ki esplore keksyon ras, klas ak sèks nan yon kontèks anti Ayisyanis. Li ekspoze sa ki rive lè ou konfwonte pouvwa ak pawòl verite epi nan tradisyon nègès konsekan ou rive jwenn lapè nan espirityalite ak otodefinisyon revolisyonnè. Prezantasyon-sa-a finalman mande odyans-la keksyonnen konplisite kolektif-nou vizavi britalite anti Ayisyanis-la."

Jina prezante espektak solo-sa-a nan plizyè kolèj nan Etazini ak nan lavil Bèlen ann Almay. Ekriti Jina pibliye nan *The Butterfly's Way, Jouvert: Journal of Postcolonial Studies, Meridians: Feminism, Race and Transnationalism* epi *Ma Comère.*

Katya ak Jina mete ansanm pou prepare yon tèks espesyal pou *MOZAYIK.* Yo chwazi yon apwòch orijinal ki fè sonje lè ann Ayiti timoun te konn chita an won sou ti chèz ba pou koute istwa granmoun ki te chita sou gran chèz wo tap rakonte. Toutfwa, nan tan jodi, de sè-yo chita kòtakòt pou fè yon konvèsasyon yo rele kanmenm, "Pawoli granmoun - Pawòl timoun". Annou koute.

Katya - Jina chita pitit, chita! Lage kò-w yon kote pou nou pale. Sak pase? Rilaks kò-w, ti sè-m-nan. Mwen konnen ou se moun ki si tèlman okipe . . . ou bizi. Chita. Annou koze.

Jina - Sak pase, Katya? Kijan bagay-yo ap mache? E bebe-a? Mari-w?

Katya - Bagay-yo la. Bebe-a byen. Msye-a la. Lavi-a chita sou pwent dada-l. Men bagay-yo pa lan plas-yo. Men se pa sak pou fè nou pa koze, pou nou pa reflechi. Sa ou di sou sa?

Jina - Mwen dakò nèt ale.

Katya - Kite-m rakonte-w yon ti bagay: Te gen yon tigason ki te gen foli jijdepè.

Pawoli Granmoun – Pawòl Timoun

Maten, midi, swa, tibway-la di tout moun yon jou li gen pou li fè yon gwo jij. Lakay -li, manman-n, frè-l ak sè-l te rele anmwey. Pitit-la pat bay moun tèt-yo ditou ditou. Se te toujou yon kesyon mete lòd nan kay, mete lòd nan jwèt lòt timoun, mete lòd lan tout bagay anba syèl -la.

Finalman, msye pran yon ti bout bwa ak yon ti wòch. Li mare ti wòch-la nan pwent ti bwa-a avèk yon moso kòd. Li chita sou yon ti tab, tankou yon gwo jij nan tribinal Pòtoprens ki sou bèl biwo kajou kap dirije anwo e anba, devan e dèyè. Pitit-la frape ti wòch-la byen fò. Msye kow! kow! Kow! Li frape ak tout kouraj-li.

Li pwoklame tout moun ki vle ekri sou Ayiti gen pou yo rakonte menm "narativ"-la. Pwen final! Tigason-an di tout ekriven tout nasyonalite: "Wi, yo gen dwa vire istwa-a, yo mèt tounen-n, yo mèt fè-l vole ponpe, men, definitivman, menm jan yo jwenn sijè-a se konsa pou yo kite-l, san wete, san mete."

Li ouvri bouch-li byen laj pou li repete direksyon-an: "Pèsonn vivan pa sipoze ekri yon istwa ki diferan," si li pa ba-yo pèmisyon. E li pa gen dwa bay pèmisyon jiskaske tout moun ki fini ak tè-a rantre andedan kav-yo.

Ebyen Jina pitit, yon jou rive kote mwen rankontre ti pitit-sa-a. Mwen di li: Gade ti mèt, mwen konnen se yon gwo jijdepè ou ye toutbonvre. Men, yon sèl bagay ki rive, mwen pa dakò avè-w, non. Ou te mèt fè chèf arete-m, ou mèt fè yo sakaje-m, ou mèt pase lwa pou yo foure-m lan yon twou ki pi fon pase twou m tande yo di ki anba lanmè-a . . . mwen pa dakò, ditou ditou.

Paske mwen gen de twa lòt istwa m vle rakonte. Yon peyi ki genyen konbyen milyon moun pa ka gen yon sèl "narativ", ou konprann? Chak moun gen pawòl pa-li pou li pale. Sak vle tande, ya tande. Sak pa vle, yo mèt foul tank zorèy-yo ak ranyon.

Tigason-an koupe-m yon koutje file de bò. Li twipe epi li reponn: "Ay, madanm, ou pa wè se timoun mwen ye. Ou pa wè se jwe mwen tap jwe? Tout sa-yo ki kwè-m, e ki aji sou lòd mwen pase, mwen byen *sori* pou yo."

Mwen di-l: "Awi! Kounyè-a m konprann. Sa-a se te jwèt timoun, men anpil granmoun pran ladann."

Tibway-la ri, "Kra-kra-kra!" Aprè sa li di, "Zafè ki gade-yo. Sa se biznis granmoun. Se timoun mwen ye. Ki sa ou vle-m fè?"

Jina - Wi, Katya. Se pa tande mwen pa tande-w, non. Fòm di ou: Premyèman mwen tande sa wap di, wi. Se pa derespekte mwen vle derespekte-w. Pou mwen-menm: yon sèl bagay mwen konnen, mwen san pasyans pou tout radòt ki deyò-a. Mwen pa kapab tolere sa yo fè peyi nou-an. "Narativ"-sa-yo anbete-m. Yo boulvèse-m. Yo fèm santi m ta kouri monte yon tèt mòn ki byen wo. Nenpòt mòn pase peyi-nou gen anpil. Epi mwen ta kòmanse rele: "Se pa vre! Se pa vre! Se pa vre! Sa wap di-a twò senp. Kite nou an repo. Pawòl-yo efase-n. Yo manje-nou." Men ki moun kap tande-m ? Pèsonn. Sa fè-m sonje ti blag Mami Tètè te ba-w-la. Ou sonje-l?

Katya - Mwen sonje blag-sa-a trè byen, se lan radyo li te tande-l: Yon madanm ki voye yon ti gason lan mache pou li achte de aransò. Tibway-la kouri sou tout wout -la dekwa pou li ka jwenn de aransò ki va fè madanm-nan anpil plezi. Li fè pri ak yon machann epi li achte yon gwo ak, yon piti. Aprè sa, msye pran kouri pou li retounen.

Pandan-l sou wout, yon grangou kontre avè-l nan yon kalfou kat chemen. Grangou-a sèkle msye. Ti trip, gwo trip prèt pou yo manje tèt-yo. Grangou-a kanpe tankou yon ekip san fanmi avèk gwo ouzi nan men-yo. Grangou-a blow blow blow sou msye, grangou-a fiziyade msye, grangou-a pran pou li pete fyèl ti gason-an.

Po dyab! Li pa wè kisa pou li fè. Msye gade anwo, li gade anba. Li kalkile, li grate tèt-li, pa genyen chwa, li pa gen espwa. Menm yon ti wòch li pa jwenn sou tout latè pou li ta manje. Finalman, msye foure men-n nan sachè aransò-a. De segonn pa pase, li gen tan vale sak pi piti-a.

Lè li rive lakay, madanm-nan gade andedan sachè-a, li prèt pou li endispoze. Madanm-nan mande anraje, tèlman li vekse. Li di: "Ti pitit, mwen voye-w nan mache pou achte de aransò. Men se yon sèl grenn ki lan sachè-a. Kote lòt aransò-a? Kisa ou fè avè-l?" Madanm-nan ranje kò-l pou li vide baton sou msye.

Ti gason-an grate tèt-li ankò. Li mande madanm-nan eskiz, li mande-l yon ti chans. Li esplike toutbonvre li pa konprann kijan fè se yon sèl aransò ki andedan sachè-a. Madanm-nan leve men-n pou li frape ti pitit-la. Ti gason-an voye kò-l sou lot bò. Li rele: "Woy, mezanmi! Madanm! Tande byen sak pase-m".

"Wi, mwen te achte de aransò lan mache-a: yon gwo ak yon piti. Men, pandan mwen sou wout lakay, se kouri mwen tap kouri dekwa pou mwen pote komisyon-an remèt mèt-li pi vit posib, mwen tande gwo deblozay andedan sachè-a. Se kow! Kow! Plaw! Zap! Bolopop! Blagadaw! Sou tout wout-la wi, de aransò-yo se batay, batay, deblozay, kout pwen bò isit, kout pwen bò lòt bò, tankou de chen anraje kap goumen pou sosis anpwazonnen. Gwo aransò-a kraze dèyè piti-a. Mwen-menm ki mwen-menm, kè-m tèlman sote mwen pa gade andedan sachè-a pou mwen wè sak pase. Men si ou di-m youn lan aransò-yo pa lan sachè-a, m pa pral demanti granmoun. M gen dwa sèmante-w se gwo aransò-a ki vale ti piti-a."

Madanm-nan tèlman sezi, li pa di krik, li pa di krak ... Se konsa ansyen gwo "narativ"-la manje tout ti istwa Ayisyen genyen pou yo rakonte. Ti gason madanm-nan voye lan mache-a, se ekriven-yo, se griyo-yo, se sanmba-yo, se yo ki pou rakonte sak te pase sou wout-la. Men tan pou yo pran chans-yo ak yon lòt istwa, yo pito pase moun nan betiz.

Ti gason-an konnen Ayisyen renmen istwa kote moun manje moun, bèt manje bèt, istwa manje istwa. Li lage youn atè pou madanm-nan ranmase. Kisa madanm-nan gen pou li di? Anyen. Lè gwo "narativ"-la fin manje tout ti istwa-yo, kisa ki rete ankò? Pawòl timoun ki plen vant-yo ak komisyon granmoun, komisyon ki pa pou yo. Ki mele-yo. Lè yo fin manje byen manje, yo lage kò-yo yon kote pou yo dòmi. Sa ki fèt, fèt. Jan bagay-yo pase, yo pase.

Sa fè-m sonje tou, pawòl avoka-a ki te ranje kò-l pou li te foure dwèt-li lan yon sachè li te jwenn sou chemen lavi. Se peyi Ayiti ki te ladann. Msye te pran pòz se bon bagay li tap fè. Msye kenbe sachè-a nan kou dekwa pou Ayiti pa voltije soti deyò. Li mache lan tout Nouyòk Siti pou li fè moun wè kisakandedan sachè-a. Msye di: "Gade, mezanmi, gade kijan yon pèp genyen pwoblèm. Gade kijan yon peyi pase mizè. Tanpri, frèzesè, ede-m dekwa pou mwen delivre vye pèp-sa-a. Se misyon lavi ban-mwen.

Msye mache lan tout Etazini avèk Ayiti andedan sachè-a lan men-n. Tout pawòl msye rakonte, se menm ti "narativ" senpla, "narativ" san espwa-a. Li di tout moun kijan peyi-a pòv, kijan tout moun malere ladann. Li mande èd pou timoun-yo, pou tout vivan-yo, li di yo tèlman viv tankou bèt yo vin tounen bèt, li mande èd pou sak mouri mal-yo. Msye pale, li pale, li pale jiskaske li pa ka pale ankò. Msye menm mande èd pou Ayisyen ki viv lan peyi etranje-yo, pou dyaspora-a. Msye vide kè-l bay nenpòt moun ki gen zorèy pou yo tande. Tout moun kontan, se bravo yo bat pou msye, gwo bravo! Maten, midi, swa, se balèn moun limen pou msye. Yo pwoklame avoka-sa-a se pa yon "avo-*kat*" menmjan ak lòt voryen-yo, se pa yon "a-vo-*chen*" nonpli, se pa yon zabèlbòk, se pa yon "a-vo-*kaka*". Tout moun vole ponpe, yo di msye-sa-a vle peyi-a mache toutbon. Se gwo travay msye ranje kò-l pou li fè pou peyi-a.

Se pa youn, de sipò msye jwenn lan men tout moun ki genyen dis kòb pou yo fwote ansanm. Se pa youn, de bwat lajan yo voye fè msye kado pou li fè bon travay lan peyi-a.

Oo! Aprè yon bon tan pase, tout moun mande msye pou yo gade lan sachè-a pou yo wè ki bon travay li fè pou peyi Ayiti. Msye pa dakò. Li vekse. Msye drese bèl kòl lan kou-l, li retire pousyè sou bèl kostim-li. Aprè sa, tout kesyon yo poze msye, li ouvri bwat zouti-l pou li retire pi gwo angle li posede.

Li rale lalwa sou moun-yo. Se flite li flite moun avèk yon kalite gwo tèm legal, ilegal, soti jis Senegal, pase Monreyal, rive Kwabosal. Li esplike-yo sachè-a se pou li sèl li ye. Okontrè, msye di tout moun-yo sachè-a anrejistre avèk yon sèten "kopirayt" sesi sela, mesye di sachè-a se zafè pa-l anba lalwa ki rele, "Ay Pi" – "Intelectual Property": pwopriyete entelektyèl. Sa-a se pa "Ay Pi," se Piyay! Ala bèl bagay! ...

Li di si yon moun manyen sachè-a li va rele-yo nan kòt - ou konnen, tribinal. Èske ou tande yon koze? Lè Ayisyen-yo tande sa, yo degaje-yo pou yo pran sachè-a lan men vòlè-a. Se konsa pou nou fè. Li lè pou nou mare ansyen "narativ"-yo nan yon sachè, mezanmi, lage-yo sou chemen lavi-a. Moun pa gen dwa pran-n, se Ayiti ki mèt-li. Men li te lè li te tan pou nou te fè yon lòt bagay, pale yon lòt pawòl, rakonte yon lòt koze. Ki sa ou di sou sa?

Jina - Se sak anraje-m-nan, wi. Peyi-a vin tounen yon *free for all*. Kijan yo di sa an kreyòl ankò? ... Laparad lage, piyaj. Nenpòt moun ki gen yon ti lide, ki gen mwayen pou li voye tèt-li monte, peyi-a va fè-l monte. Ayiti vin tounen yon vwati, yon veyikil, yon bon ti kote pou moun jwenn mwayen pou yo itilize-l, yo pran gwo woulib pou yale byen lwen pandan pèp-la toujou ap soufri.

Se bagay-sa-a ki fatige-m anpil, wi. Lè ou gade vre, si tout efò kap fèt-yo tap fèt pou peyi Ayiti toutbonvre, kote nou ye kounye-a se pa la nou ta ye, non.

Gen kote nou ta fè yon ti avansman, gwo avansman menm. Lè-m tande ou di zafè "pwopriyete entelektyèl"-la, sa fè-m panse sou konbyen moun kap goumen pou yo ede Ayiti. Sa mwen pa ka konprann-nan se si se ede yo vle ede peyi -a vre poukisa tout konpetisyon-sa-a? Eskize-m fò-m esplike-w pi byen. Se pa tout ki kolonis, non. Gen efò ak pwojè ki gen bon entansyon ... yo prezante peyi-a lan menm kad-la. Men ansanm nou vin wè anyen pa fèt ditou.

Anba tout sa, mwen apresye moun kap eksprime lide pa-yo sèlman. Se pwoblèm -sa-a mwen genyen ak gwo "narativ"-la. Tout nwans, tout konpleksite, tout bote peyi-a yo mare-li lan yon sèl ti bwat pawòl. Sak pi rèd-la, se lè yon moun pa konnen peyi Ayiti epi li tande "narativ"-sa-a, li pa gen okenn lòt vizyon pou li konpare avèk li. Li vin konnen menm gwo istwa kap manje tout lòt ti istwa-nou -yo tankou nan kont aransò-a. Sa fèm sonje liv Wòlf Twouyo te ekri, *Ti difé boulé sou istoua Ayiti* (1977).

Katya - Aa pitit, wap site gwo non! Gwo ekriven. Sa se pawoli gwo doktè antwopoloji.

Jina - Non, se pou nou bay gwo chapo ba pou travay msye-sa-a fè. Li gen rezon. *Ti dife boule sou istwa Ayiti* vre. Sa mwen ta renmen konnen se ki sa nou ka fè? Lè ou tande moun ka rantre lan peyi ki pa pou-yo epi yo vin gen *kopiraуt* sou li ahhhh sa fè-m sonje premye konstitisyon-an. Li fè-mwen regrèt sak pase apre revolisyon-nou-an. Te gen yon ti moman lè nou te ka fè yon lòt wout epi revolisyonnè-yo chwazi youn ki fè yo rekonnèt-nou men ki chire-nou, wi. Gendefwa, mwen regrèt mwen pat la lè-sa-a. Mwen pa konnen kisa mwen ta ka fè . . . Se sak fè gendefwa lè "narativ" popilè-sa-a fè-m twò mal mwen kriye, wi. Se sak fè-m deside lè-a rive pou mwen mete fanm sou mwen. Tankou grann te toujou di: "Machè, pran yon kòd mare-l anba vant-ou, mete fanm sou-ou!"

Mwen rive lan yon pwen kote pou mwen-menm se atake mwen wè pou yo atake gwo ista dirèkteman. Fò mwen di yon lòt bagay tou: Franchman mwen pa enterese ba-li okenn plas ankò. Paske, si yon moun byen panse, gwo "narativ"-la deja gen twòp pouvwa. Sètase! Sa pou nou fè, se bay ti istwa-a – lòt istwa-yo – vwa pa-li. Annou chante yon lòt chante. Ekri yon lòt "narativ". Danse yon lòt dans. Pentire yon lòt tablo. Se sa sèlman ki va limen limyè sou lòt ti istwa-yo. Se pou nou liminen-yo tankou yon bann lanp tèt gridap. Ou konpran, sè-m-nan?

Katya - Mwen dako 100 pousan, san pou san, *blòd* pou *blòd*. E, Jina, mwen konnen ou gen pwojè lanp tèt gridap-sa-a depi dèzanne e dèzanne.

Jina - Non, se vre. Ou pa dakò lè-a rive pou nou sispann bay gwo "narativ"-la plas ankò? Pawòl serye, mezanmi. Wi, mwen pran yon desizyon: Mwen fini avèk ansyen "narativ"-la. Kounyè-a lè mwen pale oubyen ekri sou Ayiti se lòt ti istwa-yo sèlman mwen gen pou mwen rakonte.

Katya- Ou gen rezon, Doktè Jina Atenna Ilis.

Jina - Rete la, machè. Map rete–w la. Ou konnen mwen pa renmen lè moun rele-m sa. Gen twòp moun ki itilize tit yo sèlman pou pouvwa. Lè–w rele-m doktè ou fèm sonje sak te pase-nou Ayiti lan anne 2000 lè nou tap filme dokimantè "Lamveritab"-la. Ou sonje?

Katya – Aa-a! Trè byen.

Jina - Nou te lan yon lotèl Petyonvil, ou sonje? Ou te lan chanm-ou, mwen te anba lan restoran-an. Ou rele anba-a menm dis fwa pou mande pou "Doktè Ulysse". Chak fwa, yo te ba-w menm repons-lan: "Pa gen doktè Ilis-la-a!"

Men, mwen te la. Sak te pase, yo wè yon jèn ti fanm nwa ki chita ak on koup ki pi jèn pase-l. Pat gen pesonn lòt moun la ankò. Nou pa tap pale gwo franse. Nou pa tap fè titintyòt.

Katya - Ou pat kostime, ou pat konstipe ase pou yo. Manzè lanp tèt gridap-sa-a pa gen dwa doktè!

Jina - Wi, yo di pa gen doktè Ilis isit-la. Repons-sa-a se youn lan egzanp kijan gwo "narativ"-la manje sak pi piti-a. Moun sa-a ki te di li pa wè okenn doktè la -a, fè sa tout lòt moun konn fè. Msye pa kesyonnen sa li te wè devan li ditou.

Msye te asepte "narativ"-la: Nou pa boujwa, non Ilis-la pa gen rezònans, nou pa enteresan, nou pa ka doktè. Gwo "narativ"-la tèlman dominen imajinasyon msye, li pa gen lòt vizyon. Mwen pat abiye byen ase pou li asepte-m kòm yon doktè.

Pou mwen, pi gwo danje ki egziste, se jan istwa-a apiye sou lavi kotidyen moun. Li vin kreye konpetisyon pou respè nou tout sipoze bay lòt. Men ou konnen, tout moun se moun, men tout moun pa menm. Fòk pèp-la gen yon ti delivrans. Jenerasyon kap vini ap oblije pran lòt wout.

Katya - Machè, se jenerasyon-sa-a menm yo voye lan mache - menm jan ak ti gason madanm-nan te voye achte de aransò-yo. Se nou ki responsab 2 "narativ"-yo. Annou mete-yo lan yon sachè. Lè nou rive lakay, granmoun-yo va mande kisa nou fè ak gwo "narativ"-la, "narativ" tèt chaje-a, na fè menm jan ak lòt zye chèch-yo. Na esplike-yo pandan nou te sou wout avèk komisyon-an lan sachè-a, se te blow, blow, blow! Blagadaw, bip, baw! Se te batay, batay jiskaske ti "narativ"-la vale gwo-a. Ki sa ou di sou sa?

Jina - Katya, gran sè-m-nan, ou gen rezon. Repons mwen-an kout, wi. Ou te tande sa Bichòp Toutou te di an palan sou apathèd: " Se tikal pa tikal pou yon moun manje yon elefan."

Katya - Wòy, ebyen, annou ranje kouvè sou tab-la. Tout moun ki grangou leve men-yo anlè! Si nou pa gen ase kouto ak fouchèt, na pichkannen elefan-sa-a jiskaske nou fini avè-l.

Maksimilyen Lawòch

SE YON VETERAN KREYOLIS AYISYEN KAP VIV KANADA, YON CHÈCHÈ, ekriven, powèt, konferansye, pwofesè literati konpare nan Inivèsite Laval, Kebèk. Timoun, li te grandi Kap Ayisyen kote li fèt 5 avril 1937 epi li ale lekòl nan Kolèj Nòtredam. Li fè etid sipèryè Kebèk epi lal pran yon doktora nan Inivèsite Toulouz an Frans.

REFERANS

Twouyo, Michèlwòlf [Trouillot, Michel-Rolph], 1977. *Ti difé boulé sou istoua Ayiti.* Brooklyn, NY: "Koléksion Lakansièl".

Malgre Ayisyen-sa-a ap viv nan peyi etranje depi li fin pran bakaloreya-li-yo lakay, li toujou sonje kòdon lonbrit-li antere ann Ayiti. Kifè, chak de anne konsa li retounen Okap diran lete pou li pataje ak pwofesè Kolèj Nòtredam enpe nan konnesans-li sou lang ayisyen ak franse nan literati.

Pi souvan li ankouraje Ayisyen ak Kanadyen nan Kebèk akonpaye-l nan vwayaj-li swa pou revwa lavil Okap ak rejyon nò peyi-a swa pou dekouvri Milo, Sansousi ak majeste Sitadèl-la. Epitou li-menm ak kanmarad-li-yo pran tan pou fè konferans ak seminè pou pwofesè Kolèj Nòtredam.

Maksimilyen Lawòch se manm "CENTRECH", yon òganizasyon ki devlope yon rezo kowoperasyon avèk Fondasyon "CRUDEM" epi ak Kolaborasyon Sante Entènasyonnal ("CSI") e Sèvis sekou kanadyen ("SACO"). Granmèsi estrateji-sa-a "CENTRECH" reyalize plizyè pwojè enpòtan pou Kòlèj Nòtredam ak lavil Okap.

Ekriven Lawòch pibliye an franse e ann ayisyen liv kritik-sa-yo: *Le miracle de la métamorphose* (1970), *L'image comme écho* (1978), *Littérature Haïtienne: identité, langue, réalité* (1981), *L'avènement de la littérature haïtienne* (1987), *La découverte de l'Amérique par les Américains* (1989), *La double scène de la représentation: oraliture et littérature dans la Caraïbe* (1991), *Dialectique de l'Américanisation* (1993), *Sémiologie des apparences* (1994), *Hier: Analphabètes, Aujourd'hui: Autodicdactes, Demain: Lettrés* (1996), *Bizango* (1997), *TEKE* (2001), *Mythologie Haïtienne* (2002), *Prensip Marasa* (2004), *Se nan chimen jennen yo fè lagè* (2007) epi *Littérature haïtienne comparée (2007).*

Alekile se konferansye-a ki pral montre-nou, an pwofesè, enpòtans rechèch. Se devan yon piblik ayisyen nan Monreyal, Maksimilyen Lawòch te fè prezantasyon-sa-a. Li di li te fè espre pale nan lang ayisyen-an pou li demontre ou ka di tout sa ou vle nan lang-sa-a. Dayè pwofesè Lawòch se prenmye lengwis kreyolis ki rele lang kreyòl Ayiti -a **AYISYEN**.

ANKÈT

Premye mo m pral pran pou "**a**" nou tou deja wè li: se ankèt. "**A**" vwayèl bouch bannou "**an**" vwayèl nen. Konsa annou mande tèt nou ki sa nou ta rele yon ankèt?

Lè-m di ankèt, tout moun deja tande ankèt rechèch kriminèl. Men si ankèt lapolis se ankèt, ankèt yon nonm oswa yon fanm ap fè pou konnen si yap ba-li koutba, se ankèt tou. Tout rechèch se ankèt. Se pou sa yo di rechèch kriminèl pou lapolis men se pa pou krim sèlman nou dwe fè rechèch. Si tout moun pa *James Bond*, tout moun se detektiv prive omwens.

Si ankèt se rechèch, lè ou fin fè rechèch kisa sa ba-ou? Yon lis. Lis tout repons pou

Si ou pa fè ankèt pe bouch ou !

"*Mei You diao cha,*
***ju mei you fa yan quan.*"**
(Ou pa fè ankèt ou pa dwe pale.)
Mao

Mesyedam lasosyete, bonjou!

Nan lang ayisyen-an gen sèt vwayèl bouch: **a, e, è, i, o, ò, ou**. Epi gen twa vwayèl nen: **an, en, on**. Sa ta ka fè dis son. Men se vwayèl **"a"** ki bay **"an"**, vwayèl **"e"** ki bay **"en"** epi **"o"** ki bay **"on"**. Konsa lang kreyòl-la ka plòtonnen son pou bay sèt vwayèl, li ka deplòtonnen-yo tou pou bay dis son.

M ta renmen pase tout mo ki nan lang ayisyen-an ak nou. Sèl bagay: sa ta fouti fè yon konferans ki ta dire anpil. Si lang-lan ka plòtonnen/deplòtonnen enben map fè menm bagay. Lè ma ka chwazi swa yon mo ki konmanse ak vwayèl bouch swa youn ki konmanse ak vwayèl nen, ma pran sa m pi pito-a. Omwens nou pap ka di m pa pran tout son ki nan lang-nou-an.

tout keksyon ou tap poze tèt-ou; lis tou sa ki kapab pèmèt ou twouve solisyon chak pwoblèm. Ou grangou? Tankou yo di pabò isit pito ou fè yon lis pou makèt. Lè sa-a wa konnen ki mezi manje ou ka manje … dapre mezi lajan-w.

Ekzanp-sa-a ka parèt kase koud yon ti jan rèd konsi pwoblèm grangou-a se annik fè yon lis sa ou ka achte lan mache kap regle-li. Men nou ka wè deja gen anpil keksyon pou reponn anvan ou fè lis makèt-la oswa episri-a. Fòk ou poze tèt-ou keksyon, fòk ou pran enfòmasyon, fòk ou òganize tèt-ou, fòk ou fè sèvèl-ou mache. Ou ka menm bezwen yo ede-w. Epi fòk ou souke kò-w, travay si ou pa gen lajan. Fè ankèt sa vle di anpil bagay.

Poukisa ann Ayiti nou pa gen gwo detektiv tankou *Sherlock Holmes, James Bond* oswa *Maigret?* Apa Gari Viktò, ekriven ayisyen pa ekri woman polisye. Poukisa? Lòt jou, m te Pòtoprens, yo tap pase yon fim Gari Viktò ekri senaryo-li: *Piwouli et le Zenglendo.* Tit-la, poukont-li, ban-nou anpil enfòmasyon sou oryantasyon fim-nan. Nou pa gen gwo detektiv ni nou pa ekri woman polisye paske ann Ayiti tout moun se detektiv epi nanpwen *mystère.*

M pwononse epi mwen ekri mo *mystère*-la an franse paske m pa vle di mo "mistè" an kreyòl. Men kijan nan diksyonnè Pèlmann-nan yo eksplike mistè: "lwa, kay mistè: *pièce de maison, ou maison à part réservée aux mystères, pouvoir occulte:* 'mistè chante-a fè parenn nan tounen yon gwo kochon san pwèl' (Pèlmann tradwi) *pouvoir surnaturel*". Epi men sa diksyonnè *Robert*-la bay pou *mystère:* "*n.m. (lat, mysterium, du gr. mustès, initié) 1- Ce qui est incompréhensible, caché, inconnu. Les mystères* de *la vie. Faire mystère de: tenir secret. 2- Élément obscur, incompréhensible; problème difficile à résoudre. Il y a un mystère là-dessous*".

Ann Ayiti pa gen *mystère* pase nou deja konnen eksplikasyon tout pwoblèm. Si se politik nanpwen pwoblèm: tout bagay se prezidan ki reskonsab. Se li ki bon papa ki dwe regle tout bagay. Si anyen pa regle se fòt-li. Si se malè ki rive-n, nou malad, nou fè aksidan, nou pèdi dyòb, kòb, nenpòt ki sa li ye-a, se senp: se malveyans. Bondye pa janm touye pèsonn, si yon moun mouri, se move lè yo voye sou li; se mò, se zonbi yo voye sou li; yo pran nanm li. Sa ki fè si ou bezwen eksplikasyon nenpòt ki bagay, plop plop, bòkò ap ba-w-li.

Sosyete nap viv-la plis moral pase li relijye; li plis politik tou pase li syantifik. Pawòl-la di: "konplo pi fò pase wanga". Sa vle di malveyans moun pi fò pase sa Bondye ta vle paske Bondye, poukont pa-li, pa ta janm touye pèsonn. Sosyete nap viv-la, se yon sosyete tout moun sispèk; tout bagay sispèk pase ou pa janm konnen ka gen yon konplo dèyè li. Wanga pa yon fòs ki la poukont-li. Se moun ki di: "pye kout pran devan" kap mete wanga bò kote-li. Sa vle di tout moun ap konplòte, se sa ki konplòte pi vit oswa pi fò-a kap potè laviktwa. Lavi se yon zafè konplo anvan li se yon zafè wanga.

Gari Viktò ekri yon woman ki enteresan jis nan tit-la: *La piste des sortilèges* (1996). Mo *piste*-la ta ka fè-n kwè nou nan zafè lapolis oswa detektiv. Men mo *sortilèges*-la fè-nou konpran se nan zafè wanga nou ye. Annou li rezime istwa yo bay nan do liv-la ki ekri an franse: *Pesée Persifal, un militant de longue date contre la dictature, est foudroyé, un petit matin, par le Poison ... (NB: pa un poison men le Poison,* ak majiskil!*) Condamné pour s'être opposé à Josipierre, le représentant du Nouveau Pouvoir, à devenir zombi, esclave jusqu'à sa vraie mort, sur une habitation d'un grandon quelque part dans l'Artibonite.*

Sonson Pipirit, son ami, va tenter l'impossible ... Essayer de le retrouver avant qu'il ne traverse la frontière, pour atteindre le lieu d'où nul humain ne pourra le ramener au monde des vivants ... Une quête fabuleuse au cœur d'un imaginaire tenant en otage une partie de l'île d'Hispaniola... De l'époque coloniale au siège de Miragoane, de l'occupation haïtienne de la République Dominicaine à l'obscurité de la dictature duvaliérienne. Fabuleuse, picaresque, voici l'aventure la plus étonnante jamais imaginée par un écrivain haïtien.

Si nou konprann byen, nan istwa-sa-a, gen yon krim men gen wanga tou. Sitou gen politik. Sa ki fè ankèt sou krim-nan plis tounen yon ankèt sou konplo. Yo di lavi ann Ayiti se chen manje chen. Men m ta di se konplo kont konplo. Depi gen konplo fòk gen asosye, men menm nan asosye-yo gen konplo anba chal, youn ap kalbende lòt, mòde-soufle, bat ba, veye zo, mouri poul. Sa fè konplo monte sou konplo.

Konsa gen ankèt ann Ayiti, ankèt m ta di *Haitian style,* nan jan pa-Ayisyen. Se pou ankèt-sa-a map pale lè m di "si ou pa fè ankèt, pe bouch ou", pètèt m ta ka di se ankèt ki pa ta nan jan ansyen Ayisyen-an.

Sa m ta rele ankèt nan jan ansyen Ayisyen-an, se ankèt pou dekouvri konplo. Se ankèt kont yon bagay, se pa ankèt pou yon bagay. Se ankèt pou defè, pa pou fè, pou kore kay, pa pou bati kay. Fòk nou kite ankèt pou defann tèt-nou pou nou pase nan ankèt pou nou leve tèt-nou.

Pase, si nou gade sa nan mantalite konplo toupatou-a, chak moun se veye-yo tout, tout moun se lènmi, nanpwen zanmi, chak koukou klere pou je-w, degaje pa peche, si m manke manman ma tete grann, tout voum se do, wi pa monte mòn, sòt ki bay enbesil ki pa pran, lajan

Leta se dodomeya. Gen ankèt, nan jan ansyen Ayisyen-an men se pou ou konnen ki wanga ki nan konplo-a ki fè konplo-a pi fò.

Bon jan ankèt ki ta pou bay bon rezilta mande 4 kalite prèv. Gen prèv materyèl: se tout bagay ou ka jwenn pou montre kijan sa te pase. Gen prèv pou zòrèy: sa moun di-w, sa ou tande. Gen prèv pou je tou sa ki ekri, tou sa ou ka wè ak de grenn je-w ki ka fè-w konprann jan sa te pase. Epi gen prèv eksperyans, nan sans ou ka refè sa ki te pase-a.

Si ou gade sa byen, ofondifon se tankou se ta de jan pou ou pwouve yon bagay : Tande ak wè. Tou sa moun di, tou sa ou panse epi ou di: se prèv tande pou moun kap koute-ou-a. Tout eksperyans ou ka refè, tout bagay ou ka montre, tout papye ekri: se prèv moun kap gade ka wè.

Alèkile nou ka pouse sa pi lwen. Nou pa fè tout moun konfyans menm jan. Se pa nenpòt ki papye ekri ki testaman. Epi fè eksperyans ka mande zouti, laboratwa, espesyalis, tou sa ki fè wè pi byen, ki ka fè tande miyò. Pase se pa Ayisyen sèlman ki Ayiti Toma, tout moun, se Sen Toma. Si yon moun pa tande, si li pa wè, li pap kwè.

Anvan m pase nan yon lòt vwayèl, fòk mwen fè remake m pale sou ankèt nan jan pa-Ayisyen, ankèt *Haitian style*. Epi m di ankèt ansyen Ayisyen. Sa nou bèzwen, se ankèt *Haitian style* men ankèt nouvo estil, ankèt ayisyen jodijou ki egal-ego ak ankèt yo fè toupatou.

M pa di pa gen anyen ki bon nan estil ankèt ayisyen-an menm nan estil ansyen Ayisyen-an. Pase si ou gade Ayisyen toujou di: si Dye vle. Nan tèt-li Bondye pa janm touye pèsonn. Tankou chante a di:

Gede Zariyen, woy! woy! woy !
Gede Zariyen!
Gede Zariyen, yo fè konplo
Pou yo touye-mwen.

Se pa Bondye, se pa menm lwa Gede, lwa simityè, men yo tout, moun parèy-mwen ki fè konplo pou yo touye-mwen. Sa ki fè lè yon detektiv ayisyen ap fè ankèt, premye bagay li fè se inosante Bondye. Sa se yon bon pwen. Sa vle di nou pa deja kondane davans, toujou gen espwa. Malerèzman sa pa vle di malveyan pa ka sèvi ak pouvwa Bondye. Sa pa vle di yo pa ka pran pwen majik pou fè-nou mal. Konplo ki pi fò pase wanga-a, se nan fè mal pa nan fè byen. Konsa nou pa bezwen akize Bondye men si se kretyen vivan pou nou akize wè pa wè fòk se mistè ki eksplikasyon tout bagay. "Nèg nwè ti zòrèy anraje san yo pa bèzwen mistè."

Pou mesye *James Bond, Sherlock Holmes, Maigret,* nanpwen zafè Bondye nan ankèt-yo. Bondye "awout" nan Lèspri-yo. Yo pap ni akize ni inosante Bondye, yo pa okipe-li. Sa ba-ou de estil ankèt. Ankèt ayisyen toujou sipoze ka gen mistè. Pou ankèt mesye *Bond, Holmes* ak *Maigret,* si gen *mystère*, pa gen anyen ladan-ni ki gade Bondye, kit li te reskonsab kit li te inosan. Ayisyen louvri ankèt-yo sou yon pil koze, lòt mesye-yo fèmen-li sou zafè kretyen vivan sèlman. Se poutèt sa Ayisyen ki louvri ankèt-li gwo konsa ta dwe pran plis prekosyon, fè plis ankèt, anvan li louvri bouch-li. Men pi souvan li kouri di se mistè pou li pa chache konnen plis pase sa.

Ekip

Si nou gade sa byen, yon detektiv pa

janm sèl. *Sherlock Holmes* gen *Watson* (*Élémentaire, mon cher Watson!*), *James Bond* toujou gen yon pakèt bèl fi pou ede-li. Menm jan yon sèl dwèt pa manje gonbo, yon sèl dwèt pa ka chache gonbo-a, kwit-li, mete-l sou tab pou manje. Menm lè detektiv ap fè entèwogatwa li bezwen moun lap poze keksyon-yo kolabore ak li. Se pou sa nan Etazini yo bay malfètè ki kolabore pi piti kondànasyon.

Se sa tou ki nan deviz peyi-a: Ann mete tètansanm. Sa ki vle di: linyon fè lafòs. Men nou tou konprann ak mantalite sispekte tout bagay touttan, ak mantalite konplo-a, nanpwen kolabore ni mete tètansanm. Konsa tou, tout bann dwèt-yo ki degrennen pa fouti manje gonbo-a menm si asyèt-la plen gonbo.

Ekip vle di chef ki pa bòs. Enfòmasyon ekip-la ap chache-a li pa pou yon sèl moun. Se tout moun kap chache-li pou tout moun. Se pa ni pou-mwen ni pou-ou, kinan-m pa kina-w. Ak sa nou pap janm mete koperativ sou pye, nou pap janm ka monte yon *Stock Exchange*, mete konpayi ak aksyon sou pye, bay chak moun moso pa-li nan tout bennefis ki fèt.

Politisyen pa mete tètansanm, komèsan pa met tètansanm, kouman ou ta vle yo fè ekip pou chache konnen kouman pou yo regle pwoblèm-yo. Ekip se chak moun nan wòl-li pou tann tou pa-li kit pou travay kit pou galonnen. Ankèt vle di ekip. Yon detektiv poukont pa-li pa ka chache prèv pou kenbe vòlè anmenmtan lap rapouswiv vòlè, jije-li, kondàne-li epi gade-li nan prizon.

Konplo ak Ekip se dwat ak gòch, lanvè ak landwat. Vire chante-a: "Yo fè konplo pou yo touye-mwen", na wè li aklè. Yon bò se yo, lòtbò se mwen. Bò isit se nou, bò lòtbò, se li. Yo kont Mwen, Nou anfas Li. Sa map di se sa yap di men nan sans kontrè. Map chache sove lavi-m, yap seye touye-m. Nap fè byen, yap fè mal.

Mwen-menm m ta pi pito mete Mwen ak Nou ansanm pou fè byen, pou chache laverite, pou regle pwoblèm. Se sa yon ekip kap fè bon jan ankèt fè.

ENFÒMASYON

Nou soti pran "**an**" pou "**a**" apre nou pran "**e**" pou li-menm-menm. Koulyè-a nap pran "en" pou "è". Prensip enfòmayon se sa menm: alevini, koute ak dezòrèy-nou, yon zòrèy pou chak bò chak pawòl kap di. Laverite gen anpil vwa. Li ale anpil jan. Si nou rete yon sèl kote nou pa viretounen tankou espòtlaytè nou pap janm soti nan fè nwa.

Mwen-menm m kwè se zafè konplo-a youn ak zafè wanga-a de, yo toude makonnen, ki fè nou toujou kwè nou deja wè klè nan fè nwa. Nou gen tout eksplikasyon sou tout bagay davans. Lè nap mete sa nan tèt-nou, nap konmanse nan pi wo epi twò vit. Touswit nou deja nan mistè, nan sinatirèl olye nou konmanse anba, nan pi piti, nan detay. Nou pa bezwen lwa pou fè mal. Nou pa bezwen gen kè cho. Poze san-nou pou tande ak wè tou sa ki ka klere sa nap chache-a.

Se pou sa m di nou bay esplikasyon twò vit, twò fò. Nou vle bay tout esplikasyon yon sèl kou. Pa pito nale plakatap plakatap, konmanse anba jis atan na rive pi wo, anwo nèt si gen nesesite. Nou ka jwenn ka tou piti ki bay kokennchenn konsekans. Pa bèzwen kouri chache midi katòzè granmmaten.

Se nan kè cho-sa-a, se nan prese prese-sa-a bri kouri, zen pale, teledyòl antre ann aksyon epi tout bagay di san prèv, nenpòt ki koze soti san rezon. Pèsonn pa ka chita reflechi lè li tande yon koze anvan li repete-l.

Etidye se pa jako repèt anba poto lanp. Se koute yon bagay ak yon zòrèy answit ak lòt-la. Gade yon bagay anwo, anba, adwat, agòch, devan, dèyè. Fò gen bon zouti tou pou ou travay, fè ankèt. Si ou pa gen diksyonnè kouman ou vle konnen sa yon mo vle di?

Epi anvan yon mo soti nan bouch-nou, se pou nou ta viretounen-ni twa fwa nan tèt-nou epi apre sa machouke-li sis fwa nan bouch-nou. Lè konsa na gen tan konnen si nou gen bon jan enfòmasyon epi si nap bay enfòmasyon kòrèk. Si se pa sa, se zen, se doub, se blag nap bay. Lè konsa nou pap ede pèsonn, nou pi ap fè konplo. Pase moun anba betiz, se yon lòt jan pou touye moun.

LIDE

Koulye-a m pral fè yon batriba, menm jan lè detektiv-yo san atann soti ak yon bagay pèsonn pa te wè davans oswa lè *James Bond* angaje epi li soti yon gadjet pou degaje-li. Tout moun va di kouman m ka fè vini ak mo lide pou vwayèl " **i**". Se vre gen " **i**" nan lide men gen " **l** " tou ki anvan " **i**"-a. Men m konsilte plizyè diksyonnè, pou pa di m fè anpil ankèt. Anpil nan yo (*Pelman, Freeman-Laguerre, Valdman …*) di yo ka itilize ni **lide** ni **ide**. Mwen sispèk yon jou yap deside se lide sèlman pou nou di. Men annatandan, sa lalwa pa defann, si li pa fè mal, lalwa pèmèt.

Sa m soti di-la-a ka bay yon ekzanp lide. M pa konnen si ekzanp lide-a bon, si li pa bon. Na jije. Sèl bagay m ka di sa ka fè wè kouman pou jwenn lide. Lide se zeklè. Yon lide soti nan de lide ki kontre. Menm jan-an tou, se de moun ki bay youn nan yo yon lide nèf lè de ansyen lide kontre. Se pou sa ekip nesesè. Plis gen moun kap reflechi, plis ka gen lide nèf ki soti. Youn va bay lòt bourad pou souke lespri.

Si nou pa jwenn lide san jefò nou ka chache lide. Men fòk nou pa bliye: gwo lide ti memwa. Memwa se sonje sa ou pa konnen gran moun pase-w. Sa ki vle di chache lide, jwenn lide, se toujou sonje gen sa nou pa konnen epi nou pi piti pase-l. Si nou gen gwo lide nan tèt-nou epi sou tèt-nou, enben: "adjo va lakaswòl!". Nan pwen plas pou lòt lide nan tèt-nou. Sa ki vle di nan pwen plas pou lide nèf.

Nèg ki kwè yo save, ki kwè yo fò, se nèg ki gen lide ansyen, pou pa di vye lide. Se jako repèt lide ki te deja la depi nan tan lontan. Si wap fè ankèt ou bèzwen lide nèf pou jwenn solisyon pwoblèm ki ponkò regle, pwoblèm ansyen lide pa te ka regle.

OKAP

Pou " **o** ", nap tou pran Okap. M ta ka pran Okay tou. Pa gen dòt rezon pou Okay, pase Ayiti ka bay tèt fè mal si pou nou ta fè ankèt sou li. Twòp pwoblèm! Si nou pran Okap, oswa Okay, se pa pase yo pa gen pwoblèm men paske yo chak se Ayiti pi piti. Sa ka pèmèt nou twouve solisyon pi vit. M pa di pi fasil. Pètèt.

Anpil moun ap di Okap chanje. Yo pa bèzwen regrèt pase tout bagay chanje. Kouman Okap ta ka fè pou li pa chanje? Sèl keksyon nou ta dwe poze tèt-nou se kijan pou Okap ta ka chanje dapre tout chanjman kap fèt? Se sa ki ta pou ankèt nou-an tou.

Chanjman se menm ak deplasman. Se pa pou kwè Okap pa nan plas-li, se pou wè kouman li deplase epi ki plas-li koulyè-a? Nan tan Sendomeng te *La perle des Antilles* pou Frans, "Cap-Français" te lavil ki te pi pre Frans pou pimpe kòb kolon-yo tap fè sou tèt esklav-yo. Okap deplase. Koulyè-a li pi pre Miyami. Epi sa Okap ap chache jodijou se wè kijan li ta ka pimpe kòb soti Etazini rive Ayiti, kit se ak touris, kit se ak monneòdè oswa lòt kalite biznis.

Okap pre Miyami men li vin pre Kiba tou epi li toujou rete pre ak Ziltik. Konmès chanje, lajan chanje. Yè se te goud ak dola, koulyè-a gen goud, gen dola ayisyen, tale konsa pral gen peso dominiken, epi sou tèt yo tout gen dola meriken. Sa ki fè gen anpil pwoblèm men gen plis solisyon tou. Plis keksyon, plis repons. Pase si nou mete tètansanm, fè ekip, gen bon jan òganizasyon, na wè lòt lavil-yo chanje tou.

Okay pi pre Jamayik epi li te toujou pre Kiba. Jakmel pi pre Matinik, Gwadloup ak Giyàn. Tout lavil-nou-yo pi pre Venezwela, Kiraso ak Panama. Epi yè te gen bato, alekile gen avyon. Te gen telefòn, koulye-a gen imel. Dabò menm, komèsan ak madansara, menm si yo pa konn li ak ekri, yap deplase touttan al Pòtoriko, Panama, toupatou. Ayisyen toupatou, yap deplase touttan.

Si gen keksyon pou poze tèt-nou, si gen yon lide pou nou ta chache, se kijan nan tout deplasman-sa-yo, Okap, Okay, Ayiti ... ta ka twouve plas-yo? Plas kote yo ta ka pran yon kanpo. Pa pou rete chita sou dèyè-yo ni kouri kon moun fou toupatou. Okap ak tout lòt kote ann Ayiti, fòk yo rete kanpe pou mande tèt-yo: kote nou prale? Nèks estòp-la, se ki kote?

ÒGANIZASYON

Nou di fè ankèt se fòme ekip. Se sa menm ki mande òganizasyon-an tou. Pa gen ekip si nanpwen òganizasyon. Epi òganizasyon se envestisman: kit se kòb, kit se travay. Kapital ak Travay se de tete tout òganizasyon. Si ou envesti fòk ou retire lajan-w. Sa vle di fè bennefis, fè kòb ki vle di fè travay-ou rapòte-w. Men pou sa fòk ou konnen règleman sa ou vle fè-a. Pase chak bagay gen règleman-li.

Nan pwen anyen ki fèt boulegra. Se pou sa tout moun bije etidye. Pou aprann règleman sa nou vle fè-a. Depi nou piti jis nou granmoun darati, tout moun bije etidye. Nou deja di etidye se pa jako repèt, se aprann sa ki te deja fèt epi se fè eksperyans tou. Se aprann nan liv men se reflechi tou ak tèt-nou. Se konsa na konnen règleman yon bagay. Men anyen pa rete menm plas, tout bagay ap chanje touttan. Se poutèt sa, fòk nou etidye touttan, pou nou deplase ak sa kap deplase.

Se retire lajan ki va fè-nou bay chak moun wòl-li, plas-li nan yon ekip. Se li-menm tou ki va fèn-n chache lide pou chanje san nou pa sispann retire lajan-n. Pase si gen yon bagay ki pa pou chanje se sa. Depi nap pèdi kòb anyen pap mache.

Retire lajan-an se li-menm tou ki rezilta yon ankèt, bon rezilta, repons pou keksyon nou te poze, solisyon nou tap chache. Rezilta, se bennefis. Si ankèt se lis, enben se lis kote aktif pi fò pase pasif. Kote keksyon egal repons ki ànile keksyon, kote jefò-nou fè ban-nou rannman: kanpe poze nou tap chache-a, jan pou regle sa nou pa te aprann nan règleman-li-a.

Vòlè ak kriminèl toujou gen gwo lide ti memwa, toujou bliye sa yo pa konnen pi gran pase yo, toujou kwè se yo an premye kap fè "krim pafè". Pou sa yo pran tout prekosyon, yo fè krim-nan yon jan yon manyè, dapre yo, pou yo pa fouti kenbe-yo. Detektiv-la li-menm menm, se pou li jwenn kijan krim-nan te fèt, jan vòlè, sazinè-a te regle zafè-li. Depi li dekouvri-sa, vòlè-a anba kòd. Ankèt-la bay bon rezilta.

M pa konnen si lè zafè-nou pa bon, se yon kriminèl ki ranje zafè-nou yon jan pou de pye-nou antrave. Se fouti yon mò li voye sou nou, men se fouti yon regleman pi natirèl pase sa, yon bagay tou senp, petèt menm se nou-menm ki lakòz zafè-nou pa bon. Ankèt ki fèt ak bon jan òganizasyon ka fè-nou konprann ki kote nou gad, si pou nou fè yon soti oswa si nou bezwen souke kò-nou.

Woulib

Nan woulib gen "**ou**" epi gen "wou": "**w**" ka ranplase "**ou**". Ak de fwa "**ou**", mo woulib-la se yon mo kap pran woulib sou son "**ou**" .

Lè nou te konn al lwe bisiklèt pou yon kadè, ak tout lari an pant-nou-yo, lè nou te rive anwo pant-la, pa te gen bagay ki te pi dous pase pran woulib. Pran woulib nan desann pant, nan desann mòn, nanpwen bagay chofè ayisyen renmen konsa. Lontan yo te di sa fè ekonomize gaz. Se jodi-a map tande yo di sa fè machin boule plis gaz lè ou relimen motè -a.

Pran woulib se retire lajan-nou, retire bennefis jefò-nou te fè pou monte pant-lan. Ou chita, ou pap pedale epi wap kannale desann. Ou chita, ou tenyen motè -a epi wap vanse kanmenm. Se sa pran woulib ye. Jefò nou te fè-a, envestisman gaz nou te fè pou monte pant-lan, koulyè-a nap jwi bennefis-li. Woulib se rezilta travay nou te fè pou rive anwo. Alekile nou mèt desann san fè jefò.

Men sa konn rive pou moun jwi san yo pa travay. Lè konsa yap pran woulib sou do lòt moun. Se sou sa pwovèb ap pale lè li di "bourik travay, chwal galonnen". Sa ki fè gen tout kalite woulib. Woulib pou nou pa swe, woulib pou nou fè moun swe nan plas nou. Gen bon woulib ak move woulib.

Men gen moun ki nan pozisyon pou pran woulib epi lòt ki pa fouti pran woulib. Se sa m tap panse lè m te wè jounal Monreyal ki tap pale sou yon konferans Prezidan "Clinton" te vin bay pou 200 mil dola. Nan kè-m mwen di ki prezidan ayisyen yo ta envite pale pou yo ta ba-li wotè kòb-sa-a. Men se menm bagay nou ta ka di pou asirans rekòt-yo bay abitan bò isit. Lakay-nou nanpwen sa. Menm bagay pou sekirite sosyal ki gen isit. Pa gen sa pabò lakay-nou.

Gen kote ou ka pran woulib, lòt kote ou pa ka pran woulib. Kote tou ou pa ta sipoze pran woulib. Pase se pa pou griyen dan yon lòt pwovèb di "depi nan Ginen nèg ak twonpe nèg". Menm kote yon bagay pa ta sipoze fèt gen moun ki resi fè-li, depi touttan, pa nan Ginen sèlman: toupatou.

Se pou sa Ayisyen, kit li prezidan, kit li abitan lavil oswa laplenn, pa ta sipoze pran woulib sou do Ayisyen konpayèl-li men ... depi nan Ginen, nèg ap pran woulib sou do nèg.

Si yo te ka fè ankèt, yo te ka fè de lis: youn ki bay mezi jefò chak moun fè, lòt-la ki bay mezi jwisans menm moun sa-a ap pran. Mezi envestisman li fè, se mezi lajan lap retire, se lè-sa-a nou ta konnen ki moun kap pran woulib sou do lòt moun.

Gen pran woulib, gen bay woulib, gen fè woulib. Pran woulib ka bon, li ka pa bon. Sa depann si woulib-la se rezilta jefò, envestisman ou te fè. Bay woulib bon pase se ede yon kanmarad pran yon ti souf. Fè woulib annega, se pi sèten li pa bon pase se sispann fè jefò. Si nou fè bilan, de kòlonn plis ak mwens nan mo woulib-la nou va wè de fwa li antrede bannbwode, pa fin klè, yon sèl fwa li bon. M ta fè konklizyon mini ankèt-sa-a: pito Ayisyen pa pran woulib. Pito anpil nan nou chache kijan yo ta ka bay kèk nan nou yon ti woulib.

FINISMAN

M te sou chemen aewopò, m ta pral pran avyon Pòtoprens pou tounen Kanada epi mwen wè yon pankat kote yo ekri: "Konmande sa w bèzwen kòlèk". M rete pantan. M te konprann fòk ou nan peyi rich, fòk ou gen odinatè pa-ou, kat kredi pa-ou, epi makèt ak bon jan òganizasyon pou konmande nan entènèt sa ou bèzwen. Enben, nan peyi san senk, moun ki san senk, gen dwa al nan sibèkafè, li rele fanmi-li nan Etazini, li konmande diri, pwa, tou sa li bèzwen epi yo livre tou sa li mande-a plop, plop.

Nèg "Transfè"-yo ki fè ankèt jwenn lide monte ekip ak òganizasyon ki bay rezilta-sa-a. Yo resi vire alanvè yon sistèm, fè moun ou pa ta kwè reyisi fè sa moun ou te konprann se pou yo sèl sa te ka fèt. Se chapo ba!

D/P (DÈNYE PAWÒL)

Men kote lide konferans sila-a soti. M tal Matinik nan mwa janvye 2002. Lè mwen tounen, nan mwa fevriye, yo mande-m fè yon konferans pou Mwa istwa moun nwa (*Mois de l'histoire des Noirs / Black History Month*). M deside bay konfèrans-mwen-an ak menm tit Doktè Jan Praysmas [*Dr. Jean Price-Mars]* te bay on konfèrans deja, *Survivances africaines dans le Nouveau-Monde* (Kisa Afrik kite pou nou nan Amerik-la).

Nan chache sa Afrik kite, nan lang, nan mizik, nan manje ... m tonbe sou akra ann Ayiti se menm ak *acarajè* nan Brezil. M chonje Matinik, Gwadloup ak Giyàn, sa yo rele akra plis sanble ak sa nou rele marinad ann Ayiti. Alekile m konmanse fè ankèt, mal wè tout zanmi afriken m genyen, m poze yo keksyon, m mande sè-m, m fouye nan tout liv kwizin m te trape ... Se konsa m jwenn yon bèl deklarasyon *Niniche Gaillard* te fè sou akra. Alafèn m wè yo ka rele akra tout kalite fritay ki pa sanble ak sa Afriken te kite pou nou. M menm tande koulyè-a yo fè akra ak berejèn!

Men sa w vle fè? Ou paka rete evolisyon. Si nou gade non akra-a si se pou tout kalite fritay, omwens sa montre-nou pa bliye Afrik-la. Pase si ou konn gou bouch-ou, fòk ou konnen gou mo ki nan bouch-ou tou.

Konferans ki te pwononse nan CENTRECH, 2 jen 2002

Repons: *Butch Harmon* pa fouti pa yon nèg kap viv nan Etazini. Estrateji moun nan Etazini se mete kanno sou ou, pa kite-w pran souf. Se estrateji gwo ponyèt, nèg ki santi yo djanm, yo plen kòb, plen zam, plen tout bagay. Yo kwè ya ka toufè-ou anvan ou di krik! Sa se zafè moun ki kwè yo pi veyatif pase tout moun.

Nan ka-nou, m kwè se pou nou kalkile byen. Fòs nou genyen, sa fè youn. Si nou korije fèblès-nou, sa ban-nou de fòs. Deja nou ka bat jwè ki anfas-nou-an. Li-menm li se youn. Nou-menm nou de. Anka li ta korije fèblès pa-li pou vin egal-ego, deade ak nou, nou annik al chache sipò deyò ki pi fò pase sa nou ta ka jwenn epi nap bat-li.

Keksyon: *Beaucoup de professionnels haïtiens fonctionnent très bien dans les gouvernements, les entreprises et les institutions à l'étranger. Une fois retournés en Haïti, ils abandonnent la méthode d'enquête classique pour se remettre à pratiquer l'ancienne méthode.*

KEKSYON AK REPONS APRE KONFERANS-LAN.

Mesyedam lasosyete,

Nou pral ekskize-m pase vwa-m pa bon. Men anvan m konmanse pale fòk mwen chante de ti chante.

Nou pa ta fè-m sa, wo!
Mezanmi wo! Nou pa ta fè-m sa! wo !
Ala m vin pou m pale, wo!
Nap poze m keksyon!

Vwala se te de moun ki tounen twa. M pap nonmen non-yo, ya rekonèt tèt-yo. Yon mwa anvan m fè konfèrans-sa-a, m voye tèks-la ba-yo. M te konprann lè mwen fin fè sa, m te mèt kè pòpòz. M ta ka pran woulib yon ti moman … Enben yon senmenn anvan jodi-a m bije rekonmanse fè ankèt pou mwen reponn keksyon twa mesye te koumanse poze-m. Nan kè-m mwen sonje Agawou di "Si Dye vle! ". Se mwen, se yo.

Keksyon: *L'absence d'enquête et le manque d'esprit d'équipe ne sont-ils pas étroitement liés au systèm eéducatif haïtien et que propose le conférencier pour provoquer de réels changements?*

Repons: Se klè nou gen pou chanje edikasyon nap bay ann Ayiti-a. Se pou nou soti nan pale franse (ki pa di lespri) pou rantre nan pale kreyòl (ki di lespri). Si ou pi pito m ta ka di: soti nan fè wè pou pase nan fè, kare bare. Kite edikasyon teyori pou edikasyon pratik. Se sa menm ki ta mande pou nou fè ankèt-la tou.

Keksyon : *N'existe-t-il pas en Haïti (dans les villes et les campagnes) une certaine forme d'organisation typique des pays du Tiers-Monde qui tend à préserver l'intérêt d'un groupe minoritaire? Ce même groupe ne privilégie-t-il pas la désinformation ou la rétention de l'information afin de maintenir le statu quo et de protéger ses intérets?*

Repons: Se klè. Men se pa nan peyi *Tiers-Monde* sèlman. Se toupatou. Sa pou nou chache konprann se kijan movèzfwa peyi *Premier Monde* makònen ak movèzfwa nan peyi *Tiers-Monde* pase youn konnekte ak lòt. Si nou fè ankèt na rekonnèt nan ki mezi movèzfwa zòt vle mete tout chay-la sou do-nou. Pase si nou ka wè aklè reskonsablite-nou epi sa zòt reskonsab, na ka konbat movèzfwa lakay-nou epi konbat movèzfwa zòt.

Keksyon : *Butch Harmon, l'entraîneur de Tiger Woods, pense qu'en s'attaquant aux faiblesses de l'individu on prévient les échecs, mais qu'en misant sur ses forces on le conduit vers l'excellence. Cette formule pourrait-elle valoir aussi pour les Haïtiens? Ne devrait-on pas essayer de mettre l'accent sur leurs forces pour les propulser vers un meilleur avenir?*

Faut-il incriminer l'environnement haïtien ou l'homme haïtien?

Repons: Toulede! Ni anviwonnman ni lòm. Men plis anviwonnman-an pase moun-yo. Pawòl la di: *Chassez le naturel, il revient au galop.* Ki kote natirèl-la tounen? Nan anviwonnman-an. Sa vle di pa gen natirèl san anviwonnman. Kouman ou ka fè pwason naje atè? Se pou sa fòk nou konmanse ak anviwonnman-an. Plis na chanje anviwonnman-an, pi plis na chanje natirèl-la.

Sèlman gen de bagay pou nou konsidere tou. Youn, sa pa vle di yon moun pa ka fonksyonnen nan yon lòt anviwonnman konsi li te natirèl oswa li fouti ka pa natirèl nan anviwonnman-ni san li pa pran konsyans. Epi de, sa nap rele anviwonnman-an, se pa sèlman lantouraj-nou, se sa ki nan tèt-nou tou, mantalite-nou, movèz edikasyon, malelve nou te aprann depi nou te piti yo pat fouti wete nan tèt-nou.

Keksyon: *Kwayans lafwa, ki nouriti relijyon, se yon fòs estwòdinè kap gouvènen limanite. Kwayans lafwa founi epi pawòl ki toujou bezwen fòs, yo repete sou repete-yo san fèn. Poutan kwayans lafwa pa chita sou ankèt. Èske fò-yo sispann repete-yo?*

Repons **:** Lafwa, se youn, ankèt se de. Men tou lafwa premye, ankèt, dezyèm. Sa ki vle di yon bò, se pa pou nou mele lafwa ak ankèt. Si m gen lafwa ki ka deplase mòn sa vle di mwen gen lafwa-a men se fòs Bondye ki deplase mòn-nan. Sa fè gen lafwa, sa mwen kwè, epi gen travay lafwa ka pèmèt fè. Se pou sa tou m di lafwa ki pa menm ak ankèt, li premye epi ankèt dezyèm. Menm si lafwa pa menm ak ankèt, fòk nou separe de bagay sa-yo, lafwa pase devan ankèt. Yon detektiv ki pa kwè nan sa lap fè, ki pa gen lafwa ni nan jan pou li fè ankèt, ni nan poukisa lap fè ankèt, li pap bay yon biznaw [anyen].

Men map tou pwofite kòzman-sa-a pou fè yon ti ànaliz. Si gen movèz fwa, fòk gen bon lafwa. Movèz fwa bay iyorans. Bon lafwa bay konnesans, li klere je nou, li bay limyè nan chimen-nou. M pap pale sèlman pou keksyon relijyon men pou tout bagay.

Nap pran de egzanp movèz fwa. Ann Ayiti yo di ou gen dwa pran pwen pou ou vin rich. Konsi menm lwa kap sove moun ap touye moun anmenmtan. Pito yo di moun ap pran pretèks vodou pou eksplwate moun. Sa ki vle di touye-yo. Kisa Blan ki tale ann Afrik te di? Yo te di yap eksplwate Afriken pou fè-yo konnen Jezikri. Konsi menm Jezikri ki tap sove-yo-a tap touye Afriken. Se sa m ta rele movèzfwa-a kifè nou pran nenpòt kalite pretèks pou fè zòt sa nou pa ta renmen yo fè nou.

Se pou sa m di, gen lafwa, ki ka bon, ki ka move. Lafwa ki bon-an ban-nou lacharite, sa nan relijyon vodou-an-nou rele charit. Movèz fwa fè-n fè tout kalite move zak. Swa se sa yo rele manje moun nan vodou oswa touye Afriken nan esklavaj. Lafwa ki bon-an ka fè

Bondye deplase mòn pou nou oswa li ki fè nou fè charit pou pòv. Li ban-nou konnesans sa ki bon. Movèz fwa ban-nou iyorans. Li fè nou pete tèt-nou. Kouman yon moun ta ka kwè li ka pran tout pou-li, li ka touye moun epi sove tèt-li. Nou tout konnen, si pou mwen sove se yon moun ki pou ede-m. Si se pa sa yon lòt ap rale-m tankou krab kap seye chape poukont-li nan bokit.

Gèdès Fleran

SE YON AYISYEN ÒTANTIK, YON ÒGANIS, YON PWOFESÈ MIZIK, YON SOSYOLÒG. Li te gen 16 anne sèlman lè li kòmanse sèvi kòm òganis nan Katedral Sent Trinite ann Ayiti. Jounen jodi-a Gèdès Fleran se yon jenn retrete 66 anne "Wellesley College" nan Masachisèt, Etazini, onnore kòm yon pwofesè emerit ki anseye nan kolèj-la diran 29 anne.

Pwofesè Fleran fèt ann Ayiti an 1939. Anplis sèvis òganis-la, ant 1955 ak 1964, li anseye mizik nan Lekòl Sent Trinite, istwa ak gewografi nan sizyèm ak senkyèm Kolèj Sen Pyè pandan lap etidye syans sosyal Lekòl Nòmal Siperyè.

Apre li diplome an 1964 li jwenn yon bous pou li ale pèfeksyonnen abilte

REFERANS-YO

Praysmas, Jan [Price-Mars, Jean], 1956. Survivance Africaines et dynamisme de la culture noire Outre-Atlantique. *Présence Africaine,* nos. 8-10: 272-280.

Viktò, Gari [Victor, Gary], 1996. *La piste des sortilèges.* Port-au-Prince: Édition Deschamps. [Nouvelle edition, Châteauneuf le-Rouge, France: Vents d'ailleurs, 2002].

òganis-li nan "New England Conservatory of Music", Boston, Masachisèt. Diran kat anne etid kolèj-yo epi apre rive 1971, li travay kòm òganis nan plizyè legliz Boston epitou li anseye mizik nan lekòl piblik "Brockton".

Diran menm tan-sa-a, Gèdès Fleran prepare yon "masters" an sosyoloji ak antwopoloji nan "Northeastern University", Boston, Masachisèt epi li vin asistan pwofesè sosyoloji ak etid Afro/Ameriken nan "Salem State College", Masachisèt. Li vin aktif nan konba pèp Nwa Ameriken pou fè rekonnèt dwa sivik-yo epitou li pat bliye konba pèp Ayisyen pou soti anba diktati makout.

An 1979 Pwofesè Fleran rantre nan yon pwogram doktora "Tufts University" (Mèdfòd, Masachisèt) pou mizik ak tradisyon afriken e karayibeyen. Li retounen ann Ayiti an 1982 apre 18 anne depi li te pati epi li kòmanse fè anpil rechèch sou mizik ak tradisyon Vodou nan rejyon Bòpo ak Lakayè.

An 1983, li inisye nan de kote-sa-yo pou li te ka konprann mizik ak tradisyon Vodou pi byen epi an 1987 li soutni tèz doktora-li sou "Mizik Yonvalou Rit Rada ann Ayiti". Alòske li te vin pwofesè titilè "Salem State College" depi 1976, li kite kolèj-la an 1979 pou li aksepte yon pòs pwofesè etnomizikoloji nan "Wellesley College".

Diran karyè-li, Pwofesè Fleran fè klas sou mizik ak tradisyon moun Nwa nan plizyè inivèsite Etazini, tèlke "Brandeis University" (1974-75), "Assumption College" (1976-77), "Brown University" (1991-92). Nan aktivite rechèch-li sou tradisyon moun Nwa, li vizite ann Afrik: Bennen, Kòtdivwa, Togo, Boukina Faso, Senegal, Ejip. Nan Karayib-la li ale Jamayik, Trinidad e Tobago, Bahamas, Pòtoriko ak Zile Vyèj-yo. Ann Amerik Sid li vizite Brezil ak Ajantin. Li resevwa envitasyon pou bay konferans plizyè kote nan Etazini ak ann Ewòp.

Pwofesè Fleran ekri epi pibliye anpil atik ak liv sou mizik ak tradisyon moun Nwa. *Dancing Spirits: Rhythms and Rituals of Haitian Vodun, the Rada Rite* (1996) se yon liv kote li rantre fon anpil nan rit Rada-a. An 1991, li patisipe avèk madanm-li, Floryèn Sentil, nan yon dokimantè sou Vodou yo rele "Haitian Pilgrimage" ki montre wout fanmi-sa-a fè pou li tounen nan rasin tradisyon-ni.

An 1997, Gèdès Fleran retounen Mibalè nan peyi madanm-li kote yo bati "Sant Tradisyonnèl Leocardie & Alexandre Kenscoff" avèk Lekòl elemantè Gawou Ginou pou ede devlopman sosyal e tradisyonnèl rejyon-an. Nan mwa jen 2005, lè li te pran retrèt-li nan "Wellesley College", li te deklare li "vle konsakre tout tan-ni nan travay sant-lan Mibalè epi kontinye rechèch aplike nan domenn edikasyon, tradisyon ak devlopman ann Ayiti." Sa pa anpeche li pran tan ekri esè-sa-a espesyalman pou MOZAYIK.

Mizik Vodou ann Ayiti

Anplis, Vodou regilarize rapò sèvitè-yo ak Bondye oswa Granmèt-la ki se kreyatè tout sa moun wè ak tout sa moun pa wè. Konnesans-sa-a, moun pa dwe betize ak li. Yo dwe sèvi avèk li pou byennèt imanite. Se sa ki fè yon chante lwa di:

Oungan pa manke
Annefè se bon ki ra-e
O Legwa-e
Si mwen te konnen
M ta mache ak drapo-mwen
Pou mwen salye oungan-mwen
Si mwen te konnen
M ta mache ak drapo-mwen

Pale sou mizik Vodou ann Ayiti se dabò rekonnèt Vodou se fonnman, rasin tradisyon ayisyen. Tradisyon vle di tout aspè nan lavi moun kap viv nan peyi-a: chante, danse, manje, relijyon, bon lizaj, jan nou pale, jan nou mache, travay latè, levasyon timoun, maryaj, veye lanmò anfen tout koutim peyi-a. Li enpòtan pou nou esplike nan tradisyon yon peyi gen tradisyon materyèl ki se tout bagay moun konstwi tankou kay ak zouti yo sèvi pou yo pwoteje tèt-yo epi amelyore jan yo viv.

Epitou gen tradisyon entelektyèl ki enkli filozofi, fason panse, literati, pwezi, bèlte (penti, mizik, eskilti, elatriye) ak tradisyon emosyonnèl e tradisyon espirityèl. Mizik enpòtan anpil, li fè pati tradisyon entelektyèl ak emosyonnèl Ayiti epi li plotonnen nan tout lòt tradisyon-yo tou. Men, anvan nou vanse pi fon nan keksyon mizik-la, annou gade sa Vodou ye, paske nou deja di Vodou se fonnman, rasin tradisyon nan lavi ayisyen.

Vodou se yon filozofi ki sòti ann Afrik ak zansèt-nou-yo Blan ewopeyen te kidnape, mennen vin travay kòm esklav nan Karayib ak Amerik-la. Depi Afriken-yo rive nan koloni Sendomeng-nan an 1502, moun save ki konn ekri tanmen mete sou papye sa yo te konprann ki te koutim zansèt-nou-yo. Natirèlman, moun-sa-yo prezante kwayans zansèt-yo dapre jan yo te kwè li ye. Sa eksplike anpil move enfòmasyon kap sikile sou Vodou depi 500 anne. Sepandan Ayisyen natifnatal ki sèvi Vodou konprann-ni yon jan trè diferan. Kifè, li enpòtan pou nou prezante toulède pwennvi-sa-yo: sètadi pwennvi save, jounalis ak chèchè-yo ki pa nan Vodou ak pwennvi savan, chèchè ak sèvitè Vodou.

Pami jounalis ak chèchè ki ekri sou Vodou, gen twa kategori:

1. Sa-yo ki pa fè twòp efò pou konprann keksyon-an epi ki kouri ekri kèk atik ak detwa liv byen vit. Nou rele-yo "bosal" daprè yon konsèp ki nan Vodou-a menm pou idantifye moun ki wòwòt.
2. Sa-yo ki pran tan chèche konnen, pale ak anpil moun, rete nan peyi-a plizyè anne. Nou rele yo "kanzo", pou idantifye moun ki inisye nan Vodou.
3. Savan ki rantre pi fon ankò nan keksyon-an. Nou rele-yo "pridèzye" paske yo vin oungan/manbo (Dunham 1947, Clark 1983, Fleurant 1987).

Daprè bosal-yo, Vodou se sipèstisyon. Yon vye kwayans ki fè moun mal. Yo menm di move kondisyon Ayiti se granmèsi Vodou. Natirèlman, gen anpil aksyon dwòl epi menm kriminèl ki fèt ann Ayiti yo mete sou do Vodou. Men pou kanzo ak pridèzye-yo, Vodou se yon lòt bagay. Annefè, pou sèvitè-yo, "moun ki sèvi Lwa" (se konsa vrè vodouyizan rele tèt-yo), Vodou se yon sistèm konnesans inivèsel, yon fason ki pèmèt konprann tout sa ki sou latè benni, nan lespas oswa nan tout inivè-a.

Pou mwen salye oungan-mwen-la
Annefè se bon ki ra-e
O Legwa-e.

Chante sa-a yo se chantrèl nan seremonni boule zen ak kanzo ki chante-yo lè yap resevwa oungan oswa manbo pou fè-yo sonje Vodou se yon relijyon imanitè. Li fèt pou sèvi an byen. Sa-yo ki fè move chimen va regle zafè-yo ak Legwa/Legba, youn lan gwo Lwa Ginen-yo.

Vodou, antanke relijyon tradisyonnèl Ayisyen-yo, gen orijin-ni pami moun Fon ak Yowouba-yo, de gwoup etnik nan wayòm Dawome ann Afrik Oksidantal. Wayòm Dawome-a te yon gwo domèn ki kouvri jounen jodi-a peyi Gana, Togo, Bennen, ak yon bon pati Nijerya. Nan langaj Fon ak Yowouba-yo Vodou vle di espri, fòs, pouvwa makonnen ak kout tanbou. Kidonk, pa gen Vodou san tanbou, pa gen tanbou san danse, pa gen danse san chante, paske twa aktivite-sa-yo se nanm Afrik-la, vodouyizan ayisyen rele Afrik "Ginen". Si mo "Vodou"-a sòti lan langaj Fon ak Yowouba-yo, antanke pratik tradisyonnèl, Vodou enkli koutim anpil lòt gwoup etnik kòm Ibo, Banmbara, Moudong, Kongo, Wangòl.

Sèvitè-yo rele gwoup etnik-sa-yo "nansyon", epi yo di te gen 21 nansyon nan Vodou men yo miltipliye-yo rive 101 nansyon. Mo "Lwa" sèvitè-yo anplwaye se yon mo ki nan langaj Kongo vle di espri. Se pou sa lè yap nonmen yo-menm, yo di yo se "sèvitè Lwa". Malgre pratik tradisyonnèl-yo sanble nou dwe rekonnèt chak nansyon-sa-yo sèvi espri-yo pwòp fason pa-li. Fason ou sèvi yon espri se yon "rit". Kidonk andedan Vodou-an gen rit Rada, Nago, Siniga, Ibo, Kongo, Wangòl, elatriye. Men, sèvitè-yo pou rezon pratik separe rit-yo an de gwoup:

1. Rit Rada ki reprezante tout Lwa wayòm Dawome-yo epi
2. Rit Kongo ak Petwo ki sòti nan rejyon Kongo ak Angola avèk tout lòt Lwa-yo ki manifeste ann Ayiti.

Epitou, Vodou non sèlman se yon relijyon imanitè ki vle ou sèvi anbyen avèk li, li rekonnèt yon sèl Gran Espri Transandan pèp Fon rele Mawou e Lisa, pèp Yowouba-yo rele Olowoum epi pèp Ayisyen rele Bondye oswa Granmèt. Sèvitè Vodou di-ou se yon sèl solèy ki genyen. Se li ki klere tout moun kit ou se Katolik, Pwotestan oswa Vodouyizan. Donk, kontrèman ak sa kèk moun panse, Vodou se yon relijyon **monoteyis,** ki rekonnèt yon sèl Bondye menm jan ak Jwif, Kretyen oswa Mizilman.

Sèvitè-yo di tou, apre li fin kreye lemonn, Bondye retounen trè lwen nan syèl-la, epi li kite Lwa-yo kòm entèmedyè pou ede kretyen vivan jere latè benni. Chak Lwa gen domèn pa-li. Gen divès Lwa ki gouvènen lanmè, lesyèl, loraj, zèklè, van ak lapli, pyebwa, forè, montay, dlò sale, dlò dous, aksyon defans ak lagè, plante jaden, vwayaje sou granchimen, travay nan fòj, santiman lanmou, reyalite lavi, lanmò, pwoteksyon timoun, jesyon tanbou, ason, ogan tout enstriman mizik Vodou-yo.

Si nou di Vodou se fonnman tradisyon Ayisyen-yo, mizik Vodou se baz mizik ayisyen, kit se mizik folklorik tankou twoubadou, karabiyen, piyenp, banboulin oswa mizik popilè kòm mereng ak konpa dirèk. Nou pa gen ni plas ni tan pou nou pale sou tout mizik-sa -yo, kidonk nap tanmen sou mizik Vodou -a kòm se li ki sijè pawòl-nou kounye-a.

ENSTRIMAN MIZIK VODOU

Gen twa enstriman mizik esansyèl nan Vodou. Se klòch, tchatcha, ak tanbou.

Klòch-la nan langaj Fon rele *ogan.* Se li ki bay degenn kadans mizik-la, sètadi si li dwe ale vit oswa lanteman. Nan tan lontan, lè te gen anpil fòjwon ogan-an te yon klòch ki te fèt an metal fè. Li te gen de bouch, youn long, youn kout epi yo te frape sou li ak yon ti bagèt an bwa. Konsa li te bay yon son trè pike. Kèlkeswa enstriman-yo kap jwe, lè yon moun ap chante, fò ou tande-l klèman. Bouch long-nan bay yon son ki pi ba, bouch kout la bay yon son ki pi wo. Konsa ogan-an bay bèl varyasyon lè yo frape de bouch sa-yo alevini. Moun ki jwe ogan-an rele *ogantye.* Jounen jodi-a, kòm fojwon vin ra, yo anplwaye nenpòt moso fè yo bat ak yon lòt ti bout fè fen, oswa menm yon ogantye ka fè yon boutèy sonnen ak yon ti bagèt an bwa.

Tchatcha-a nan langaj Fon rele *ason***.** Li fèt ak yon ti kalbas vid ki gen yon manch long kote yo tache yon ti klòch. Li vlope ak yon kolye an grenn pòslèn divès koulè ki gen kèk zo koulèv entèkale ant grenn-yo. Lè yo sekwe-l li bay yon son "tchatcha/klòch" ki kontrebalanse kadans ogan-an. Ason-an, non sèlman se yon enstriman mizik, li se yon objè sakre oungan ak manbo itilize pou rele Lwa-yo lè yap fè seremonni Vodou. Se de moun ki gen dwa manyen ason-an: *oungenikon-an* kap voye chante-yo lè yap fè sèvis lwa-a epi oungan ak manbo-yo kap kondwi seremonni-an.

Tanbou-yo vin nan yon gwoup twa ki nan langaj Fon rele *oun, ountò, ountòki***.** Oun-lan se pi gwo-a yo rele-l an kreyòl "manman tanbou". Ountò-a pi piti. An Kreyòl yo rele-l "segon" oswa "mwayen". Ountòki-a pi piti toujou. Yo rele-l "boula", "bebe" oswa "pitit" an kreyòl. Moun ki bat manman tanbou-a rele "ountò" ni nan langaj Fon ni an kreyòl. Moun ki bat segon-an rele *ountò* an Fon men "segondye" an kreyòl. Moun ki bat boula-a rele *ountòki* an Fon e "boulaye" an kreyòl. Pi souvan, tanbou-yo akonpaye avèk yon ti tanbourin yo rele "bas".

Tanbou, ogan ak ason gen anpil sekrè mistik ladan-yo. Yo konstitye sa Milo Rigo (1953) rele yon "adisyon teyolojik", sètadi youn konplete lòt nan yon mannyè ki gen pwofondè. Chante-sa-a yo chante lè yap fè seremonni boule zen, resevwa moun "kanzo" vle di:

Manman tanbou-a rele se lidè
Ojouala pawòl-la lan kè-mwen
Ason lanmen oungan
Zanmi gate.

Se alèd enstriman-sa-yo sèvitè rele Lwa paske nan Vodou li natirèl pou espri mànifèste sou moun. Lè yon moun pral gen Lwa nan tèt-li, gwobonanj-li blije deplase bay Lwa-a plas men kèlkefwa moun-nan konn gen kèk ti rezistans. Ebyen, se manman tanbou-a ki regle konfli-a. Ountò-a kase tanbou-a sèk, sètadi li chanje kadans mizik-la yon fason bris ki choke moun Lwa-a vle monte. Bonnanj-li pati touswit epi Lwa-a rantre nòmalman. Manman tanbou-a, sèvitè-yo di, gen anpil fòs mistik, paske jan li jwe-a se tankou si lap pale, dyaloge ak lòt enstriman-yo. Vwa bas-li-a kòmande lòt enstriman-yo ki reponn-ni nòmalman, paske enstriman-yo kowopere youn ak lòt, mete tèt-yo ansanm pou fè seremonni -an pase byen. Youn pa pè lòt paske chak enstriman gwonde nan kan-ni anmenmtan yap dyaloge ant yo. Se yon bèl egzanp kowoperasyon Ayisyen ta ka anplwaye pou aprann jere peyi nou-an. Kreyòl pale, kreyòl konprann, Ayibobo!

Annou vanse.

Twa tanbou-yo fèt ak trons bwa fouye nan mitan. Yo kouvri-yo ak po bèf si se pou rit Rada, po kabrit si se pou rit Kongo ak Petwo. Pou tanbou Rada, yo sèvi ak bwa di tankou gayak oswa kajou. Pou tanbou Kongo ak Petwo, yo anplwaye bwa ki pi mou epi ki pi leje tankou pichpen. Manman tanbou-a jeneralman mezire 38 pous wotè anviwon, 11 pous dyamèt bò tèt li ak 7 pous dyamèt nan pye-li. Segon-an gen 25 pous wotè, 8 ½ dyamèt anwo ak 7 pous dyamèt anba. Boula-a mezire anviwon 24 pous wotè, 8 pous dyamèt anwo ak 6 ½ dyamèt anba. Po bèf ki kouvri tanbou Rada-yo gen ant 6 ak 7 pikèt yo fonse toutotou tèt tanbou-a pou tache-li. Po kabrit ki kouvri tanbou Kongo ak Petwo-yo tache avèk kòd alantou tèt tanbou-a ki mare alevini anwo anba avèk kòd alantou pye tanbou-a.

Tanbou Rada-yo bat ak bagèt. Kifè yo bat boula-a ak de ti bagèt fen ki bay yon son pike. Yo bat segon-an ak yon bagèt dwat epi youn anfòm demisèk ki gen yon ti kòd mare nan de pwent-li. Li bay yon son woule yon jan foule. Yo bat manman-an ak yon pi gwo bagèt anfòm mato yo kenbe nan yon men alòske lòt men-an chita sou tanbou-a ki tanto bay yon son bas tanto yon vwonbisman ki kadre avèk son lòt enstriman-yo selon kadans mizik-la. Ountò-a frape mato-a kit sou po tanbou-a kit sou rebò tèt-li sitou lè lap kase.

Tanbou Kongo ak petwo-yo pi souvan fòme yon gwoup 2 tanbou. Pi gwo-a rele "gwo baka" epi dezyèm-nan rele "ti baka". Yo bat-yo ak men. Lè yo anplwaye yon twazyèm pi piti yo rele-li "katabou". Yo bat-li ak de ti bagèt fen.

Nan tan lontan atis te konn fè bèl òneman ki te reprezante senbòl Lwa-yo sou tout kò tanbou-yo, men depi epòk 1915 lè pèsekisyon Vodou pran yon lòt vitès, paske yo te konn kraze brize tanbou ak lòt objè sakre nan peristil adwat agòch, yo te vin fè tanbou-yo pi senp, men yo te toujou sonnen byen.

Alèkile, annou gade wòl mizisyen nan mizik Vodou.

Mizisyen Vodou-yo

Nan sèvis Vodou tout moun patisipe nan chante ak danse, men enstriman-yo rezève sèlman pou espesyalis ki aprann metye-yo byen depi yo timoun piti. Yon moun ki vle aprann jwe mizik vodou kòmanse jwe ogan dabò. Lè li fin bon ladann, li pase sou boula epi apre sou segon. Anfen apre plizyè anne li ka pase sou manman tanbou -a. Moun aprann jwe mizik nan seremonni, paske nan Vodou mizisyen pa fè repetisyon. Se sa yo rele tradisyon oral. Ou gade, ou tande, ou konprann epi ou seye fè tou. Pi souvan nan seremonni, moun-yo trè charitab. Yo ankouraje yon timoun ki gen talan epi ki vle aprann. Yap ba-li fè de kou epi lè li rive sou ountò yo soutni-li, montre-li kijan pou li fè byen.

Se konsa nan Bòpo, rejyon laplenn Kildesak, mwen te rankontre yon gran ountò yo te rele Filoklès Wozenbè, ki te gen ti non Kòyòt. Lè li mouri an 1989 li te gen 72 anne men li tap jwe tanbou Vodou depi li te gen 7 anne. Papa-li te yon gran ountò tou. Kòm Kòyòt te yon timoun tou kout, papa-li te kite-l monte sou yon ti bankèt pou li te rive bat manman tanbou-a. Se konsa li aprann bat tanbou epi se konsa tou anpil moun aprann bat tanbou pou yo vin ountò.

Yon moun vin oungennikon menm jan. Li kòmanse aprann tout chante-yo depi li tikatkat epi si li gen yon bon memwa la vin oungennikon, sètadi moun ki voye chante nan seremonni daprè regleman sèvis Vodou. Ountò ak oungennikon se de mizisyen ki endispansab lan sèvis Vodou, men yon oungennikon pa blije gen bèl vwa, li sèlman bezwen yon bon memwa ak disiplin nan zafè Lwa-yo.

Oungan ak manbo se mizisyen tou, men yo pa bat tanbou nan seremonni Vodou, paske yo okipe anpil nan lòt mouvman pandan sèvis-la. Sepandan, oungan ak manbo dwe kapab jwe wòl oungennikon. Kòm sèvis-yo konn long anpil, yo toujou bezwen plizyè moun pou kondi chante-yo. Donk, oungan ak manbo fè tout bagay nan seremonni Vodou tankou chante, danse, trenke ason (lè de oungan ap salye youn lòt), jete dlo, resevwa sali drapo, men yo pa bat tanbou.

Pami lòt moun ki jwe yon wòl enpòtan nan seremonni Vodou an relasyon avèk mizik, se "ounsi kanzo" ak "laplas ginen-yo". Yon laplas Ginen toujou gen de "ounsi pòtdrapo" eskòte-li. Laplas-la pote yon epe sou zepòl-li lè lap salye oungan ak manbo. Li konn chante li konn danse epi li an liy pou li vin oungan. Ounsi kanzo-a, se yon chantè e dansè premye klas, **san li pa gen oungan**. Men sa yon chante di apwopo:

Vèvè-l-o, se ounsi ki fè oungan, vèvè-l-o
Oungan tonbe ounsi yo va leve-l
Vèvè-l-o, se ounsi ki fè oungan, vèvè-l-o.

Donk laplas ginen, ounsi kanzo, oungennikon, ountò, oungan ak manbo jwe wòl enpòtan nan mizik Vodou. Nou wè kouman moun sa-yo sipòte youn lòt paske seremonni-an pap reyisi san yo pa kowopere ansanm. Ankò yon bèl egzanp mete tèt ansanm!

Annou gade alèkile estrikti mizik Vodou. Nap konsidere mizik Rada dabò, epi na voye yon koutje sou mizik Kongo ak Petwo apre.

Estrikti mizik Vodou

Mizik Vodou baze sou menm estrikti ak mizik Afrik oksidantal. Daprè rechèch etnomizikològ (moun ki etidye rapò mizik ak tradisyon) fè, eleman mizik afriken konstitye avèk pwen-sa-yo:

1. **Kadans** 2 kont 3, 3 kont 4, sètadi yon moun gen dwa ap jwe 1-2, yon lòt ap fè 1-2-3, youn ap fè 1-2-3 yon lòt ap bay 1-2-3-4. Donk konfli de tan sa ki rele kadans antrekwaze, se yon aspè fondalnatal mizik afriken nou jwenn nan mizik Vodou.
2. **Antifoni**, se yon fòm apèl ak repons nan fraz mizikal-yo. Tout son gen yon kontreson, okèn son pas rete san repons. Konsa mizik-la se yon dyalòg pèpetyèl.
3. **Aksan melodik** tonbe yon jan ki fè mòso-a vin bwòdè. Se lè mizik-la mache ak yon seri kase.
4. **Elizyon** se lè yo sote yon son, yo pa jwe touswit, men yo al jwe-li pi devan.
5. **Mizik-la toujou mache ak dans** paske danse se yon eleman fondalnatal nan tradisyon afriken epi fò-ou di tou depi tanbou-a frape rezonnans-li mache nan san-ou.
6. **Melodi chante-yo pa janm konplike.** Konsa tout moun ka chante-yo. Ann Afrik kòm ann Ayiti, patisipasyon se yon aspè fondalnatal nan jan moun-yo sèvi nan sosyete-a epi mizik-la estriktire yon fason pou tout moun tonbe nan won.

Lè wap tande mizik Vodou nan peyi Dawome (Gana, Togo, Bennen, Nijerya) se tankou wap tande mizik Vodou kap bat lan mòn peyi Ayiti. Mizik-sa-yo bèl, yo bèl, yo bèl anpil!

Alèkile, nou kapab rantre nan plis detay sou mizik Vodou ann Ayiti.

MIZIK VODOU: KOUT TANBOU AK CHANTE LWA

Mizik Vodou pati dapre rit seremonni kap fèt-la. Tout sèvis Vodou, kèlkeswa rit lap fèt-la, kit se Rada, Kongo oswa Petwo, toujou salye mistè Rada-yo dabò pou kòmanse epi pami mistè Rada-yo se Legba yo salye an premye. Donk, annou pale dabò sou mizik rit Rada.

Mizik rit Rada gen kout tanbou yanvalou, twarigòl, mayi, zepòl, Nagogrankou, Nagocho, Kongo/Rada, dyouba/matinik, Ibo, banda/mazoun. Yanvalou rele avalou ki mo egzat-la nan lang Fon, dapre Dominik Fadewo (2001). Nan Granboukan, yon seksyon kominal Mibalè lan Platosantral, yo jwe avalou pou tout Lwa Rada-yo epi pa sèlman pou Danbala, Ayidawèdo ak Agwetaroyo kòm anpil chèchè te kwè pandan lontan.

Lè yap salye Lwa Marasa Dosou Dosa, twarigòl ranplase yanvalou. Yo jwe-li tou pou Agawou Tonnè. Gen moun ki rele kout tanbou-sa-a "parigòl", men daprè Kòyòt ak tout lòt moun rejyon Bòpo se "twarigòl" ki bon non kout tanbou-sa-a. Annefè, lè ou gade Marasa-yo, gen "Marasade", gen "Marasatwa", sètadi Marasa Dosou Dosa, epi kout tanbou twarigòl-la gen yon seri de twa kou "panm panpanm" pou senbolize Marasa-yo. Mouvman zepòl-la yo rele "yanvalou debout" oswa "Vodou", se menm kout tanbou ak Nagocho.

Gen de katagori yanvalo. Youn se "yanvalou doba" yo danse jenou plwaye do ba. Lòt-la se "yanvalou debout" yo danse kanpe dwèt avèk anpil mouvman zepòl. Se pou sa yo rele-l zepòl oswa yanvalou debout. Lè yap resevwa yon Lwa Rada, yo jwe (chante/danse) plizyè won yanvalou doba pou kòmanse. Apre sa yo jwe youn oswa de won mayi osnon zepòl. Se pou sa mwen di yanvalou, mayi ak zepòl fòme yon triloji m rele "triloji yanvalou", paske twa mizik-sa-yo mache ansanm, ou pa jwenn youn san lòt.

Lè yap salye yon Lwa Nago, yo kòmanse avèk plizyè won "nagogrankou" ki danse jenou pliye yon tikras avèk bèl gran pa militè, answit yo pase nan kèk won Nagocho yo danse menm jan ak yanvalou debout, pou yo tèminen ak yon won banda/mazoun yo danse ak fòs gouyad. Nagogrankou, Nagocho ak banda/mazoun fòme yon sekans mwen rele "sekans Nago mazoun" paske youn swiv lòt epi yo mache ansanm swivan règleman Sèvis Nago.

Men lis Lwa Rada-yo nan lòd yo resevwa-yo dapre règleman sèvis Vodou: Atibon Legba, Loko Atisou, Ayizan A-Velekete, Marasa Dosou Dosa, Danbala/ Ayidawèdo, Sobo e Badè, Agasou Jèmen, Agwetaroyo, Bosou Kanblanmen, Agawou Tonnè, Azaka Mede, Belekou Yenou, Mètrès Ezuli Freda, Sen Jak Majè, Ogoun Feray, Osanyen Megi Melò, Ogoun Badagri, Ibolele, Gede, Bawon Samdi.

Lè sèvis-la ap fèt sou rit Kongo/Petwo, men lis Lwa-yo: Legba Kalfou, Simbi Andezo, Granbwa Ile, Bawon Lakwa, Marinèt Bwasèch, Èzili Dantò, Tijan Dantò, Limba Zawo, Zandò, Kongo Savann, Bawon Samdi.

Lwa tankou Simbi, Ogoun, Èzili, Bosou sèvi nan toude rit-yo. Se Lwa ki andezo, sètadi nan de fòs, de ennèji, paske Vodou vle di tou ennèji kap vibre nan linivè. Vodou se yon konnesans inivèsèl, yon metòd, yon mwayen Afriken dekouvri pou konprann tout sa ki egziste menm si moun pa wè-yo. Mizik ak kout tanbou se vibrasyon, se sa ki fè yo di Vodou se lespri-yo ki manifeste sou moun alèd kout tanbou.

Kout tanbou mizik rit Kongo/Petwo yo rele "kita", yo divize an kita sèch ak kita mouye, boumba ak Kongo sosyete ou jwenn nan fen sèvis kote yap resevwa gad -la, sètadi regleman sosyete sekrè Sanpwèl ak Bizango. Wòl prensipal sosyete sekrè se pwoteje tout moun nan kanton-an, pwoteje kominote-a. Yo te jwe yon wòl primòdyal nan lagè endepandans peyi Ayiti. Chak fwa yon seremonni Vodou tap fèt, moun-yo te renouvle idantite-yo antanke Ayisyen/ Afriken ki pat janm aksepte koube tèt devan Blan menm si yo te genyen pi gwo zam.

Se sa ki fè chante Vodou-yo gen anpil gwo mesaj ladan-yo, yo gen gwo pwen sèl moun ki inisye konprann pi souvan. Pwen-sa-yo, ou jwenn-yo nan pawòl chante-yo ak nan kout tanbou-yo tou, paske tanbou-yo pale lang lespri-yo. Kout tanbou Kongo/Petwo-yo pati rapid, yo mete dife nan pye dansè-yo ki fè anpil fent ak pye-yo. Mizik Kongo/Petwo fèt pou deplasman rapid paske Lwa-sa-yo pa manje anyen ki frèt.

Seremonni Vodou gen anpil chante, danse, pale anpil epi li parèt tankou li an dezòd. Sepandan, se yon aktivite ki òdonne anpil. Moun-yo konn sa yap fè. Mizik-la jwe yon wòl estratejik nan dewoulman sèvis-la. Se ak chante danse yo ànonse sa kap fèt nan chak moman. Kifè si ougan-an oswa manbo-a bezwen yon kolye vèvè, oungennikon-an voye chante-sa-a.

Aleksina, wa rantre lan ounfò-a
Wa wè yon kolye vèvè
Wa prann pote-l ban-mwen
Aleksina, ankò mwen malere
Aleksina, wa rantre lan ounfò-a
Wa wè yon kolye vèvè
Wa prann pote-l ban-mwen.

Donk, gen chante ak kout tanbou pou preske tout bagay. Gen chante pou espri-yo, Lwa-yo, pou moun tankou oungan/ manbo, ounsi kanzo, oungennikon, ountò, laplas Ginen epi pou objè sakre tèlke ason, epe/manchèt, ogoun, tanbou, govi, kolye, mouchwa, bouji, dlo, pafen santibon, drapo, farin ak pou senbòl kòm vèvè yo rele seremonni tou.

Finalman, nan mitan seremonni-an, Rada oswa Kongo/Petwo, yo konn voye kèk kout tanbou Kongo siye, yon kadans ki elegan anpil, paske apre plizyè won triloji yanvalou-a, sekans Nago/mazoun-nan, kita ak boumba, moun fatige epi yo bezwen poze kò-yo. Donk, yo voye yon Kongo siye ki bat sou tanbou sèlman san chante. Mizik sa-a pa janm dire lontan, sa ki gen kouraj danse danse oswa tout moun pouse yon gwo kri soulajman "weee".

Apre sa, sèvis-la kontinye ak yanvalou epi kout tanbou pou Lwa dapre regleman kote seremonni-an te rive. Seremonni Vodou se yon aktivite ki konn dire anpil. Gen sèvis ki dire twa jou, genyen ki dire tout yon semenm, menm yon mwa epi menm kat mwa. Lè sa-a, tout moun sou regleman epi yo pa preske dòmi. Si pat gen mizik, yo pa ta kapab kenbe.

KONKLIZYON

Nou sòt fè yon rale sou mizik, kout tanbou/chante/danse, ki baz Vodou epi Vodou se tradisyon fondalnatal Ayisyen -yo. Se sou Afrik Ginen-an tout sosyete ayisyen-an kanpe malgre kèk pati nan tradisyon ewopeyen ak Awarak/Taino epitou Karayib ki tap viv sou latè Ayiti avan Blan te rive, rantre ladann. Se konsa, anpil kote tankou Jakmèl ak Platosantral, ou gen dwa tande vyolon ak akòdyon nan seremonni Vodou. Mizik tèlke kontredans karabiyen konn fè tout yon lajounen ap jwe nan kòmansman yon seremonni Vodou. Depi kèk tan, ou ka tande twonpèt sonnen nan sèvis Lwa kap fèt sou rit Kongo/Petwo nan Bòpo, akòz enfliyans mizik rasin ki fleri ann Ayiti depi anne 1980-yo.

Donk, yon kote mizik Vodou-a evolye, men yon lòt li kanpe dyam, paske depi Afriken mete pye sou latè Ayiti, mizik sakre-yo, kout tanbou-yo pa chanje. Moun-yo pase eritaj sa-a bay pitit-yo jenerasyon apre jenerasyon. Vodou se yon sous entegral nan lavi tout moun kap viv ann Ayiti. Nou dwe apresye-l kèlkeswa relijyon nou ka chwazi kounye-a. Vodou ak tout mizik-li se fonnman tradisyon Ayisyen-yo. Tanbou-a se kòd lonbrit pèp ayisyen.

Papa Legba Makout-la lan do-ou

Pawòl anplis

Men senk chante yo ka chante nan kòmansman yon sèvis Lwa, keseswa sou règleman Rada oswa règleman Kongo/Petwo. Chante-sa-yo montre kijan Lwa-yo mache, pale, konpòte-yo, bay mesaj epi kominike ak sèvitè-yo. Anplis, chante Vodou-sa-yo devwale wòl ak fonksyon Lwa-yo ranpli nan lòd inivèsèl-la.

Jan/83
Tape III No.7
A
Pa - pa Leg - ba ma - kout la lan do - ou Se oun mem ki lan ba -
A'
ye ya Ou - vri chi - men yan pou mwen Pa - pa Leg - ba ma - kout la lan do - ou
B
Se oun mem mwen Pa - pa Leg -
ba i no san na - yv - o A - ti bon Leg - ba i - no - san na - yv - o
C
A Leg - ba si ya A Leg - ba sè nou pra - le yè we

Legba Atibon parèt sou fòm yon vye tonton ak yon makout lan do-li. Wòl-li se louvri baryè kòm entèmedyè ant Bondye Lwa-yo ak kretyen vivan. Li se youn lan gwo Lwa-yo epi se li yo salye anvan tout lòt Lwa lan yon Sèvis Vodou. Donk, chante sa-a eksprime enpòtans fondalnatal Legba Atibon.

Papa Loko Nou La

Jan/83
Tape I No.3
Yanvalou
Pa - pa Lo - ko nou la a - go - e Pa - pa Lo -
ko nou la a - go - e Pa - pa Lo - ko nou la
Pa - pa Lo - ko nou len - si - fre Ba ta - la oun - gan mwen
Pa - pa Lo - ko nou la Bon - dye va ga - de yo

Loko Atisou se mèt ason tout oungan ak tout manbo, se li ki mèt seremonni lan tout Sèvis Vodou, li mete lòd lan dezòd. Pou li fè travay-sa-a, tèt Loko oblije sou zepòl-li. Prezans-li enpòtan epi malgre Loko se yon gwo oungan, chante-a di Bondye se sèl Granmèt epi lavi tout kretyen vivan lan men-ni.

Ayizan A-Velekete se gadyen tout mache piblik kote moun ap fè tranzaksyon epi, kòm tout lòt gwo Lwa -yo, li renmen lajistis, li pa vle wè abi otorite. Se youn lan karakteristik-li chante-sa-a montre. Lè yon moun gen yon plent pou lal pote kont yon lòt, se manbo Ayizan li pote-l bay.

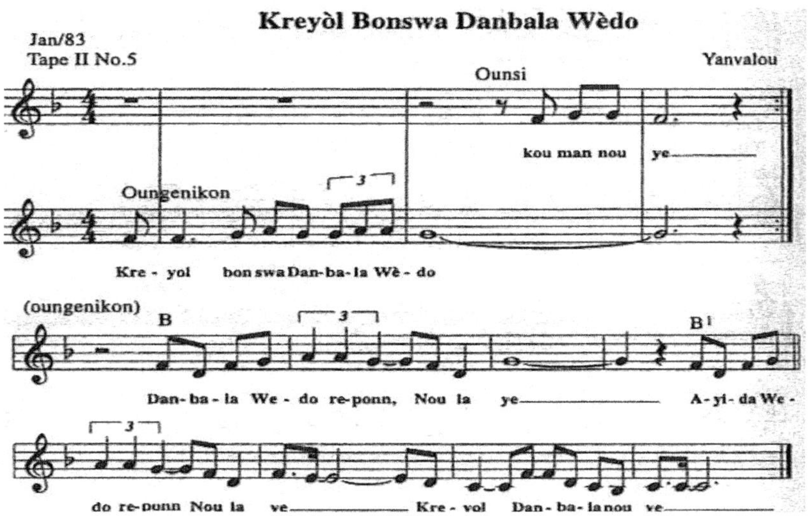

Danbala ak Ayida Wèdo se zansèt tout moun sou latè benni, se yon lwa ki ansyen epi ki gen anpil sajès. Li senbolize fètilite, sètadi li ede gason ak fanm fè pitit pou ras kretyen vivan pa disparèt. Lan Vodou, Danbala ak Ayida Wèdo se potomitan relijyon-an, sou fòm 2 sèpan ki plotonnen anwon ak tèt-yo ap vale ke-yo. Yo reprezante esans lavi-a menm. Chante sa-a mete aksan sou inite ak kontinyite ant Lwa-yo ak moun-yo.

Genyen Je-o Marasa Layo

Jan/83
Tape II No.3
Twa Rigol

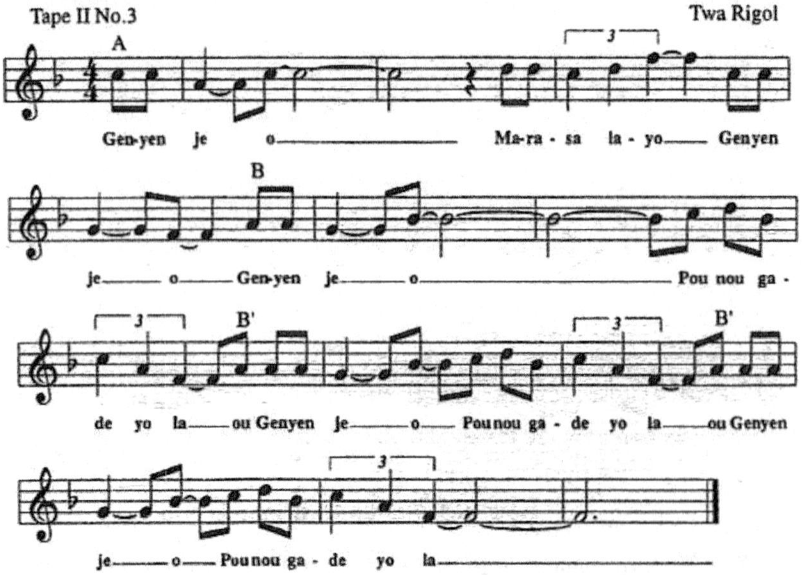

Marasa Dosou Dosa

Jan/83
Tape II No.4
Yanvalou

Marasa Dosou Dosa se Lwa ki wè lwen, yo genyen je, sètadi yo wè sa ki fèt deja epi sa ki poko fèt. Marasa-yo la, yape gade sa kap fèt, yo pran nòt, yo pa bliye. Yo jwe yon wòl enpòtan lan inisyasyon oungan ak manbo atandan yo devlope abilte divino.

Toulesenk chante-sa-yo montre relasyon ki egziste ant Bondye, Lwa-yo ak kretyen vivan-yo. Chante-sa-yo chante ak kout tanbou yanvalou, yon mizik ki dapre konstitisyon-ni ak estrikti-li, favorize dyalòg ak kominikasyon ant tanbou-yo, chantè-yo epi dansè-yo tou. Se menm mizik-sa-a, dyalòg-sa-a ki favorize kominikasyon ant tout fòs lan inivè-a. Kidonk, mizik-la se youn lan dimansyon enpòtan lan Vodou-an, paske lavi se vibrasyon, tanbou ak vwa imen se de eleman fondamantal ki vibre anpil nan lòd inivèsèl.

REFERANS-YO

Clark, VèVè A., 1982. Lecture at the Arts Connection (April). New York.

__________, 1983. Fieldhands to Stagehands in Haiti: The Measure of Tradition in Haitian Popular Theatre. Ph.D dissertation, University of California, Berkeley.

Courlander, Harold, 1939. *Haiti Singing*. Chapel Hill: University of North Carolina Press.

__________, 1960. *The Drum and the Hoe: Life and Lore of the Haitian People*. Berkeley: University of California Press.

Dauphin, Claude, 1986. *La Musique du Vaudou: Fonctions, Structures, et Styles*. Sherbrooke, Québec: Éditions Naaman.

Deren, Maya, 1953. *Divine Horsemen: The Living Gods of Haiti*. London: Thames and Hudson Publishing Company.

Dunham, Katherine, 1983 [1947]. *Dances of Haiti*. Revised edition. Los Angeles: Center for Afro-American Studies (CAAS), University of California, Los Angeles.

Fadewo, Dominik [Fadairo, Dominique], 2001. *Parlons Fon: Langue et Culture du Bénin*. Paris: L'Harmattan.

Fleurant, Gerdès, 1996. *Dancing Spirits: Rhythms and Rituals of Haitian Vodun, the Rada Rite*. Westport: Greenwood Press.

__________, 2000. The Music of Haitian Vodun. In *African Spirituality: Forms, Meanings, and Expressions*, Jacob K. Olupona (ed.), pp. 403-449. New York: Herder & Herder.

Rigaud, Milo, 1953. *La Tradition Vaudoo, et le Vaudoo Haïtien*. Paris: Éditions Niclaus.

__________, 1974. *Vèvè: Diagrammes du Vaudou*. New York: Trilingual Edition.

Karin Richmann

KÒMANSE ETID TRADISYON PÈP AYISYEN DEPI 1976 LÈ LI TE YON ETIDYAN dezyèm anne ann antwopoloji ak mizik nan Kolèj Konnektikèt. Li te swiv yon klas ak Pwofesè Karin Braoun sou tradisyon ak relijyon karayibeyen. Se konsa li vin enterese nan relijyon ayisyen-an. Depi lè-sa-a tou, li kòmanse aprann pale kreyòl ayisyen pou li kapab mennen rechèch pa-li ann Ayiti. Li resevwa yon ti bous nan men Inivèsite Wesleyenn kote li tal etidye paske yo te gen yon pwogram espesyal nan etid mizik mondyal. Bous-sa-a pèmèt-li al pase de mwa ann Ayiti. Sa li dekouvri diran tan vizit-la pèmèt-li, kòm etidyan dènye anne nan inivèsite-a, ekri yon tèz sou "pèfòmans rityèl ayisyen".

Karin Richmann kontinye etid avanse ann antwopoloji nan Inivèsite "Virginia" kote li pran yon diplòm "mastè" avèk konsantrasyon sou Afrik ak Afriken nan dyaspora. Apre sa li retounen ann Ayiti pou li fè rechèch pandan 18 mwa, ant 1983 ak 1985, nan yon seksyon kominal Leyogàn. Li te deside ale nan rejyon-sa-a paske li te rankontre kèk Leyoganè nan sèvis li tap rann nan Vijinya, Merilann ak nan sid Florid kòm defansè legal migran agrikòl nan tribinal. Kifè, nan seksyon kominal Leyogàn-nan li te viv pami fanmi Ayisyen li te rankontre nan Florid. Li ekri tèz doktoral-li sou tèm, “They Will Remember me in the House: The *Pwen* of Haitian Transnational Migration” [Yap sonje-m nan kay-la: Pwen migrasyon transnasyonnal ayisyen-an].

Depi lè-sa-a, Karin Richmann kontinye fè rechèch sou jan kolonizasyon, devlopman entènasyonnal ak migrasyon afekte relijyon Ayisyen-yo epi kouman relijyon-yo enfliyanse konsyans ak eksperyans-yo lè yo deplase epi separe ak baz-yo pandan lontan. Se sou sa li ekri nan *Migration and Vodou* (2005), prenmye etid etnografik sou yon kominote transnasyonnal li pouswiv e nan peyi lakay e nan peyi ki resevwa imigran-yo.

Nan "The Protestant Ethic and the Dis-Spirit of Vodou", yon dezyèm pwojè liv pwofesè-a, lap konsantre sou kwayans relijye, reprezantasyon ak abitid Ayisyen nan Sid Florid. Li pral esplike kouman epi poukisa migran ayisyen nan Sid Florid vin rejte Vodou epi rantre nan Legliz Evanjelik Pwotestan. Anplis plizyè atik li pibliye sou jan Ayisyen entèprete, kominike epi enkòpore eksperyans-yo nan repwodiksyon global, li pibliye "A Democracy of Words: Political Performance in Haiti's Tenth Province" an kolaborasyon avèk Wilyam Balangobè.

Granmèsi rechèch ak eksperyans Pwofesè Richmann sou ajisman Ayisyen ann Ayiti epi nan Dyaspora, li ekri "Miami Money and the Home Gal" kote li ànalize kouman migrasyon epi relasyon ant gason ak fi enfliyanse kominikasyon pami fanmi Ayisyen deplase. Ekriti-a montre kouman malerèz sèvi ak elokans epi entelijans langaj kreyòl-la nan domenm politik volatil, menm lè relasyon-yo kouvri distans long epi mwayen pou transmèt mesaj se yon odyokasèt. Se sou menm keksyon-sa-a pwofesè Richmann ekri "Song Pwen", esè li mete an kreyòl kòm "Chante pwen sou kasèt" pou MOZAYIK avèk konkou Andro Bonnòm, yon etidyan ayisyen ann antwopoloji nan Inivèsite "Notre Dame", Indyana, kote Pwofesè Richmann ap anseye.

Chante pwen sou kasèt

Kominote Ayisyen-yo apresye anpil abilte moun ki sèvi ak chante kòm yon zouti pèsonnèl. Pawoli soyete-a ka mete anpil presyon pou fè moun rete lwen konfwontasyon dirèk, men pawòl chante ki parèt san direksyon ak objektivite sèvi kòm transpò ekspresyon ostilite ak pouvwa. Yon chantè ka derefize nenpòt chaj entansyon malveyan nan yon chante paske responsablite bay mesaj-la valè se pou moun kap tande-a oswa kap okipe pawòl ki pa pou yo, men se pa janm responsablite moun ki voye chante-a. Ayisyen rele sa, "voye chante pwent oswa pwen".

Yon fason nouvo pou voye pwen soti nan eksperyans migrasyon ayisyen. Se kasèt rikòdè ki kreye mwayen pou voye koze atravè nasyon-an. Moun ki konn chante goumen pou kenbe epi pouse abilte-yo nan mitan kominote dispèse Ayisyen-yo. Avèk blag epi zen men ak tout respè, yo voye pwen bay manm fanmi-yo ki pati ale pou eksprime atant ak demann lezòt-yo ki rete dèyè nan peyi lakay.

VOYE PWEN

Nou ka konprann yon pwen kòm yon fenonmèn ki fasonnen oswa ki ranfòse relasyon moun youn ak lòt. Pwen se selon sans ou pran fenonmèn-nan oswa selon sans ou "konprann-ni toutantyè" oswa ankò ou "gade atravè-li" (American Heritage Dictionary 1969: 1972, Brown 1987: 151). Yon pwen pa tèlman kanpe sou kichòy tankou "nenpòt bagay ki kaptive esans oswa pati esansyèl yon sityasyon konplike". Entèpretasyon ou ba-li depann sou jan ou refòmile-li pou li kenbe oswa chanje fasil. Yon pwen se toujou, e se selman, yon "senp imaj chèlbè ki ekzajere pou klate".

Yon pwovèb, non yon moun, yon chante, yon kwa trase atè, yon bagay pou chans, chak pwen-sa-yo genyen anpil entèpretasyon sosyal ak tradisyonnèl andedan-yo. Fason-sa-a rann yon pwen aplikab pou kominike nan diferan kalite pèfòmans. Men pwen ki pral kosènen-nou se pwen endirèk, hinghang epi sa ki andedan nou bezwen mete deyò. Yon bon fason pou nou konprann siyifikasyon pwen se konsidere jan yo bay timoun non.

Ayisyen bon nan envante ak bay ti non jwèt. Yo tèlman bon nan sa, menm moun ki pwòch ka pa konnen bon non youn lòt, tankou non ki ekri nan batistè. Gen de kalite non ki familyè: non jwèt ak non pwen. Non jwèt soti nan yon kontraksyon oswa yon modifikasyon "bon non-an", pi souvan avèk yon adisyon tankou "ti"; se konsa yo te konn rele-m Ti Ka (Ti Karin).

Non jwèt ka soti tou nan jan yon timoun konpòte-li depi li piti oswa dapre aparans-li tankou non jwèt de chantè-yo: Ti Chenni ak Zo. Nou pral seye konprann chante-yo pi ba-a. Antouka, yon non jwèt se yon deskripsyon, yon entèpretasyon oswa yon kalite patikilye yon moun.

Yon non pwen li-menm se yon kòmantè sou yon sitiyasyon pèsonnèl ki esplikab pou yon gwoup moun ki pi gran pase moun ki pote-li-a. Konsidere esplikasyon orijin non pwen Jozèf. Se li, premye pitit manman-n ak papa-li, ki reyisi viv pase laj bebe. Li te yon bebe ki te fwonte ak lanmo, menm jan fanmi-li te pèdi de premye bebe-yo. Moun te di se wanga. Lè li sanble Jozèf pral viv, bòkò ki te mete malediksyon-an di, "Malgre sa, li pa mouri." Non "Malgresa"-a kenbe. Malgresa "kaptive esans", andirans ak pèseverans fanmi-an. Non-an se te pou voye yon mesaj bay malfektè-yo.

Nou ka "voye" oswa "tire" pwen. Voye pwen sèvi ak Jan Fisher (1976: 229) konpare abitid Babadyen, sitwayen Babedòs, ki fè anpil remak lè yap pale avèk sa li rele yon "fòm konvèsasyon an triyang" ki konsènen pawolè, reseptè ak jouda. Non Malgresa-a gen yon triyang kominikasyon ladann tou: se fanmi-an ki chwazi non-an pou kenbe mo gerisè-a, bebe-a ki pote non-an epi bòkò-a ki pa gen non-an.

Malgresa ban-m yon lòt egzanp voye pwen nan twa direksyon: "Ann di wap pase kote ou te vòlè yon bèf. De moun te wè-ou epi youn ladan-yo di sa ki bò kote li-a ak gwo vwa, 'zòn-sa-a pa manke vòlè, papa!' "

Voye pwen pa mande pou moun ki vize-a nan yon distans ki pèmèt-li tande sa kap di. Yon moun ka voye yon pwen avèk lespwa yon lòt moun pral bay mesaj-la oswa moun pou ki li destinen-an tande-li nan teledyòl. Kòm nou pral vin wè klè, teledyòl mache trè byen ak mesaj anrejistre sou kasèt paske li ka tonbe nenpòt kote, nan mitan nenpòt kominote imigran.

Responsablite pou tradwi bann diskou oblik-sa-yo se pou moun kap resevwa-yo, pa pou moun ki voye-yo-a. Ayisyen idantifye moun kap resevwa-a kòm "mèt" pwen-an. Mwen mande Malgresa esplike sa pou mwen. Li di-m, "Ou voye pwen-an nan lè. Li vin verite lè li tonbe." Si pwen-an "sanble-ou", ou ranmase-li. Se ou ki vin mèt pwen-an. Konsèp ranmase-a siyifye "kolekte", men li merite plis eksplikasyon.

Yon madanm ka deside kafe li te blayi atè anba solèy-la fin seche. Li ka kòmande yon timoun ale "ranmase kafe-a epi mete-li nan mamit". Ou ka sèvi ak mo "ranmase"-a tou lè wap resevwa yon moun ki pat la oswa yon moun ki te pèdi depi lontan. Nan sans sa-a, ranmase enplike pase lòd, kontwole, epi kenbe yon sèl kote bagay ki pa nan lòd, ki pèdi, oswa gaspiye. Toutotan yon pwen pa "ranmase", li-menm tou manke definisyon. Mèt-li ranmase-li epi ba-li valè.

Pwovèb kreyòl ki di, "si soulye-a bon pou ou, mete-li", montre moun kap resevwa pwen-an kisa pou-li fè ak imaj kache-li. Yon dam yo rele Mèsilya sèvi avèk de pwovèb-sa-yo nan yon esplikasyon ki di "si pwen-an sanble-ou, ranmase-l, si li pa sanble-ou, pa ranmase -l." Li di tou "kote bourik-la jete-ou, se la pou ou monte-l". Epitou "si soulye-a bon pou-ou, mete-li. Si li pa bon pou-ou, pa mete-li."

Pwovèb-sa-yo montre bon pawòl Brown (1976:249) te di sou pwen: "Kalite kominikasyon-sa-a pa sèlman montre respè ak diyite pou lavi prive moun, men li souliyen tou yon sajès pwofon ki endike enpòtans-li ak potansyèl mal li ka fè. Donk, mwayen endirèk ka sèl fason pou fè mesaj-la siprann defans moun-nan kap resevwa-li-a".

Pwen se yon fason efikas pou kominike paske olye ou enpoze yon "kritik" dirèk sou yon moun ki ka fache epi kominikasyon-an ka gate, se moun-nan li-menm ki va deside kisa mesaj-la vle di epi si lap ranmase-li. Alòske yon akizasyon dirèk fòse e moun ki voye-li e moun kap resevwa-li tabli yon relasyon patikilye, voye pwen pa mete okenn pati nan yon move sitiyasyon, chànèl kominikasyon-an rete louvri. Se sa ki fè Malgresa te ensiste sou jan volonte moun-nan anpeche konparezon ant voye pwen agresif ak voye lòt bagay tankou wòch oswa flèch.

Malgresa kontinye eksplike "mèt-la" ka reponn nan twa fason, men chwa-a va depann sou kontèks ak konsiderasyon diferan sitiyasyon moun ki konsènen-yo. Dabò, moun-nan ka fache, pèdi kontwòl epi kòmanse yon lòbèy, aksyon ki sèlman ka lakòz kominote-a pase mèt-la nan tenten ak ridikil. Repons dirèk-sa-a ki pa apwopriye se yon repons ki rekonnèt kilpabilite. Ou ka aksepte kilpabilite yon jan sosyab aseptab epi chwazi dezyèm estrateji pasiv-la oswa "bese tèt-ou epi mache ale." Yon moun ki nan laj oswa nan yon sitiyasyon enferyè ka pa gen lòt chwa pase aksepte dezyèm kalite repons-sa-a.

Twazyèm chwa-a ki repons pi miyò-a se pèpetye imaj diskou-a san pwovokasyon epi retire tèt-ou nan yon pozisyon "kontablite sosyal" (Goffman, 1974). Retounen pwen-an se sèl opsyon respektab nan mitan yon "kominote ki pale ak chante", parèy ak Ayisyen-yo, epi tankou Afriken/Ameriken-yo, ki bay dyalòg, elokans ak deksterite vokal anpil valè (Mitchell- Kernan 1972). Nou pral konsidere talè yon echanj konpetitif ant kèk "gason ki kenbe mo-yo" (Abrahams 1983).

KISA KI NAN YON PWEN?

Yo di moun kominike avèk "chante pwen" pou fè zòt "konprann" epi "reflechi." Malgresa di, "Li fè-ou mal nan kè. Li fè-ou santi lapenn. Li fè-ou kalkile." Menm si yon pwen ka pale, li pi efikas lè li chante epi li pi efikas ankò, kòm nou pral wè tale, lè yo antonnen-ni an piblik. "Chante pwen" anplwaye divès mwayen pou ankouraje moun ki mèt mesaj-la "reflechi." Tèks-yo gen ladan-yo pwovèb tout moun konnen ak langaj tout moun ka konprann epi sonje. Yo pèsyade avèk vèb dinamik, vèb aktif epi tan prezan.

Pwen plen langaj pwetik, langaj paralèl ak repetisyon, aliterasyon epi asonans. Yo "fè ou konprann" yon jan ki fouye memwa-ou pi fon pou ou sonje sa ki te pase. Melodi ki fòme ak repetisyon (AABeBe, AABeA, AAABe, AABeBeSeSe, etc.) epi kadans izometrik fasil pou aprann. Melodi-yo soti nan yon kalite dyalòg ondile senp ki bay nenpòt moun ki tande-yo anvi patisipe nan refren koral-la yo aprann fasil. Menm mèt pwen-an ka siprann tèt-li ap chante "chante pwen" kap kritike-li.

Anfèt, tout chante pwen m janm tande sou kasèt soti nan repètwa gran rityèl-yo mwen tap pale tale-a. Ni Mèsilya, ni Malgresa, ni Ti Chenni pat ka esplike-m poukisa chante rityèl vin sou pwent bouch-yo pi fasil pase lòt kalite chante rive lè pou voye pwen. Mwen kwè rezon ki fè moun chwazi chante rityèl chita nan eksperyans migrasyon-yo: antagonis resipwòk ant moun-yo ak lwa yo erite, kaptive epi kristalize konfli depandans ki genyen ant moun-yo ki pati ale ak lezòt-yo ki rete lakay.

Lwa-yo - "antwopomòf" pèsonnalize - se egzajerasyon moun-yo nan tout kontradiksyon-yo. Yo alafwa venerab, granmoun kap vyeyi epitou timoun ki pre fè kòlè. Alòske lwa-yo depann sou moun pou "ba-yo manje" epi "okipe-yo", moun-yo bezwen lwa-yo pou "pwoteje-yo" epi presizeman pou asepte pa pini-yo ak maladi oswa move sò. Malgre kèk chante rityèl senpman chante lwanj, anpil sèvi sitou kòm entèmedye ki negosye depandans youn sou lòt. Yon jan alafwa oblik, presi, varye.

Anpil chante se senpman yon diskisyon ant de pati. Youn ka tande lwa-a ap di sa li pa renmen epi jan li santi yo abandonnen-ni epi kisa li ka fè pou sa. Epi se vwa yon manm fanmi-an oswa plizyè manm kap mande padon epitou fè pwomès pou lwa-a ka sove lavi pitit-yo, souvan premye viktim si lwa-a frape lè li fache. (Premye egzanp ki ekri anba-a sèvi ak kalite dyalòg-sa-a.) Nan lòt chante, lwa-a konplenn sou jan fanmi-an pa okipe-li. Li di fanmi-an sonje lwa-li-yo sèlman lè sa komòd pou li. Lwa-yo pa renmen mennase moun pou fòse-yo sonje -yo. Yap tann jou lè moun va renmen-yo epi aksepte-yo pou sa yo ye.

Paske chante-yo entèprete relasyon depandans resipwòk ant moun ak lwa-yo, yo ka sèvi pou klarifye relasyon depandans resipwòk ant manm nan fanmi-an. Pwen chante-sa-yo konsènen moun ki nan kondisyon tèlman diferan epi ki senbolikman separe ak gran distans. Lwa-yo rete lwen lakay-yo ki ann Afrik oswa nan Ginen. Moun-yo plis kapab voye pwen ant yo-menm, kote enpòtans relasyon otorite laj vin deraye akòz deplasman pwolonje atravè gran espas jewografik.

Antonnen espre pou envoke lwa-yo fanmi-an erite, chante pwen sekrè epi polivalan-sa-yo ka fasilman mele vwa lwa -yo avèk vwa swa moun-yo ki rete dèyè swa lezòt-yo ki pati ale. Yon chante pwen kap esprime atant lwa-a sou sa fanmi-an ta "dwe fè" vin yon chante pwen popilè kote granmoun lakay mete presyon sou pitit-yo ki lòtbò dlo pou yo fè menm jan pou-yo. Okontrè, yon chante pwen kap montre angwas yon lwa kap mande yo ba -li valè epi renmen-ni plis pase pouvwa-li pou pwoteje oswa fè mal. Li vin yon mwayen pou emigran-yo mande pou yo trete-yo kòm yon moun ak konsyans pito pase yon sous peman.

LÈT KASÈT-YO

Medyòm imigran ayisyen ak fanmi-yo lakay prefere pou koresponn se kasèt rikòdè. Anpil nan yo pa konn li oswa ekri. Anrejistreman sou kasèt vini yon kalite kominikasyon ki kategorikman fèt nan bouch. Radyo pòtab-yo ki mache ak pil travay byen nan zòn izole Ayiti kote yo rann kominikasyon pi fasil. Ayisyen lavil tankou imigran ayisyen nan Florid transpòte rikòdè-yo san pwoblèm. Kasèt-yo sikile vit nan mitan kominote-sa-yo, pou li rasanble epi fè inite pami yon gran odyans aktif (olye yon odyans atantif).

Ayisyen trete ni anrejistreman ni koute yon lèt sou kasèt tankou yon "evènman" (Bauman 1984). Kalite pale sou kasèt evolye, li enkli byenveni, fòmilè salitasyon ak woutin pou poze yon gwoup moun kap koute kasèt-la keksyon epi pale sou lajan ki voye oswa ki nan wout. Kifè, koute yon kasèt se yon "evènman". Tout moun rasanble pou tande yon fanmi ki lwen ap di lasosyete bonjou oswa bonswa. Souvan moun-yo kap tande-a kominike ak vwa nan kasèt-la epi di "wi", "non", "pa di". elatriye, kòm si moun kap pale nan kasèt-la te prezan. Paske lèt nan kasèt se yon pefòmans piblik, li se yon sikonstans apwopriye pou voye chante pwen. Pandan anrejistreman-an ap fèt, yon moun ki konn chante ka kanpe sou sa li tap di-a epi kòmanse chante yon pwen pou yon lòt moun. Chantè-a ka chante plizyè pwen youn apre lòt epi deside retounen sibit nan sa li tap di-a.

Yo ka anrejistre lèt-la lakay ak manm fanmi-an sèlman, kote youn apre lòt, yo pale ak moun kap resevwa mesaj-la epi chante yon refren ansanm apre chak kouplè chantè-a konpoze. Chantè-a ka chwazi reyini yon pi gran asistans pou li fè tande vwa-li, anbarase pi plis moun ki va resevwa pwen-an epi ba-li plis pou reflechi. Nan de egzanp nou pral gade talè konsa, plis pase trant moun te sanble pou evènman sa-a. Youn apre lòt paladò fanm kou gason demontre abilte-yo nan enpwovize chante.

Medyòm kasèt anrejistre-a chanje pèfòmans chante pwen ak yon rezilta pi dirèk oswa pi agresif. Chante pwen te deziyen pou li pa nonmen non moun, men pou avili moun-nan yon jan anbachal nan yon pèfòmans ki okipe menm tan ak espas. Sepandan paske gen diferans tan ant lè yon moun voye yon mesaj ak lè yon lòt moun resevwa-li, Ayisyen trete kasèt tankou yon medyòm kominikasyon endirèk ki diferan ak kominikasyon nan telefòn li konsidere dirèk paske moun kap pale-a ak moun kap koute-a pataje menm tan. Kondisyon endirèk-la pèmèt moun kap voye mesaj-la pran plis libète pase si lòt moun-nan te la. Sou kasèt, moun kap voye mesaj-la ka nonmen non moun ki pou resevwa-li-a.

VOYE CHANTE PWEN SOU KASÈT

Entèpretasyon chante pwen se yon inisyativ miltip ki dwe enkli triyang moun kap voye mesaj-la, moun ki dwe resevwa-li-a epi asistans kap koute-li. Annou ànalize plis posib twa branch kominikasyon dinamik-sa-yo. Map prezante kòmantè moun ki voye mesaj-la, moun ki resevwa-li epi moun ki koute-li tankou mwen-menm, yon patisipan aktif. Kat chante pwen-sa-yo te anrejistre sou kasèt epi yo te sikile ant imigran nan Etazini ak moun lakay Leyogàn. Kounye-a, chante pwen disponnib sou CD ki akonpayen liv-mwen, *Migration and Vodou* (Richmann 2005).

1. Ann mennen yon imigran rebèl an liy: "M pral achte yon laye pou mwen ranmase yon lavi pou zanfan-mwen."

Pwen-sa-a te anrejistre Leyogàn epi byen vit apre, imigran nan kominote Florid-yo te vin mèt-li (pi gwo wont pou moun ki ranmase pwen-an). Zo ak Mèmèn voye yon lèt sou kasèt an 1987 pou Sègo, sèl pitit gason -yo ki lòtbò dlo. Sègo bay Ti Chenni kouzen-ni chante-a. An 1988, nan yon kan imigran Vijini, Ti Chenni jwe kasèt-la pou mwen epi li ban-m yon kopi. An 1990, mwen tap pale ak Mèsilya sou abitid voye pwen. Mari Mèsilya te bon zanmi epi kouzen Sègo. Mèsilya ban-m yon egzanp chante pwen Zo te "voye" bay Sègo epi li chante-li pou mwen. Sa ki te pèmèt Mèsilya sonje chante pwen-an depi tan li te tande-li-a se mezi talan Zo. Kouplè chante pwen-an te ale konsa:

> Sègo, pitit gason-m-nan.
> M voye di-ou,
> Kòman afè-ou ye?
> Sègo, kote-ou ye?
> Sègo, kote-ou ye?
> M pral achte yon laye
> Pou mwen ranmase lavi zanfan-m-yo.

Zo enpwovize senk premye liy-yo pou chante dezespwa yon fanmi ki pa konnen ki kote oswa kouman zafè sèl pitit-li ye. Nan chante rityèl orijinal-la, premye 4 liy -yo se lwa-a kap esprime jan li santi yo neglije-li. Dènye de liy chante-a, "M pral achte yon laye pou mwen ranmase lavi zanfan-m-yo," se yon imaj ofrann manje rityèl depoze nan yon laye. Li enplike lwa -a ki grangou swa deja frape pitit moun ki konn okipe-li swa li mennase fè sa. Donk, ofrann-nan se pou kajole lwa-a pou li asepte lage zanfan-yo san fè-yo mal.

Mwen te mande Mèsilya ak Ti Chenni, ki te prete-m kasèt-la, sou kisa pwen-sa-a pale. Mèsilya di-m, "Li vle di pitit-sa-a pa okipe-li. Lap di-li pa gaspiye lajan-ni nan peyi etranje-a." Ti Chenni, ki konsidere Zo pi bon zanmi-n nan peyi lakay di ak yon souri, "Sègo menm se yon sanzave". Ti Chenni pa renmen fason jenn gason-sa-a abandonnen fanmi-li epi jete sa ki pou Ti Chenni gen plis valè nan lavi kretyen vivan.

Yon moun ka konprann yon pwen, Mèsilya eksplike, lè li konnen sikonstans pwen-an. Mwen konnen sitiyasyon fanmi-sa-a pou plis pase dizan. Men kòman mwen entèprete pwen-an. Menm si, tankou jan Zo ak Mèmèn di-m, yo pè pou sekirite sèl pitit-yo-a pandan lap vwayaje al nan Florid an 1980 nan yon ti bato tou dekouvri, yo-menm tankou anpil lòt fanmi te swete tou imigrasyon Sègo ka vin yon delivrans pou yo. Sègo desevwa-yo epi fè-yo wont. Yon bann tan pase san li pa ekri-yo, yon kachepeche pou pa voye lajan. Ti kay pa-yo te antoure ak kay kat chanm an blòk epi twati an tòl pitit atachan vwazen-yo fi kou gason peye bati pou fanmi-yo. Se te yon siy imilyan ki te montre echèk pitit gason-yo. Zo ak Mèmèn te konnen pat gen anpil chans pou yo ta mennen gason-yo-a an liy si yo ta akize-li dirèk. Men sa yo pa kapab di-li dirèkteman, yo ka voye-li nan chante pwen. Zo kontan repitasyon-ni kòm yon bon chantè, yon mèt tanbou ak yon bon gerisè, "yon nonm ak anpil konnesans," ki gen pouvwa majik epi pouvwa rityèl. Sou kasèt-sa-a sèlman, li nonmen douz pwen rityèl. Mèmèn chante repons-yo avèk li. Li-menm li voye yon chante, "Fè pou mwen," nou pral montre pi ba-a.

Sègo pa tèlman yon gran chantè, men menm si se sa li te ye, pozisyon-ni kòm pitit ak krent pou papa-li ka fè li reflechi anvan li retounen yon pwen bay Zo. Jouk jounen jodi-a li rete lwen granmoun-yo epi li pa janm mande Ti Chenni kisa li te pote pou li. Zo ak lòt chantè voye pwen pou Ti Chenni tou, men, kòm nou pral wè, li retounen pwen-an ba-yo.

2. "Fè pou mwen, m prale".

Moun nan fanmi-an ki vwayaje vin pou lezòt-yo ki rete dèyè yon "gwo ponyèt" ki sipoze soutni obligasyon kit rityèl kit sekilè fanmi-an. Manm kominote-a klase klèman pitit-yo ki pati an kilès ki deja fè ak kilès ki poko fè pou fanmi-yo. "Fè pou mwen" se refren yon chante rityèl ki te "jwe" anpil nan kasèt ki sikile ant Leyogàn ak Florid. Nan yon okazyon rityèl ki te anrejistre pou Ti Chenni, Zo te chante konsa:

Fè pou mwen. M prale
Fè pou mwen. M prale
Ti Chenni ale, li pa kite dèyè
Ti Chenni ale, li pa kite dèyè
Sa ki sonje Bondye
Ap fè pou mwen. M prale.

Ti Chenni te "kolekte" mesaj-la tout bon. Li voye lajan pou madanm-li, frè, sè ak pitit-yo tou. Li fèk kòmanse bay Zo ak madanm-li sipò paske Sègo abandonen-yo.

Pandan gwoup-la tap chante chante-sa -a, Pepe, yon lòt gran chantè rantre nan sanktyè-a. Zo transfere wòl lidè-a li rele "mikwofòn-nan" bay Pepe. Pou Pepe voye pwen-an li envoke Bawon Lakwa, lwa Ti Chenni-an olye Ti Chenni li-menm.

3. "Fè pou mwen, m prale".

Fè pou li m prale
Sonje Bondye,
Mwen pa wè Bawon, m prale
Lè travay ap fèt-la
Yo pa wè Bawon nan lakou-a
Lè travay ap fèt-la
Yo pa wè Bawon nan kay-la
Sonje Bondye
Yo pa wè Bawon, m prale.

"Lanmou" yon lwa pou yon desandan nan yon gwoup manifeste-li sitou nan moun-yo ki deja konn gen lwa. Jislè Lwa-a manifeste-li an pèsònn nan yon desandan, fanmi-an toutantyè pèdi kontak ak sous sipò-li, konneksyon ak lavi pase-li, san bliye mwayen divètisman -ni (cf. Lowenthal 1978). Bann moun ki vwayaje ak gwo Lwa nan tèt-yo separe fanmi-yo ak lwa-sa-yo ki pa kapab vin banboche ak lafanmi jistan "chwal"-yo pa tounen lakay.

Bawon Lakwa te mete men sou Ti Chenni depi li te toupiti, li grandi vin granmoun epi Bawon kontinye monte-li toutan nan rityèl fanmi-yo. Fanmi Ti Chenni-yo manke-li anpil pandan uit anne li pase ann ekzil epitou yap tann retou "lwa pwisan"-li-an. Pwen Pepe-a kaptive enpasyans fanmi-an kap tann retou pitit-li ak lwa pwisan-ni, men sa ki pi enpòtan, li sonje nostalji Ti Chenni pou rityèl lafanmi.

Pwen-an te frape fò. Lè Ti Chenni resevwa mesaj-la an 1983, li te gen tan pati depi twa anne deja. Senk anne vin pase anvan, tankou pifò Ayisyen ki te pran kanntè ant 1979 ak 1981, li vin kapab tounen Ayiti san li pa pèdi rezidans-li nan Etazini. Okazyon-sa-a te fini anbote toutbonvre. An 1988, Bawon Lakwa retounen pèfòme "travay" rityèl lakay-la. Preske touswit apre li resevwa papye rezidans-li, Ti Chenni retounen Ti Rivyè. Li mete 500 dola atè pou "bay lwa manje"epi kadanse dans rityèl ki dire de jou.

"Tout Lwa te parèt", Ti Chenni rapòte ban-mwen lè m te wè-li sis mwa pita. Li pa kòrèk pou ou mande yon moun "si lwa te monte-li" paske ou ta vle di se volonte-li ki te fè lwa monte-li. Kifè, mwen te mande pito èske Bawon "te vin danse" tou? Ti Chenni griyen tout dan-ni pou li di "wi" epi li ban-mwen yon kopi kasèt "fèt"-la Zo te anrejistre pou Sègo. Nan kasèt-la, gen yon moman kote vwa Zo fè yon rèl kontantman ki kouvri eksitasyon tanbou ak dans Petwo-a. "Gade Ti Chenni nan traka. Men Bawon Lakwa ap sele li! Aaaaaaaaaaah! Li pap janm desele-l! Bawon Lakwa sele-li!"

4. "Jou-a rive. Adopte-m epi ou pap janm nan bezwen".

Ti Chenni gen karantan deja epi li gen don chante. Li pa tankou Sègo, li kontan pou chak opòtinite li jwenn pou li remèt pwen bay fanmi-li-yo nan Leyogàn epi pou kontinye bati yon repitasyon fòmidab kòm yon "moun ki gen wi ak non". Annou konsidere yon echanj pwen ki te fèt an 1983 ak 1984 nan fanmi Ti Chenni. Sebyen, gran frè Ti Chenni, se lidè espirityèl "sanktyè"-a epi se li ki te kòmanse tradisyon-sa-a. Wòl lidè-a se yon eritaj pou gason nan fanmi-an. Se siman Ti Chenni ki va ranplase Sebyen lè li pa la ankò, menm jan Sebyen te ranplase papa-yo ki pa la ankò. Gran konnesans Ti Chenni sou relijyon-an balanse relasyon sibaltèn-ni ak Sebyen ki gen kenz anne anplis li epi ki aji kòm ranplasan papa-li depi lè papa-yo te mouri. Reyalizasyon kasèt-yo vin tabli yon teren batay sosyete-a apwouve kote Sebyen ak Ti Chenni epitou Zo ak Pepe rantre nan konpetisyon youn ak lòt atravè fwontyè entènasyonnal.

Lè ou konsidere sibstans konpetisyon-an, responsablite yon emigre "fè pou" fanmi-li pa an konsiderasyon. Ti Chenni pat janm manke ranpli devwa-sa-a. Nan Florid, li rete nan ti kay brizi ak nan kan pou travayè jaden pou li ka envesti nan tè, kay, bèt, ak rityèl pou fanmi-an li kite dèyè. Pwen Ti Chenni ak Sebyen-yo te pito konteste karaktè ak moralite nouvo relasyon-yo. Sebyen santi depi ti frè-li-a pati, msye pran yon pòz siperyorite. Kounye-a li pè moun ka di Ti Chenni depase-l. Natirèlman, Ti Chenni demanti li ta ka imajinen li miyò pase gran frè-li.

Sepandan, Ti Chenni pa dakò ak lisans Sebyen pran pou li poze tèt-li an gran moralis epi mande yo trete-li kòm yon kretyen vivan olye yon konvwatè privilèj ekonomik. Poutan, Sebyen atann Ti Chenni "ekri" ki vle di voye lajan regilyèman, yon responsablite Ti Chenni aksepte poukont-li. Men, Ti Chenni di, si yon grenn mwa pase san-li pa ekri, Sebyen ka akize-li piblikman kòmkwa li abandonen fanmi-li. Epitou li va pran avantaj absans Ti Chenni pou li eksplwate kit detay piblik-la pa konnen toutbonvre kit kwayans moun-yo genyen nan nesesite pou yo tout tan kontwole pitit-yo ki lòtbò epi retabli sans responsablite nan lezòt-yo ki gaye.

Men pou Ti Chenni toutbonvre, fanmi-yo ki rete lakay pa santi okenn obligasyon pou koresponn avèk lezòt-yo ki nan peyi etranje. Ya chita ap jije emigre-yo men yo pa janm keksyonnen tèt-yo. Ti Chenni esplike enjistis sa-a pou mwen: *Pou moun-sa-yo, Karin, lè yo gen moun nan peyi etranje, depi moun-nan fè yon mwa li pa ekri, yo pa bezwen konnen pwoblèm moun-nan, si li gen lajan oswa si li pa gen anyen. Se sèlman lè ou genyen epi ou ekri wa tande bon nouvèl-yo. Lè pou yo ta ekri-ou yo-menm yo pap ekri-ou. Yo pa bezwen konnen si ou malad oswa si ou pa malad, yo pa bezwen konn sa.*

Sebyen te kòmanse konpetisyon pwen-sa-a avèk yon anrejistreman sou kasèt kote li te mete bèl pawoli ak trèz chante pwen baze sou repètwa rityèl. Li rasanble yon koral ven moun avèk Zo epi Mèmèn pou reponn an kontrechan. Se pou Ti Chenni li tap voye pwen-yo. Lè Zo pran mikwofòn-nan, li voye pwen pa-li-yo pou Sègo ak lòt moun li panse ki ka tande kasèt-la tou. Ti Chenni reponn mesaj Sebyen-an ak yon lèt sou kasèt ki gen ladann bèl pawoli tou pou li seye depase gran frè-li. Li voye pwen ki vin mete Sebyen an defans, fòse-li ranmase mesaj-yo epi detèminen sans-yo.

Ti Chenni nan kòmansman kasèt-li-a li te ranmase epi konprann pwen Sebyen te voye pou-li-yo. Li anonse, "M ranmase tout chante pwen ou voye ban-mwen. M konprann yo tout." Ti Chenni apre sa enpwovize senk chante doulè sou varyasyon chante rityèl pou lwa-yo. Yon pati premye chante-a, se vèsyon yon chante rityèl avèk vwa yon lwa ofanse.

Yo bliye-mwen
O gen yon tan
Ya sonje-mwen
Adye, nou jete-mwen, m di lamepriz o
Gen yon tan, frè Sebyen
Gade, wa bezwen-mwen
Mwen di jou-a la
Jou-a la, o
Mwen di jou-a la
Jou-a la, frè-mwen
O gen yon tan, frè-mwen
Wa ranmase-m pou
Pou pa bezwen.

Lè ou gen pitit kay-ou
Monchè
Gade anfas-ou
Yo pa konn valè-ou
Se kou nou deyò, vre
Gade pèp-la ap konnen
Ou nan mitan lanmè-a
Gade, yo pa bezwen-ou
Kou ou sòti deyò, ti gason
Tout moun ap konnen
Gade sa ou te peze
Mwen di jou-a la
Jou-a la, vre
Genyen youn tan, frè
Ya ranmase-m
Pou pa bezwen.

Yap sonje-m nan kay-la
Gade, yap chache-mwen
Gade, yo pap sa wè-mwen.
Nap chache-m nan kay-sa-a
Gade nou pap sa wè-mwen
Lè-m te ansanm avèk yo
Gade-yo pa konnen non-mwen
Kou-m vire do-m ba-yo vre
Wa konnen kijan m rele, frè
M nan peyi-a
Gade, jou-a la, O.

Map vire do-mwen pati
Gade, kou-m vire, frè
Gade, tout moun dlo nan je, O
Lè tout moun dlo nan je
Pou ki moun yap mande?
Se Pyè Dewozye, O
Yo te anvi wè-li
Gade yo pasa wè-li
M di jou-a la, ti gason-m
Genyen yon tan
Lè-m parèt sou yo
Tout moun ap kontan wè-mwen.
(Repete premye vèsè-a.)

Nan chante pwen Ti Chenni-an, ou tande vwa yon egzile ki santi pèp-li abandonnen-n. Menm avan li te pati, lè li tap viv "nan mitan lame-a" frè-li ak sè-li pat mele avè-l. Li pat pote onkenn non. Yo te sansire-li paske li pat konn fè bon jaden, sa te endike li pap ka leve tèt-li nan mizè. Kounye-a li pa la, moun-yo ki rete dèyè bay tèt yo travay ap kalkile "wòtè-li", konbyen li "peze", epi kisa li itil. Tout sa se pale politik pou mezire ki kapasite-li pou li pran swen lakay. Refren chante-a ale konsa, "Jou-a rive/ Ou pral ranmase-m pou ou pa nan bezwen." Li wè annavans gwo lide-sa-a ap fini avèk yo. Kote pou regle kont sa-a se te lakay, se li ki te senbòl valè fanmi-an, se li ki gen konneksyon ak zansèt-yo. Men pi enpòtan, kay-la se yon kote kreyatif, plen ak zafè fanmi-an epi lwa-yo. Se ladann Ti Chenni ak gwo Lwa Bawon Lakwa konn banboche.

Lè jou-a rive, Sebyen ak lòt-yo ale nan kay-la pou "ranmase" pwen-yo, epi yo aprann yon verite konplèks ki fè-yo mal. Yo kriye paske yo pa ka jwenn-ni, lè yo pare pou "ranmase-li". Sa vle di lè yo deside aksepte-li pou yo ba-li valè pou sa li ye, la parèt. Kounye-a yo aprann non-ni. Yo rekonnèt-li ak bon non-ni, Pyè Dewozye. Yo konprann Ti Chenni se yon moun, yon pèsonn, pa senpman yon enstriman ensansib "kap fè" pou fanmi lakay.

DISKISYON

Emigrasyon jennjan Ti Rivyè ki ale nan Florid pa koze ni asimilasyon nan sosyete ki aksepte-yo ni abandonnman valè tradisyon kominote lakay. Kasèt rikòdè founi yon lyen ant de sosyete-yo epi kenbe manm lafanmi konsènen kanmèm nan lavi youn lòt malgre gran distans ki separe-yo. Lèt nan kasèt pèpetye epi transfòme tradisyon renmen voye pwen ki yo-menm kristalize difikilte sitiyasyon ant youn ak lòt epi bay ansèyman avèk bèl imaj klè e senp. Chak pwen nou konsidere te revele imaj relasyon souvan penib epi ostil ant moun-yo ki pati ak lezòt-yo ki rete lakay.

Anpil ankèt ki fèt sou relasyon nan kominote transnasyonnal diferan sijere anbivalans resipwòk ant pitit kay ki separe lontan ak pitit ki emigre. Se yon sitiyasyon ki gaye toupatou (Brown 1991, Basch, Glick Schiller and Szanton Blanc 1994, ak Gmelch 1992). Anbivalans-sa-a kapab anjandre ostilite ki an pati lakòz anwòlman pitit-yo kòm travayè migran pou ti tchotcho. Nan kontèks regleman kominote transnasyonnal ayisyen nou dekri-a, yo pa ka rekonnèt oswa kalme ostilite-sa-yo nan yon diskisyon piblik. Se pou sa voye pwen se yon mwayen ideyal pou kòmantè, kontestasyon ak negosyasyon. Kat (4) chante-yo nou prezante dekri pèsepsyon pèsonnèl , ni bò Leyogàn ni bò Florid, yon sèl reyalite nan kominote transnasyonnal.

Moun-yo ki rete lakay gen laperèz pitit -yo ki pati pral asimile nan sosyete ki aksepte-yo epi abandonnen fanmi-yo. Zo ak Mèmèn voye chante pwen ki konsènen relasyon ant yon gwoup pitit avèk youn nan lwa-yo ki fache pou seye kenbe pitit-yo lwayal epi pwodiktif. Yo adrese pitit-yo avèk pawòl chante "Fè pou mwen". Yo adrese gran gwoupman migran-yo avèk lirik "M pral achte yon laye pou zanfan-mwen-yo", avèk lespwa lòt migran-yo va enfliyanse pitit gason-yo.

Pi souvan migran-yo konsidere tankou yon konpòtman enjis akizasyon fanmi lakay-yo kòmkwa pitit ki pati deja abandonnen lòt-yo ki rete dèyè. Poutan malgre migran-yo rete atache avèk lakay yo kapab ensite resantiman fanmi-yo ki rete. Se konsa nan yon chante pwen, "Kay -la tonbe", Sebyen montre resantiman-ni pou Ti Chenni, ti frè devwe-li. Sebyen kwè manm fanmi ki pati sèvi ak ekperyans-yo lòtbò dlo pou yo pretann siperyè lezòt-yo ki rete dèyè. Kifè, Sebyen akize Ti Chenni vin gen yon nouvo pretansyon ki fè-li chwazi repètwa defyans Makandal pou li pavwaze.

Depandans fanmi ki rete lakay sou transfè lajan migran-yo ki byen souvan pi jenn vin bay sila-yo yon pozisyon siperyorite. Pou anpeche migran byenfetè -a jwenn okazyon santi li siperyè, fanmi-yo ki rete lakay souvan iyore migran-an epi pa ekri-li pou rekonnèt resepsyon lajan epitou evite wè-li lè li rantre pou vizite lakay. Se konsa Sebyen derefize responsablite remèsye frè-li pou kado lajan-ni. Li fè sa pou pwoteje etik echanj egalitè-a. Abitid refize fè remèsiman, meprize byenfetè-a epi denigre kado-a se yon fason pou devalorize potansyèl otorite bay kado lajan ta ka fòje. Malgre Ti Chenni aksepte lojik bay kado-sa-a epi aplike-li nan echanj avèk lezòt, li pa konprann li-menm difikilte lafanmi rankontre nan relasyon adistans.

Alèkile migran-yo konsidere yap travay tankou bourik nan yon peyi etranje ostil pou bennefis moun lakay ki kenbe-yo nan kè paske yo te pati ale. Manm fanmi ki rete-yo revandike siperyorite moral senpman paske yo rete anplas. Yo trete migran-yo avèk awogans kòm si yo te bourik ki dwe pote chaj. Men migran-yo pa reyalis nonplis nan jan optimis yo wè kondisyon ekonomik fanmi-yo ki rete lakay. Yo pa kontan lè lajan yo voye pa reyisi amelyore kondisyon sosyal fanmi-yo lakay paske yo kwè fanmi-yo gaspiye nan frivolite lajan migran yo-menm swe fè olye fanmi-yo envesti tchotcho yo resevwa.

Yo kwè tou fanmi ki rete lakay espere kontinye viv avèk lajan yap resevwa san yo pa bezwen travay, pa chèche nonplis opòtinite pou fòje revni. Pèsepsyon emigran-yo sou ensekirite nan kominote lakay-yo kote yo espere retounen yon jou entansifye pi plis ankò sans vilnerabilite-yo nan peyi-a ki aksepte-yo. Chante pwen byen long Ti Chenni-an, "Ya sonje-mwen nan kay-la", dapre kadans Petwo Mèmèn ak Zo te itilize-a, kristalize jan li konprann dilèm emigran-yo. Fanmi lakay ap meprize bourik kap pote chaj-yo alòske yap kalkile epi pwofite pwodiktivite-li.

Chante pwen final-la montre fanmi lakay ki chanje santiman epi ki anbrase migran-an avèk imilite epi tandrès. Ostilite ki kouve nan pami fanmi ayisyen kap goumen pou anpeche youn lòt neye nan kouran chanjman sosyete transnasyonnal-yo se yon sous ideyal pou kòmantè ak kritik atravè izaj pwen ki nan gran repètwa varye chante rityèl-yo. Dappiyanp kreyatif sou kasèt rikòdè pou twoke lèt nan sosyete transnasyonnal-yo se yon mwayen ideyal pou sa.

REFERANS-YO

Abrahams, Roger, 1968. Introductory Remarks to a Rhetorical Theory of Folklore. *Journal of American Folklore* 81(320):143-158.

__________, 1983. *The Man-of-Words in the West Indies: Performance and the Emergence of Creole Culture.* Baltimore: The Johns Hopkins University Press.

The American Heritage Dictionary of the English Language, 1969. New York: American Heritage Publishing Company.

Basch, Linda, Nina Glick Schiller, and Cristina Szanton Blanc, 1994. *Nations Unbound: Transnational Projects, Postcolonial Predicaments, and Deterritorialized Nation-States.* Langhorne, PA: Gordon and Breach.

Bauman, Richard, 1984 [1977]. *Verbal Art as Performance.* Prospect Heights: Waveland Press.

Brown, Karen McCarthy, 1976. The *Vèvè* of Haitian Vodou: A Structural Analysis of Visual Imagery. Ph.D dissertation, Temple University.

__________, 1987. Alourdes: A Case Study of Moral Leadership in Haitian Vodou. In *Saints and Virtues,* J. Hawley (ed.), pp. 144-167. Berkeley: University of California Press.

__________, 1991. *Mama Lola: A Vodou Priestess in New York.* Berkeley: University of California Press.

Courlander, Harold, 1960. *The Drum and the Hoe: Life and Lore of the Haitian People.* Berkeley: University of California Press.

Deren, Maya, 1953. Divine Horsemen: The Living Gods of Haiti. New Paltz: McPherson and Company.

Fisher, Lawrence, 1976. "Dropping Remarks" and the Barbadian Audience. *American Ethnologist* 3(2):227-242.

Gmelch, George, 1992. *Double Passage: The Lives of Caribbean Migrants Abroad and Back Home.* Ann Arbor: University of Michigan Press.

Goffman, Erving, 1974. *Frame Analysis: An Essay on the Organization of Experience.* New York: Harper Colophon.

Herskovits, Melville J., 1958 [1941]. *The Myth of the Negro Past.* Boston: Beacon Press.

Kochman, Thomas, 1986. Strategic Ambiguity in Black Speech Genres: The Reality of Social Accountability. *Text* 6(2):153-170.

Lowenthal, Ira P., 1978. Ritual Performance and Religious Experience: A Service for the Gods in Southern Haiti. *Journal of Anthropological Research* 34(3):392-414.

Métraux, Alfred, 1972 [1959]. *Voodoo in Haiti*. New York: Schocken Books.

Mitchell-Kernan, Claudia, 1972. Signifying, Loud-Talking and Marking. In *Rappin' and Stylin' Out: Communication in Urban Black America*, Thomas Kochman (ed.), pp, 315-335. Urbana: University of Illinois Press.

Reisman, Karl, 1970. Cultural and Linguistic Ambiguity in a West Indian Village. In *Afro-American Anthropology: Contemporary Perspectives*, Norman E. Whitten and John F. Szwed (eds.), pp. 129-144. New York: The Free Press.

Richman, Karen, 2005. *Migration and Vodou*. With a six-track CD, "Chante Pwen sou Kasèt". Gainesville: University Press of Florida.

Drèksèl G. Woudsonn

SE PWOFESÈ ASOSYE NAN "BUREAU OF APPLIED RESEARCH IN ANTHROPOLOGY, UNIVERSITY OF ARIZONA" [Biwo Rechèch Aplike ann Antwopoloji, Inivèsite Arizona].

Li resevwa fòmasyon inisyal-li ann antwopoloji nan Inivèsite Yel [Yale], epi li fè metriz ak doktora-li nan Inivèsite Chikago. Espesyalis ann etnografi, istoriografi ak bibliyografi, Woudsonn enterese sitou nan òganizasyon kiltirèl ak sosyal Ayiti, istwa peyi-a, devlopman nasyonnal sou baz demokratik epi dekolaj sistèm enfòmasyon pou ede pèp Ayisyen-an amelyore jan lap viv epi travay.

An 1997, li pibliye *A Baseline Study of Livelihood Security in the Departments of the Artibonite, Center, North, Northeast, and West, Republic of Haiti*, yon rapò li ekri ak lòt moun epi li edite li-menm pou "Agence de Développement et de Secours Adventiste" (ADRA) ak USAID. Nan menm anne-a, li pibliye "*Lamanjay*, Food Security, *Sécurité Alimentaire*: A Lesson in Communication from BARA's Mixed-Methods Approach to Baseline Research in Haiti, 1994-1996", yon atik sou leson nan kominikasyon yon ekip chèchè blan ak Ayisyen te aprann pandan ekip-la tap fè twa etid fondman sou lamanjay nan 119 ti lokalite andeyò. An 2006, atik Woudsonn sou Janbètran Aristid parèt nan *Encyclopedia of African-American Culture and History* [Ensiklopedi kilti ak istwa Afriken-Ameriken].

Woudsonn, yon Nwa Ameriken moun nan nò Ayiti privilejye, eksplike ki moun li ye epi sa li aprann sou peyi-a ak pèp-li konsa:

> Mwen se nèg Filadelfi (nan Leta Pansilvani, Ozetazini) kote m te fèt 5 fevriye 1952. Donk, mwen se Nwa Ameriken natifnatal. Papa-m te Nwa Ameriken, manman-m te Nwa Ameriken. Tout ansyen granmounn-mwen-yo te Nwa Ameriken natifnatal tou. Angle se lang manman-m.
>
> M tanmen aprann Kreyòl Ayisyen-an nan mwa fevriye 1972, lè m te gen 20 anne. M te degaje-m an Franse deja, epi akòz etid antwopoloji nan inivèsite, rankont ak Ayisyen Ozetazini epi twa mwa m pase Matinik an 1971, m te okouran sa ki rele lang Kreyòl nan ansyen koloni Franse plizyè kote nan rejyon Karayib-la.
>
> Pou komanse, mwen te panche sou *You Can Learn Creole* [Nou ka aprann Kreyòl] (Makonnèl ak Swann 1945). Apre sa, m etidye "Haitian Creole: Grammar, Texts, Vocabulary" [Kreyòl Ayisyen: gramè, tèks, vokabilè] (Hòl 1953) pou mwen rantre pi fon nan detay lengwistik lang Ayisyen-an—son-yo, gramè-a, mo ak fraz epi sans-yo.
>
> Sepandan, bò mwa me menm anne 1972-sa-a, m vin tonbe sou *Basic Course in Haitian Creole* [Lèson fondalnatal sou Kreyòl Ayisyen] (Valdmann 1970). Malgre twa tèks m sòt nonmen-yo te pèmèt-mwen kòmanse metrize Kreyòl-la, liv Valdmann-nan te pi enpòtan pase lòt-yo. Mèzalò, se lapratik avèk Ayisyen nan peyi pa-yo, mare ak etid nan liv-yo, ki fè-m rive pi lwen.
>
> Nan mwa jen 1972, mwen ale ann Ayiti pou prenmyè fwa. Se yon pwoje klase liv nan bibliyotèk ki mennen-m la, yon pwoje bibliyotèkonomik ("bibliothéconomique" jan yo rele-sa an Franse). Mwen te mare yon kopi Valdmann nan pakèt-mwen. M te vle pouswiv leson nan liv msyè pandan m chita nan milye Ayisyen. Sètadi, pandan m tap gade sa kap pase ann Ayiti, rankontre Ayisyen-yo, travay sou liv-yo, mwen te vle repase leson Valdmann-yo.

Prenmyè vwayaj ann Ayiti-sa-a, m te fè wout-la ak yon zanmi kamarad ki rele Ira P. Lowental, yon etidyan ann antwopoloji tankou mwen. Donk, de Ameriken vwayaje ansanm—yon Blan Wouj ak yon Blan Nwa. Misyon-nou se klase bibliyotèk Msyè Edmon Mangonès (1883-1967) ak bibliyotèk Doktè Jan Praysmas (1876-1969). Epòk-sa-a, kay lafanmi Mangonès te Petyonvil nan Ri Dagen, pi lwen pase Ri Jefra, prèske kole avèk ravin ki fann Ri Dagen anvan ou pran Ri Metelis-la. Kou nou wè bibliyotèk Msyè Mangonès-la, Ira ak mwen, nou te konnen nou pa ta kapab klase bibliyotèk Doktè Praysmas-la tou. Nanpwen mwayen. Okontrè, nou te sispèk nou pa tap fini pa Mangonès-la nan dire sejou-nou.

Nan mitan mwa jen jouk kòmansman mwa sèptanm, nou travay tankou bourik pou klase kèk 4,000 tit Msyè Mangonès te rasanble (Lowental ak Woudsonn 1974). Ala tèt chaje! Nonsèlman liv, jounal, revi ak dokiman-yo te anpil, men tou bibliyotèk -la te gen pousyè agogo, epi ti bèt tap ronyen tout bagay. Flite ak Begonn te rantre nan woutin travay-nou, menm jan ak gade dènyè bagay ki chita sou etajè-yo epi tape deskripsyon sou ti kat kare blan-yo! Nou te travay nan Bibliyotèk Mangonès-la konsa chak jou, depi uitè nan maten jis rive dezè nan apremidi.

Men chak jou tou, lè nou lage nan travay bibliyotèk-la, nou plonje nan lari Petyonvil. Nou manje nan ti rèstoran popilè swa nan rèstoran "C'est Si Bon" [Sesibon] swa ankò nan Mache Simòn Ovid Divalye [Marché Simone Ovide Duvalier]. Nou bwè wonm Babankou twa zetwal ak vè kremas Kay Mara ["Chez Marra"] pandan nap bay odyans ak mounn nan boutik-la leswa. Nou te konn pase sware nan Lakav ["La Cave"] sèl nayklèb ki te louvri epòk-sa-a nan tout Petyonvil ak nan Pòtoprens.

Mwen ale lòt kote tou. M desann anba lavil Pòtoprens pou mwen ale manje "Chez Ti Doc" [Kay Ti Dòk] oswa "My Dream Bar " [Kafe Rèv-Mwen] sou Granri. M pran taptap Kafou rive jis "Le Lambi" [Lanbi-a] pou danse mizik Koupe Klouwe. Chak dimanch nan mwa jiyè, m monte Kenskòf, epi yon jou nan mwa daou, m monte nan mòn piwo pase Kenskòf, debake Fisi, kote mwen asiste yon Sèvis Lwa sou yon bitasyon nan mòn pou prenmyè fwa.

Anfen, male Okap. An 1972, Pòtoprens-Okap sou otowout nasyonal nimewo 100 te pran 17 è. Imajinen-ou! Apre m dòmi dòmi-m Okap, m lève nan landemen pran machin pou fè wout Milo. Etan Milo, m f'on koudpye Palè Sansousi. Kòm mwen te gen pou mwen monte Sitadèl, yon abitan vin bò kote-m pou lwe-m yon bourik. Men bèt msyè pa te manje byen menm. Li te tou fèb. Mwen te pè bourik-sa-a. Donk, m di abitan-an "mèsi anpil, men non mèsi," epi m pran wout-la apye. Se apye mwen fè chemen Milo al Sitadèl: apeprè 14 kilomèt, wi!

Se konsa m tanmen aprann pale lang Ayisyen-an: koute ak pale Kreyòl pandan jounen-an, etidye lèson Valdmann chak lè m gen yon ti tan. Anpil Ayisyen ban-m vye non "Dyèsèl" olye Drèksèl, menm jan ak "Drexel" ki bon non-mwen nan lang manman-m. Men, boukannen soutni bouyi. "Blan nwa" te fè yon parèt nan peyi Ayiti.

Granmèsi eksperyans Drèksèl fè ann Ayiti depi prenmye vwayaj-li, afeksyon-ni pou peyi-a ak popilasyon-ni pa janm rafredi. Okontrè Pwofesè Woudsonn toujou pare pou

li pataje konnesans-li avèk zanmi Ayisyen-li-yo, nan lavil kou andeyò, sitou avèk sa-yo ki bezwen ankourajman ak koudmen.
prann." Se li ki ban-nou modèl kominikasyon valab pou kreyòl ekri. Lapratik kole mo ak fraz ansanm—nan bouch dabò, answit sou papye epi nan ekran konpitè. Se sa ki nesesè ni pou pale dwat ni pou ekri dwat sou sa ki te pase ann Ayiti depi 1804, sou sa

KONTRE ZO NAN GRAN CHEMEN, SONJE VYANN TE KOUVRI-LI: KOUDJÈ ANTWOPOLOJIK SOU KÈK LÈT YON BLAN NWA VOYE BAY AYISYEN NATIFNATAL, 1980-1983

Ti pawòl pou derape

"Èske Kreyòl Ayisyen se yon lang?" Gwo diskisyon sou kèksyon-sa-a kaba. Sèjousi, pyès mounn reponn "non." "Lang Ayisyen-an" (nan pale yon gwoup mounn ki pa tolere ansyen vye sans derèspèktan mo "Kreyòl"-la **menm**) se yon lang, egalego avèk franse, angle, èspanyòl, alman, neyèlandè, arab, chinwa, ansanm ak lang afriken tankou kikongo, swahili, yowouba oswa wolof. Donk, lang ayisyenan (lang pi fò Ayisyen natifnatal-yo toujou rèle "kreyòl") fèt pou jwe yon wòl kapital nan lavi entelektyèl, ekonomik, sosyal ak politik peyi Ayiti. Malgre sa, anpil mounn kontinwe ap poze kèksyon sou kouman Kreyòl-la pral jwe wòl kapital ki prevwa pou li.

Dejan (1983), Chifelin ak Dousèt (1994), ak lòt mesyedam èspesyalis-yo bay repons kèksyon-sa-a. Yo vire paj deba òtograf-la. Yo chwazi sistèm Enstiti Pedagogik Nasyonnal-la epi alawonbadè sistèm EPN-nan ap ganyen sou teren-an. (1)

Donk, sou bò kèksyon fondalnatal grad Kreyòl-la (anfas Franse-a sitou), epi sou bò kèksyon kijan pou yo ekri lang Ayisyen-an, pi fò èspesyalis ak chèf dakò. Kounye-a, zouti politik ak teknik valab nan men-nou pou nou abòde pwoblèm kominikasyon ann Ayiti. Se lapratik ki pral montre-nou tout detay sou jan pou nou ekri Kreyòl-la, kijan pou mounn sèvi ak òtograf EPN-nan, fè-li travay pou li eksprime sa nenpòt ki mounn gen nan tèt -li.(2)

Ou pa bezwen ni èspesyalis ni chèf pou ou konnen nannan pwoblèm-sa-a se siyifikasyon mo ak fraz nan lang Ayisyen -an, oswa ki sa mo ak fraz vle di. Ayisyen pa janm bouke di, "kreyòl pale, kreyòl konprann." Èske sa vre toutbon? Parapò ak lang franse-a, se vre. Se yon ti minorite Ayisyen ki konprann franse e se yon ti kras nan minorite-sa-a ki pale-l. Men, lè mounn ap pale Kreyòl li-menm, se pa touttan kreyòl pale kreyòl konprann, paske tande ak konprann se de bagay diferan. Anpil Ayisyen pa konprann langaj kreyòl (tankou sa ou tande nan sèvis lwa). Tout Ayisyen pa konprann pale bolit Jèson Aleksi (1970:201-207) te dekri ban -nou. Epi, lè ou fin remake sa, ou pako manyen diferans rejyon ak klas kreyòl pale-a mete deyò.

Antouka, se lapratik ki montre-nou nan ki mezi "Kreyòl pale se kreyòl kon-

kap pase ann Ayiti jodi-a, epitou sou ki kote nou vle rive demen.

Plizyè jenerasyon èspesyalis mète-nou nan bon chemen pou reflechi sou pwoblènm kominikasyon ann Ayiti. Lengwis Wobè Hòl, ansanm avèk kolèg Ayisyen ak blan-li-yo, te kòmanse frape pwoblèm siyifikasyon mo ak fraz an Kreyòl lontan. Ekip Hòl-la te fè yon vokabilè pou ede moun kole mo lang Ayisyen-an ak mo lang angle (Hòl 1953:222-309). Answit lòt espesyalis gen tan mete diksyonnè deyò pou tradwi lang ayisyen-an nan lang etranje-yo.

Pou angle, gen diksyonnè Valdman (1981) ak diksyonnè Fimann ak J. Lagè (1996). Pou franse, gen diksyonnè Bantolila (1976) ak Valdman (1981) ankò. Menm neyèlandè parèt nan seri diksyonnè-sa-yo ak travay Pèlmann (1984, 1986). Se biza pa gen younn pou èspanyòl, lang mounn nan peyi Dominikani pale. Sa ki pi dwòl toujou, men lang ki pa bennefisye diksyonnè pa-li jis kounye-a se kreyòl li-menm. Pakò gen yon diksyonnè èstanda nan lang ayisyen pou kò-li. (3)[3] Malgre sa, prèske tout bagay an plas. Bourik chaje pa kanpe. Ann boukante lèt yon jan nou ka sèvi ak lang ayisyen-an pou nou konstwi ekriti-li.

Lèt mounn echanje pou koresponn se yon kalite ekriti. Pale yon lang se younn, fè lang-lan sèvi kòm poto konstriksyon ekriti se yon lòt bagay. Gen plizyè koulè oswa kalite ekriti, wi: liv, atik jounal, pwezi ak woman, epitou atik rèvi syantifik ak literè. Chak grenn koulè ekriti-sa-yo gen fason oswa estil ekriti pa-li. Chak grenn gen vale pa-li. Nan chak kalite ekriti, ou ka jwenn istwa, nouvèl, komantè. Chans pa-ou, wa jwenn bagay ki louvri jè-ou, debouche lèspri-ou, ak sa ki bay kè-ou sa li bezwen tou.

Se tout koulè ekriti-sa-yo ansanm ki montre-ou kijan lang ayisyen-an kab sèvi pou mounn boukante lide ak santiman. Menmman parèyman ak rès-yo, lèt pèmèt mounn di sa ki nan tèt-yo, epi koute sa ki nan tèt lòt mounn. Men lèt-yo gen yon avantaj sou lòt kalite ekriti-yo: lèt-yo enfòmèl, epi tèm yo kapab soulve pa limite. Lè ou fini, se yon afè pèsonnèl. Sa vle di, ou pa nesesèman oblije rèspèkte estil ak regleman ki ankandre lòt kalite ekriti-yo.

Souvan, se de zanmi ki ekri lèt paske yo ta vle pale vizavi, men yo pa ka jwenn younn ak lòt. De mounn-sa-yo mande nouvèl, epi yo bay nouvèl tou. Yo mande ransèyman. Yo mande sèvis. Yo fè komantè sou istwa, sou politik, sou lavi sosyal ak mès mounn kote yo rète. Yo pale tout bagay ki nan lespri-yo. Yo pale dwat, paske yo pa bezwen pè akòz lòt mounn ap li lèt-yo, amwenske mounn ki ekri lèt-yo di sa. Lèt-yo montre matirite yon lang, paske mounn kapab sèvi an woutin ak koulè ekriti-sa-a pou nenpòt bezwen kominikasyon pèsonnèl.

Donk, lèt-yo pran plas akote lòt koulè ekriti. Se pa menm bagay ak lòt kalite ekritri, men anmenmtan lèt konplete-yo. Se konsa nan yon lèt ou ka ekri sou bibliyografi. Se yon resous enpòtan paske li di-ou ki dokiman ki kapab satisfè bezwen konnèsans-ou. Michel Lagè (1982) ban-nou plizyè tit an Kreyòl nan de gwo volim bibliyografi-li-a, sitou nan Chapit 27 ak 28. Wobè Lòlès (1990: 331) drèse yon endèks pou gid rechèch-li ki gen omwens 215 tit an Kreyòl ladann.

Pou istwa, Michelwòlf Twouyo (1977) rakonte faz ak mounn prensipal nan Revolisyon ayisyen-an (1791-1803) sou fòm koze nenpòt gwoup Ayisyen ka pataje lè yap bay odyans. Pandan nap tann dèzyenm volim msyè sou epok-sa-a, lòt istoryen fèt pou swiv chemen Twouyo trase-a pou fouye nan istwa nasyonnal diznèvyenm ak ventyenm syèk-yo. Jeyograf Wobè Magwayè (1979) te apante teren pou etabli yon metodoloji pou devlopman ki sòti nan baz peyi Ayiti, sètadi chanjman sistematik ki reponn bezwen ak kapasite mounn andeyò. Msyè te pale metodoloji-sa-a an Kreyòl anvan li prezante lide-yo ann angle ak ann èspanyòl (Magwayè 1981).

Pita Edèl Tebo (1994) sanble ransèyman sou metòd pratik pou travay ak fanm andeyò-yo. Nan domèn devlopman, tou, Tinmyan (1996) fouye toupatou pou ban-nou non pyebwa, travay ki pèmèt-nou kole-yo ak non Angle, Franse ak Laten pou atake de fasad pwoblèm debwazman ak rebwazman pi byen. Epi avoka Rene Jilyen (1992?, 1994, 1995) jwenn bourad nan men Pwoje PIRÈD pou li pibliye yon seri ti liv sou etasivil ak eleksyon nan komin-yo.

Fo pa bliye dokiman ki ànalize wòl lang Ayisyen-an jwe nan lavi entelektyèl, sosyoekonomik ak politik, malgre dokiman-yo pa ekri an Kreyòl. Antwopolog Karin Richmann (1990) dekale jan Prezidan Aristid sèvi ak pwovèb nan diskou politik-li pandan eleksyon 1990-yo, epi Richmann (1992) montre-nou travay imaj Lavalas fè kòm trèdinyon ant Ayisyen lakay ak Dyaspora. (4)

M fouye fon mwen-menm nan sans mo ak fraz kreyòl pou ankadre tèz etnografik ak istorik-mwen sou afè tè ak afè komès nan komin Dondon (Woudsonn 1990). Parèyman, mwen pibliye yon atik sou metodoloji antwopolog BARA ak 55 chèchè Ayisyen te mète sou pye nan twa etid fondman sou lamanjay ki fèt nan nèf depatman peyi Ayiti pandan anne 1994-1996 (Woudsonn 1997). Pwoblèm kominikasyon se nannan optik ak demach nan atik-mwen-an, dabò pou etidye lamanjay andeyò, epi answit mete men pou jwenn solisyon pwoblèm pwodiksyon ak komès kap kraze anpil abitan ak mounn nan ti bouk. Deskripsyon ak ànaliz nan atik-la pran woulib sou sajès granmounn Dondon ki te konn di-m, "Lè ou kontre zo nan gran chemen, sonje vyann te kouvri-li."

Mwen di, lèt-yo ankadre kominkasyon pèsonnèl de mounn ki lwen younn ak lòt. Mwen di tou lèt-yo gen yon avantaj sou lòt kalite ekriti, paske mounn pa ekri-yo pou mete afè-yo nan lari. Mezalò, si sa m di-la se vre, poukisa map pibliye lèt-

KOUMAN EKRI LÈT AN KREYÒL BAY YON ANTWOPOLÒG BOURAD NAN TRAVAY-LI

mwen-yo nan liv sila-a? Enben gen de rezon. Prenmyè-a se paske m vle swiv model twa istoryen Ayisyen ki te sèvi ak lèt pou prezante "ti istwa" Ayiti. Dezyenm-nan sòti nan jan mwen wè yon antwopològ fèt pou pratike metye-li.

Istoryen Antwàn Michel te ekri lèt pou Gera Michel, ti gason-ni, epi lèt sila-yo sèvi pou prezante chak tonm gwo louvraj ki pòte tit *La XIVème Législature* [Katòzyèm Lèjislati] (Michel 1932/33). Epitou, nan *Salomon Jeune et l'Affaire Louis Tanis* [Salomon Jèn ak afè Lwi Tannis] (Michel 1913), msyè te fouye nan achiv-yo pou li jwenn lèt ki pèmèt-nou etidye wòl sitwayen Salomon te jwe nan opozisyon gouvènman "liberal" Presidan Bwawon Kannal anvan Salomon monte sou chèz prezidan-an li-menm kòm chef gouvènman "nasyonnal".

Konsa tou, Pyèejèn Delèspinas (1961) panche sou lèt pou prezante souvni yon seri ansyen Ayisyen lontan. Li te ànalize yon makòn lèt pou montre-nou lavi anndan lakay gwo boujwa-yo lè Janpyè Bwaye te prezidan, epi pou voye limyè sou plan diplomasi Leta Ayisyen vizavi Dominikani nan menm epòk-sa-a.

Finalman, Dòktè Rilks Leyon (1979) te ranmase yon bann lèt ni pèsonèl ni ofisyèl nan Achiv nasyonnal-la ak nan kolèksyon prive fanmi-li pou li voye limyè sou ti detay lavi mounn ki pa parèt souvan nan istwa sosyal ak politik peyi-a pandan diznevyèm syèk-la.

Kòm mwen di-nou, m te vle swiv modèl twa granmounn-sa-yo te etabli. Men tou gen twa rezon pwofèsyonnèl ki fè-m pibliye lèt-mwen-yo. Se rèsponsablite pwofèsyonnèl-mwen ki dètèminen sou ki fòm m dwe prezante lèt-yo.

Pandan m tap fè sa antwopològ-yo rele "travay teren" andeyò bouk Dondon an 1980, m komanse ekri lèt an Kreyòl. Mwen ekri katvendiznèf (99) lèt ant 28 janvye 1980 ak 10 jen 1996. Lèt-sa-yo ajoute kichòy sou travay antwopoloji-mwen: katalog biblyotèk, tèz doktora, rapò konsiltan epi "kontrandi" (evalyasyon) liv lòt mounn ekri. Nan lèt-mwen-yo, m sèvi ak leson antwopoloji-yo nan yon lòt domenn. Ekri lèt-yo an kreyòl ankouraje-m vin abitye ak òtograf ofisyèl-la. Anmenmtan, mwen fè kreyòl-la travay pou mwen pa vin dezabitye ak zanmi kanmarad-mwen-yo.

Mwen chwazi dis lèt epòk 1980-1983 pou prezante nan konbit literè sila-a. Se sèlman yon mòso nan chak lèt mwen te ekri mwen-menm ki la. Nou pap jwenn tout korèspondans-lan, paske lèt-yo Ayisyen-yo te voye ban-mwen ekri sou papye oubyen anrejistre sou kasèt pa ladann. M pran prekosyon chanje non tout mounn mwen ekri. Mwen bay mounn-yo non ki pa ni bon non-yo ni ti non jwèt-yo vre, oswa m sèvi ak prenmyè lèt non ak sinyati mounn-yo. Ositou, malgre mwen nonmen non plizyè kote epi m rakonte anpil ti istwa, mwen wete tout enfòmasyon pèsonnèl sou mounn-yo ki ta pèmèt-nou idantifye-yo.

MÒSO NAN 10 LÈT-MWEN-YO

(1) Pou yon jenn gason nan bouk Dondon kap etidye nan lekòl sègondè Pòtoprens.

Basen Kayiman ,

Bò Wout Matadò
28 janvye 1980

Ti Chèlbè monchè,

Sak pase, papa? M te resevwa ti lèt ou te voye ban-mwen pandan semenn pase -a. M te byen kontan pran nouvèl-a-ou wi nèg! Chak fwa m wè manman ak papa-ou, m toujou mande pou ou. Yo fè-m konnen sa wap fè, men ou konnen . . . [yo] pa sou tout bagay. M ta renmen konnen ki sa ou regle men pou mwen konnen bagay-sa-yo, map blije tann yon koudplim nan men-ou.

Enben, monchè, isit nou la konsa. Lapli pa tonbe depi kèk tan epi tout abitan ape tann pou wè si pwa karenm ap bon. Gen nan yo kap frape grenn nan travay chemen-an tou. Men se kòm si se kòve nèg-yo ap fè. Alekile yo pral kouri sou 4 mwa depi yo touche. M pa konprann anyen mwen-menm.

Map toujou okipe rèchèch-la . . . [men] m pap kache di-ou menm si mwen about ake-i detanzantan nap fè zefò kanmenm. Malerèzman fèt lèwa pa te telman cho. Mounn-yo te di-m lèwa tap enterèse-m anpil. Sepandan, malgre m te tande tanbou ki tap bat nan mòn, m pa te jwenn mounn ki tap fè kichòy pou lwa-yo vre. Sèl bagay m te gen tan aprann nan vodou-a se yon bagay tou piti nan afè renmèd.

Nani [Averis] madanm-a-Teoloniyis [Senjak, nèg ki te jeran bitasyon kote-m te rète-a], konn limen chandèl pou Lèsen. I te konn fè koken ake-m, men semenn pase-a i te envite-m asiste yon lize [seyans divinasyon]. Bagay sila-a enterèse-m anpil ni paske afè mounn ki gen janyi [lwa] nan tèt-a-yo se yon abitid enpòtan lakay pèp ayisyen-an ni paske Nani li-menm se pa mounn isit. Senmicheldelatalay se peyi-kina-i, e . . . [se pa fasil] jwenn mounn ki manyen mounn oswa ki limen chandèl nan peyi kote yo pa mounn.

Ou mande-m kijan m fè pou mwen kenbe Basen Kayiman. Se pa peyi pa-m, se vre. Epitou, m pa abitye avèk lavi andeyò, ni Ozetazini ni isit ann Ayiti. Se mounn lavil mwen ye. M fèt lavil, m lève lavil, m pito rète nan gran vil Ozetazini-yo. Men fòk ou reyalize mwen se yon etnològ. Se **travay** map fè la, wi nèg-a-mwen. Ann etnoloji, ou bezwen abitye-ou ake tout sitiyasyon. Se pou ou viv avèk mounn-yo, e pafwa se pou ou reziyen-ou. Sa se prenmyè règleman sa yo rele "rèchèch sou teren", monchè.

Depi lòtbò m te gen lide rète andeyò. Pou reyalize sa m gen pou mwen fè isit-la, se pou mwen chita ake abitan-yo. Menm si m ta pi pito rète nan bouk osnon lavil Okap, m pa kapab. M pap rète isit touttan, men pou mwen etidye jan abitan-yo viv ansanm, jan yo travay, jan yo fè mache, bagay-sa-yo, se nan bwa pou mwen rète. Ou pa ka fouti chita lavil touttan pou ou kwè ou ka konprann sa kap pase ann Ayiti.

Alò, sanble wap boule rèd nan lekòl [segondè Pòtoprens], wi dyab! Senkyenm plas sou 52 se zen. Ki matyè ou ap etidye ankò? Nan kilès nan yo ou pi fò?

Enben, nap voye monte pou kànaval-la deja, ou-menm ake ED. Komanman! Ala peyi ki gen nèg ki renmen plezi! Menm vye flema-yo konn fè de twa pa. Nou mèt tann mwen. M kwè map rive Pòtoprens nan mwa fevriye, bò 15-la. Na pray fete korèk, sa ou di?

Ou di GE [yon ti dam Pòtoprens] te

kontan pran nouvèl-mwen. M byen kontan tou. M di-ou mèsi anpil [pou komisyon ou te bay GE pou mwen]. Ou pa janm konnen, i ka gen kichòy pou mwen atò. Di-li bonjou pou mwen, epi di lòt mounn-ou-yo m voye anpil bonjou ba-yo tou.

Oke chef, map vole. Mwen espere Kreyòl-la pa te ba-ou twòp traka. M ta ka ekri an franse (ou konnen m bezwen pratike nan lang-sa-a tou), men m deside bay Kreyòl-la yon chans. Si nap bay lang manman-nou valè se pou nou pale-l, se pou nou ekri-l tou.

Ekri-m ankò epi, jis pwochenn fwa, pinga ou fè twòp dezòd, tande!

Toujou zanmi-ou,

Drèksèl

(2) Pou yon jenn danm, abitan Matadò, twazyenm sèksyon kominal Dondon

Wachintonn, DC
16 mas 1981

Jistin machè,

Se Drèksèl kap pale ave-ou. M te anrejistre yon repons pou kasèt-la ou te voye ban-mwen sou dèzyenm fas kasèt-la. Mète kasèt-la sou fas ki make "2" pou ou koute-l. Map ekri sa m te di sou kasèt-la, paske ou kapab pa genyen yon [machin] kasèt oswa ou kapab pa tande byen sa m di.

Manman-m te voye kasèt-la anvaniyè. Sè-mwen te vini pase de jou lakay-mwen epi se li-menm ki te pòte-l ban-mwen. Kou m te tande vwa-ou, kè-m te kontan anpil. Men m pa twò kontan paske m règrète wap soufri akòz pwoblenm-ou. Mwen espere wa jwenn mwayen pou ou resoud tout pwoblenm sila-yo anvan lontan. M poko konprann ka-ou nèt, men m pral poze-ou kèk kèksyon talè-a. M ta vle ba-ou yon ti ransèyman anvan.

Fòk ou konprann lapòs. Ozetazini lwen ak Ayiti anpil. Pou yon lèt sòti Okap rive Ozetazini, sa pran 15 jou. Pa egzanp, si m ekri-ou jodi-a, se wo 15 jou wa jwenn lèt-la. Lè ou fini, si ou ekri-m lakay-manman-m Filadelfi, fòk ou mète twa, kat jou anwo tan-sa-a ankò paske manman-m oblije ekspedye-l ban-mwen. Sètadi 18 oswa 19 jou. Se lapòs ki fè repons-mwen-yo pran anpil tan.

Jiskaprezan, m gen tan resevwa twa lèt nan men-ou. Prenmyè-a, ou te ekri-l 29 desanm 1980. Dèzyenm-nan, ou te ekri-li 5 janvye 1981. Twazyenm-nan, ou te ekri-l 10 fevriye. Mwen-menm, m te ekri-ou twa fwa. M te voye yon kat postal an desanm. M te voye yon lèt 23 janvye ak yon lòt lèt 5 mas. M sipoze ou resevwa lèt 5 mas-la deja.

M di-ou konsa, m pa konprann ka-a-ou trè byen. Èske ou ansent oswa èske ou nan pèdisyon? Sètadi, èske ou pral fè pitit vre? Nan kasèt-la, ou di ou tal fè yon konsiltasyon 15 desanm. Lè-sa-a, yo te di-ou ou ansent. Men nan menm kasèt-la ou te vire bagay-la. Ou di se pèdisyon wap soufri. Ou di ou te gen randevou pou fè konsiltasyon ankò an janvye, men ou pa te ale pou tèt lajan ou pa te genyen.

Poutan, pandan ou pat kapab ale fè konsiltasyon-an, ou vin wè ou gen règ-ou. Lè ou fini, nan uit jou apre, ou te wè san ankò. Lè-sa-a, ou di ou te konprann se pèdisyon ou tap fè. Ou pa gwo vant vre se pèdisyon ou fè. Depi lè-sa-a, ou malad anpil. Vant-a-ou fè-ou mal, tèt-a-ou vire, ou vèse, ou gen koulisman touttan.

Bon. Men jan m konprann bagay-la. Sa m konprann mwen-menm, pwoblenm ou gen kounye-a se pèdisyon wap fè. Nou pa nan afè fè pitit ankò. Dapre sa ou di, vant-a-ou pa gen anyen ladann menm, paske san ap koule touttan. Ou di, ou ta vle fè yon remèd pou pèdisyon-an, men mounn -nan te mande 73 goud 50 pou fè-l e ou pa gen 5 kòb menm. Enben machè, pwoblenm-sa-a se yon pwoblenm nan kè.

M konprann se yon pwoblenm èspiritwèl se pa yon pwoblenm fizik. . . . [Mwen rakonte kijan Jistin tap boule ak mennaj-li, yon jèn gason Matadò.] Map fè yon jès ake ou . . . malgre m deja pale-ou ki pwoblenm m gen avèk lajan. Sepandan Ou te mande-m pou IPL, CA ak PR. IPL isit Ozetazini. Li rète nan yon vil yo rele Baltimò ansanm ake pitit li te fè ake CA. CA li-menm, li rète lavil Nouyòk, lakay yon kouzen-ni si m pa tronpe-m. M poko wè ni IPL ni CA. IPL di-mwen nan telefonn CA gen pwoblenm. Li pa pale angle, li pap travay, epi fredi Nouyòk-la ap bat-li. Gen lè li pa alez. . . .

Kanta mwen-menm, nape boule younn de. Travay sou tèz-la ap mache lantman epi m toujou mande-m kouman ma fè avèk pwoblenm lavi mete devan-m. M poko wè anyen. Boukannen soutni bouyi.

Bon, se sa. Map deplase .... Na pale yon lòt lè,

Drèksèl

(3)Pou menm danm-nan, abitan Matadò, twazyenm sèksyon kominal Dondon

Wachintonn, DC
9 jen 1981

Bonjou Jistin,

Kijan ou ye jodi-a, bèl fanm nwa? Mwen espere tout maladi ou tap soufri-yo ba-ou kal epi ou kòmanse reprann sante-ou. Kòm dabitid, mwen anrejistre repons-mwen sou dèzyenm fas kasèt-la epi mwen ekri sa m te di-a anka ou pa tande kasèt-la byen oswa li pa bon. Chalè ake imidite ap touye-nou isit, men nou pa kapab plenyen vre. [Pou mwen-menm m voye 20 dola-sa-a pou ede-ou fè renmèd-la. Al fè renmèd-la, m pale-ou! Pinga ou achte kivèt, pinga ou peye dèt. Kòb-sa se pou achte renmèd pou ou kapab reprann sante-ou. . . . ake tout mennaj-mwen], nou toujou an sante.

Se sanmdi ki te 6 jen m te resevwa kasèt ou te anrejistre 10 me-a. Se sa ki fè m pa ba-ou rezilta pi vit. Depi 24 me jouk rive 5 jen m pa te Wachintonn menm. M te fè 13 jou deyò. M te ale Pitsbèg pou fète ake ti sè-mwen ki te resevwa diplonm-ni. Kounye-a ti flema-sa-a se doktè. M sezi! M byen kontan pou li tou. Apre sa, m te ale Miyami ak Sentoma pou asiste de konferans sou Ayisyen ki pran kantè pou ale nan peyi blan. Alò, ou wè m pa te abandonnen-ou, non. Se kounye-a menm m gen tan fè repons ba-ou.

Talè mape pale-ou sa m panse sou tout sa ou voye di-m. Men, depi se lajan ou manke, kite-nou okipe-sa anvan. Mwen byen kontan ou te resevwa kasèt m te voye 16 mas-la ak tout 20 dola m te mète ladann. Men m pa kache di-ou m pa gen konfyans nan lapòs. Ou di ou bezwen 30 dola pou renmèt papa-ou lajan li te prète pou-ou nan men DM [yon gwo komèsan nan bouk Dondon]. Map voye 30 dola-sa-yo ba-ou ake 20 dola ankò. Sa fè 50 dola. Men pinga ou rele-m ankò, tande? M pa gen pye lajan lakay-a-m!

Depi m pa gen konfyans nan lapòs pou voye 50 dola kach, map voye yon chèk bay PR. Ma mande msyè chache yon mounn pou ekspedye lajan-sa-a ba-ou Okap lakay. Man Edwa. Otreman, m pè pou li pèdi. Mwen espere wap apresye sakrifis m fè pou ou atò! . . .

M pa te janm resevwa kasèt ou di ou te voye ban-mwen 31 mas. Genlè mounn lapòs-yo pèdi-l. Sa vle di m pa te konnen anyen sou dènyè maladi ou tap soufri-a. M pa te konnen ou te pase 10 jou lopital. M regrèt wap soufri tansyon epi ou poko tèm [gaya] toujou . . . . Lè m wè ou pa te janm reponn kasèt m te voye ba-ou 16 mas-la, m te konprann ou pa te gen pwoblenm vre . . . Se pèdisyon ou tap fè [epi] m te konprann ou ta pray lakay bòkò pou trètman. Men, kounye-a ou di-m se pa konsa . . . Donk, jiskounye-a m poko fin wè pou ki rezon ou te oblije ale lopital. Tèlman ou refize pale klè, m konprann se kaponnen wap kaponnen-m.

Ou te konn di ou pa mounn Matadò ni nan tèt ni nan kè. Malgre ou fèt la, ou grandi la, ou te vin pa gen menm mès, menm abitid, bagay-sa-yo. Enben machè, si ou pa mounn Matadò, wap oblije sere ren-ou lè mounn pale sou ou. Se kanpe, kenbe tèt-a-ou wo . . . [epi] pa okipe-yo.

Kite-m di-ou tenm m te ba-ou-yo te bon. M te voye tenm 25 kòb. Men ou dwè konnen se 1 goud 25 pou ou mète sou yon lèt pou Ozetazini. Sa vle di se pou ou te kole 5 tenm 25 kòb sou anvlop-la. Pètèt ou pa te konprann sa, m pa konnen.

Pandan mwen te Miyami, m te pase lakay Gwo Djo. Gen yon pakèt mounn Dondon ki rète lakay msyè: Fanfan, Lwi Jozèf, Ti Sonn, Jòj Pyèwo epi Sèj Teyodò. Gwo Djo ak tout lòt nèg-yo byen. Yap travay nan kous-a-chwal epi yape boule rèd pou abitye-yo ake lavi nan peyi blan-sa-a. Yon lòt kote, mwen wè Jinèt, ti mennaj Gwo Djo. Li rète Miyami tou men i poko travay. Yon lòt kote ankò, m wè Akanj Matiren. Msyè ap travay tou. Dènyè nèg ak negès-sa-yo sonje peyi Ayiti anpil.

Oke, Jistin, map vire la ... Bon kouraj Bèl fanm nwa.

Abyento,

Drèksèl

(4) Pou konpè-mwen, ajan agrikòl Lagiy, katriyèm sèksyon kominal Dondon

Wachintonn, DC
18 oktòb 1981

Bonjou Viktoryen,

Ki nouvèl-a-ou? Mwen espere liy mape trase-la-a jwenn pen-a-ou sou gri epi tout madanm ake pitit-a-ou byen.

Ou te di-m yon fwa lè m rive Ozetazini m ta ka ekri-ou ni an Franse ni an Kreyòl, paske li Kreyòl-la pa ta ba-ou pwoblenm. Enben, kounye-a nava wè si ou bon nan lang nasyonnal-la! Jodi-a, m santi ekri an Kreyòl ta fè-m byen. Ou wè, depi m pa gen anpil okazyon pou pale Kreyòl, mwen oblije ekri nan lang-kina-ou tanzantan pou mwen pa bliye-l nèt. Wa fè

-m konnen si lèkti Kreyòl-la ba-ou traka.

Lèt ou te ekri-m pou prenmyè oktòb-la te rive mèkredi ki te 14 oktòb. M pa kache di-ou m te sezi aprann ou konprann m te gen tan bliye-ou. Non, konpè, se pa konsa m konn sèvi ake zanmi-m. Si ou wè ou pa resevwa nouvèl-mwen pandan kèk tan, ou mèt sipozè m te gen twòp bagay pou okipe. Se sa ki te rive anvan m te fè yon koudplim pou 18 out-la.

Nan dènyè lèt-mwen, m te pale-ou sou "konplèksite" lavi riral ann Ayiti. M konprann byen ou konnen sa kap pase andeyò trè byen epi istwa peyi Ayiti se pa yon bagay ki depase-ou. Sepandan, lè m di "konplèksite," pinga ou pran mo-sa-a nan sans tout mounn konprann-ni. Kite m seye detaye sa m ta vle fè nan tèz-mwen [sou afè tè Basen Kayiman]. Konsa, pètèt wa kapab devinen panse-a-m.

Dabò fòk nou note etnoloji se yon syans èspèsyal ki rakonte sa kap pase nan kilti ak sosyete yon peyi. Lè syans etnoloji sila-a fin rakonte sa kap pase, li fè ànaliz pou wè poukisa kilti ak sosyete mache jan yape mache-a. Etnoloji gen vokabilè-pa-li, li gen mwayen-pa-li pou li pran ransèyman, li gen fason pa-li pou li drèse yon memwa oswa yon tèz. Sa vle di, lè etnològ di-ou yon peyi konplèks, li di-ou sa nan yon sans èspèsyal.

Sa ki enterèse etnològ-la se prensip, mès, valè kolètif yon peyi, epi konpòtman tout kalite mounn kap viv nan peyi-sa-a. Donk, lè mwen di-ou lavi riral ann Ayiti konplèks, sa vle di ni mès pèp-la ni jan li konpòte-l, ni jan mounn boule younn ake lòt se 3 bagay ki melanje ansanm. Twa bagay sila-yo gen anpil dèyè-yo. Dèyè-yo, yon etnològ twouve yon kokènchèn lide ake plizyè fason pou mete lòd nan yo, epi anpil preparasyon mounn fè pou aji sou lide-yo. Se lide ake tout preparasyon-yo ki konplèks.

Tit m bay tèz-mwen-an se "Tout mounn se mounn, men tout mounn pa menm: afè tè ak mache riral nan òganizasyon sosyokiltirèl yon lokalite nan nò Ayiti." Se yon etid sa yo rele an Franse "*régime foncier*" [rejim fonsye] ak sou komès ni nan mache ni nan lòt kote nan sèksyon riral-la. M te bay tèz-la tit sila-a paske . . . [nan etid-mwen-an] m pa panche sou bò ekonomik afè tè ak mache-a, osnon sou bò [regleman] lalwa.

Sa ki kenbe atansyon-mwen se bò ideyoloji ake jan abitan aji younn ake lòt akòz pozisyon yo genyen sou tè-a, oswa akòz pozisyon yo okipe nan komès. Pou pale dwat kòm etnològ map poze tèt-a-m kèksyon sila-a: Kijan abitan-yo boule ansanm nan jaden yo kiltive, epi kijan yo boule nan mache-a?

Dapre mwen, pwovèb-la ki di konsa "tout mounn se mounn, men tout mounn pa menm" bon anpil pou fè mounn konprann jan m wè lavi [andeyò]. M toujou konsidere 10 fenomèn sosyoloji lè mape reflechi sou lavi riral:

(1) Pifò nan abitan-yo malere e yo pa gen lapawòl nan peyi-a, se vre. Men, se abitan ki poto mitan peyi Ayiti tout bon, epitou pozisyon tout abitan pa menm.

(2) Tout abitan pa gen menm kantite tè e yo pa gen menm kalite tè.

(3) Tout abitan pa sèvi ak tè menm jan. Pami abitan-yo wa jwenn mèt tè, fèmye oswa mounn ki gen tè nan pretansyon, demwatye, jeran epi mounn ki gen dwa onnorè.

(4) Lè ou fini, trè souvan yon sèl abitan kapab mèt tè, demwatye ak fèmye sou 3 mòso tè diferan anmenmtan.

(5) Gen abitan ki plante kafe, bannann ake viv, tandiske gen lòt ki pa genyen kafe ni bannann. Yo plante viv sèlman.

(6) Fanm ki fè komès lakay se pa menm ake revandèz, machann mwayen [oubyen] madanm sara. Ositou, medanm-sa-yo pa achte ni vann menm jan ak èspèkilatè epi gwo komèsan nan bouk-yo. Yo pa okipe menm bagay e yo pa vann menm kantite.

(7) Mounn ki achte nan men-a-machann konsa konsa pa menm ake pratik.

(8) Tout abitan pa gen menm prensip oswa menm mès.

(9) Ositou, menm si abitan-yo gen menm mès ak menm prensip, yo pa bay menm mès-yo menm valè epi yo pa konpòte-yo menm jan.

(10) Tout sa ou wè nan milye riral-la se pa sa. Ayisyen toujou sou fasad. Pou konprann sa ki pase andeyò, yon etnològ blije trè sispèk sa li tande nan bouch-a-mounn e sa li wè mounn ap fè.

Tout bagay-sa-yo rantre nan kad "òganizasyon sosyokiltirèl" yon lokalite. Nan baz òganizasyon-sa-a gen yon konplèks ideyolojik e yon kalite konpòtman ki "ekivòk" (sa vle di li gen de sans) epi ki chaje ak anpil kontradiksyon. Se yon ti rezime m sòt ba-ou la . . . Pou ba-ou bagay-la pi fen toujou m ta oblije rantre nan yon pakèt teyori [ki sòt nan peyi blan], epi resite yon bann etid Ayisyen kou blan gen tan fè. Konpè, m pa kache di-ou se pa fasil pou mwen eksplike tout bagay-sa-yo an Kreyòl! . . .

Se domaj ti komès an Dominikani pa te mache pou ou. Pètèt wa wè kote pou ou degaje-ou pita oswa wa kapab regle afè-a-ou yon lòt jan. Ou di-m Depatman Agrikilti voye-ou nan yon lòt zòn. M sipoze sa vle di ou pa Lagiy [katriyenm sèksyon kominal Dondon] ankò. Ki kote yo voye-ou? Èske gouvènman-an mète kichòy sou kòb-la?

Sa ta fè-m kontan si ou ta ka ban-m plus presizyon sou sitiyasyon-an andeyò [nan komin Dondon]. Ou di lapli tonbe rèd depi nan mwa mas epi mounn pèdi rekòlt ak bèt. Men, yon lòt nèg te fè-m konnen mache Dondon ake mache Senrafayèl toujou plen. Èske ou wè mayi, gwo pwa ake lòt manje nan mache-a? Konbyen manmit mayi ak manmit pwa fè kounye-a? Konbyen gode mayi ak pwa vann? Èske kafe donnen anne-sa-a? Ou te di-m kafe fè yon pri *dérisoire* [rizib] men ou pa te di ki pri kafe vèt-la fè.

Viktoryen, m te ekri-ou dènyè fwa-a sou maladi kochon-an paske m kwè afè lafyèv kochon-yo apray boulvèse ekonomi peyizan-yo anpil. Dapre tout sa m tande jiskensi, Ameriken-yo ak gouvènman ayisyen vle touye tout kochon nan tout peyi Ayiti vre. Ositou, m ta vle ankouraje-ou mète zorèy-a-ou an twonpèt. Yo di-m ajan agrikòl-yo pral jwe yon gran wòl kòm annimatè nan pwogram eradikasyon-an.

Yon blan ki rele PG se kowòdinatè pwogranm-nan pou "IICA" [ki vle di Enstiti Entèameriken pou Kowoperasyon Agrikòl]. M pa konnen si msyè gen travay pou annimatè ni si ou ta aksèpte patisipe nan pwogranm-lan. Men, PG se yon bon blan ki konn peyi-a epi ki gen anpil kontak. I travay nan Biwo "IICA" Pòtoprens, men si i vini Dondon tchèke-i.

Ou te di-m ou panse tante yon chans rive Miyami. Siman ou gen tan tande lapolis ap kenbe mounn adwat agòch ni Miyami ni Okap. [Kòm] ou kapab pa konnen ki sa ki pase ake politik Regann [Prezidan Etazini an 1981] ann Ayiti, map voye 5 atik ba-ou. Wa wè younn sou nouvo sitiyasyon Ayisyen nan Miyami ki pa gen papye [imigrasyon]. Wa wè lòt sou konsèy depute Nwa Ameriken-yo bay gouvènman Ayisyen sou politik Regann. *Haïti-Observateur* (Ayiti Obsèvatè) se yon jounal egzile-yo pibliye Nouyòk. Mounn-sa-yo pa fannatik rejimnan menm, si ou konprann sa m vle di. [Sètadi diktati Janklòd Divalye-a.] M pa ta vle ou pran koudmakak. Alò, wa deside si ou bezwen kenbe atik-yo pou sèl grenn je-a-ou.

Di ... [makomè-m ak fiyèl-mwen] bonjou.

Oke konpè male, wi. Mape tann yon koudbik nan men-ou. Jis lè nou louvri vwa kominikasyon-nou ankò.

Pa janm dekouraje,

Drèksèl

(5) Pou menm jenn fanm-nan abitan Matadò, twazyenm sèksyon kominal Dondon

Wachintonn, DC
30 otòb 1981

Bonjou Jistin,

Kijan ou ye, machè? M espere ou manje byen, ou dòmi byen e chef Kronm-yo [Chrome North Detention Center, Miami, Florida] pa maltrete-ou.

Lèt ou te ekri pou 24 Oktòb-la te rive lakay-mwen avanyè. M te sezi wè lèt-sila paske m pa te janm gen nouvèl-ou depi ou te voye kasèt 10 out-la. . . . Alò, m pa te konnen si ou te deside pran batiman janbe dlo vre, ni si ou te resevwa lèt-mwen-an nonplis. Ala fanm brav, papa! Malgre m te regrèt tande lapolis imigrasyon [Miyami] mète-ou nan prizon, lè m te wè lèt-ou-a, kè-m te kontan anpil. Yon bann Ayisyen pèdi lavi -yo nan batiman kantè-yo, men ou-menm, ou te gen chans pou . . . [janbe gwo lanmè -a teri] Miyami. Ou nan ka kounye-a, se vre. Men, pwovèb-la di-ou konsa, bout kouto pi bon pase zong!

Depi avanyè m sonnen nimewo telefonn ou te ba-m 10 fwa. . . . Sonnen m sonnen, telefonn-sa-a toujou okipe. . . . Kou m te resevwa lèt-ou-a, m komanse pale ak moun Miyami pou wè ki sa m ta kapab fè pou ou. M pale ak yon mounn ki travay nan yon progranm pou refijye Ayisyen-yo, epi m pale ak yon avoka Ameriken ki pale pou Ayisyen nan tribinal. Malerèzman, de mounn-sa-yo fè-m konnen m pa kapab fè-yo pistonnen-ou. Yo di-m nanpwen anyen m kapab fè kounye-a. Lapolis imigrasyon pap kite pèsonn rantre nan Kronm. Lè ou fini, yo pap lage Ayisyen ki nan Kronm jis lè yo fin fè pwose.

De mounn-sa-yo te ban-m kèk konsèy pou mwen ba-ou. Prenmyèman, pran kontak avèk Msyè MF. Se li-menm ki avoka pou Sant Refije Ayisyen. Msyè-sa-a gen de nimewo telefonn . . . . Se pou ou rele msyè **kounye-a menm**, paske se li-menm ki kapab di-ou ki dwa ou genyen devan Leta Ameriken.

Dezyenmman, pale ak tout fanmi ake tout zanmi ou genyen ki rete Miyami pou fè-yo konnen ou nan ka. . . . [Se] pou ou pran kontak ak yo touswit.

Twazyenmman, fè tout sa ou kapab pou ou pale avèk Msyè FVB. Nèg-sa-a travay pou yon òganis ki ede Ayisyen. . . . Iyè, m pale ak li, mwen ekspoze sitiyasyon-ou ba-li. Li te di lapray chache mwayen pou fè yon pè katolik vin wè-ou. Men sa ta pi bon, si ou ta kapab telefonnen msyè tou . .

Rele-mwen touswit pou fè-m konnen

ou resevwa lèt sila-a. Mwen-menm menm, map toujou sonnen nimewo Kronm-nan. Si ou vle ekri-m ankò, men yon anvlop ki tou tenbre.

Jistin, machè, m pa kache di-ou ka ou grav anpil. Se posib lapolis imigrasyon prale ranvoye-ou ann Ayiti. Men, pa dekouraje. Fè tout sa ou kapab pou ou pale ak Msyè MF epi Msyè FVB, epi ak tout mounn-pa-ou Miyami. Konsa, wa gen pi bon chans pou ou lage. Pou mwen-menm, map toujou pran ransèyman pou wè kijan m kapab ede-ou.

Bon kouraj e bonn chans,

Drèks

6) Pou menm jenn gason, mounn nan bouk Dondon, kap etidye nan lekòl sègondè Pòtoprens

Wachintonn, DC
2 novanm 1981

Ti Chèlbè monchè,

Kouman ou ye, nèg? Mape ekri-ou bonnè maten-sila-a pou kòmanse jounen-a-m. Pandan de semenn ki sòt pase-la-a, m pran kontak ake de twa nèg ki travay nan yon pwojè pou refijye Ayisyen. Koze-a te tèlman bon m santi m ta vle eksprime-m an Kreyòl jodi-a.

Lèt 21 oktòb-ou-a te rive lakay avantyè. Pa bay kò-a-ou traka poutèt ou pa te reponn lèt 16 sètanm-mwen-an touswit. M te konnen ouvèti lekòl-la te byen pre epi m te sipoze ou tap travay kou bourik pou ou derape byen nan dènyè anne-ou-a. Avèk tout pwoblenm nan sistenm edikasyon nasyonnal sejousi, ou gen rezon pou ou vle fini ake tèt chaje-sa-a pi vit posib. [Tankou yo di an franse], *bonne besogne et bonne chance.*

Bò isit yo rele ti aparèy ou wè nan senti -a-mounn *"Walkman"*. (M sipoze ou ta tradwi sa-a an Kreyòl kòm *Wòkmann* – "Nèg ki mache".) Non-sa-a se non konpayi Japonè *Sony* bay aparèy yo fabrike, men nan bouch-a-pèp-la, nenpòt mak ti aparèy-sila-yo pote non *Wòkmann.* Mounn isit ap mache ake bagay-sa-yo depi avan m te ale ann Ayiti an 1979. [Poutan], se pandan 1979-1980 yo vin laraj nèt.

Ni gwo nèg (gwo komèsan, bankye, onmdafè, etc.) ni ti nèg ki sanble pa gen 5 kòb ap pwonmennen avèk *Wòkmann*-yo. Onmdafè sèvi ake aparèy-yo pou okipe afè-pa-yo, tankou koute korèspondans ki anrejistre sou kasèt. Men pi fò nan mounn ki genyen-yo ap koute mizik. Yo pouse mizik yo pi pito "foul volim" alèz nenpòt kote, menm jan ou wè flannè Pòtoprens ap fè.

Nòmalman, aparèy-yo vann trè chè. Mak *"Sony"*-a (vre *Wòkmann*-nan) vann $170 rive $200 US (plis taks 8 pousan). Men BFW di-mwen i te wè younn – se pa menm mak, non – nan yon magazen ki nan santvil Wachintonn pou $40 US. M pa janm wè-yo bon mache konsa mwen-menm. Lè ou fini, nou nan epòk Nwèl kounye-a epi komèsan-yo kapab gen tan monte pri-a.

Ma wè si m ka tchèke sa pou ou. Men, m ta konseye-ou reflechi byen anvan ou voye kòb pou ou achte younn. Dabò, pou voye yon ti aparèy konsa, li ta koute omwens $10 US lapòs. Epitou, travayè lapòs-yo kapab pèdi koli-a oswa vole-i fasil. Apre sa, ou ta blije ale nan dedwannen koli-a. M pa bezwen di-ou ladwann kapab koute chè anpil.

Sa vle di, si ou te kapab achte aparèy-la

$40 US, lapray koute-ou $43.20 US nan magazen avèk taks-la. Mète $10 US anwo chif-sa-a pou lapòs e sa fè $53.20 US. M pa konnen konbyen yo pral mande-ou ladwann, men m pa ta sezi si se $30 oswa $50 US. Sa fè wap pale . . . [anviwon] $83.20 rive $103.20 US pou aparèy-la rive nan men-ou. Fè-m konnen sa ou panse.

Iyè m te ekri Bòb yon lèt byen long. Msyè te ekri-m pou 17 oktòb [annivèsè lanmò Janjak Desalin], e lèt-a-i te rive jou anvan kina-ou-la. Gen lè msyè trè byen. Dapre sa li di, nèg-sa kontan anpil nan Akademi Militè-a. Msyè voye foto nan tout inifòm-a-i ake tout fizi-li nan men-i. Sanble Bòb ap kouri dèyè kèk vagabon nan jaden pitimi. Kòmanman, gade yon nèg nò ki renmen viv "militèman"!

Monchè, m konprann ou okipe ake lekòl anpil kounye-a, men m swète ou te gen tan ekri yon istwa sa ki te pase Dondon avèk Komite Relevman-an. Lè ou di-m komite-sa-a gen tan chanje koulè deja, m pa konprann sa sa vle di. M swiv-ou lè ou di "komite relevman tounen komite soulèvman". Men, m pa wè poukisa mounn komite-a te jennen rantre eskolè-a. E lè ou di otorite-yo sòt Okap pou vin mète lòd Dondon, èske sa vle di se lame ki te vini, oswa otorite depatman Edikasyon Nasyonnal?

Gen yon lòt bagay ki kenbe-m nan nwa toujou. Ni ou ni Bòb souliyen jalouzi ake tripotaj kòm sèl motif mounn-yo nan komite-a genyen. Kèlkeswa tripotaj ak jalouzi se gwo pwoblenm Dondon, mape mande-m si pa gen lòt bagay ki lakòz deblozay-la. Petèt yo pa dakò ak objèktif KONAJEK-yo [Konsèy Nasyonnal Aksyon Janklòdis], oswa yo pa dakò ak fason papa-ou ak lòt dirijan-yo òganize pwogranm KONAJEK-la. M pa ta vle kwè se toujou egoyis ak anvi ki kòmande sitiyasyon-an. M ta espere se te yon chòk pozisyon politik diferan. Dondon mèt se peyi tripotaj men fò nou sonje tou devlopman, opozisyon ake konfli se menm jan ake dwèt yon sèl men. . . . Fè-m konnen ki sa manm komite-a di yo ta vle fè yo-menm.

Ou te mande-m nouvèl-a-tèz-la. Enben, frè-a-m, tèz-la ap trennen toujou. Alekile, m gen yon tit tantatif pou li, m prepare yon tabdèmatyè epi m gen tan ekri kèk paj nan de twa chapit. Nan mwa oktòb-la, m te fini ake endèks tout nòt-a-m-yo. Travay-sa-a enpòtan pou mwen kapab jwenn ransèyman sou chak sije m gen pou mwen diskite .... Pou prenmyè fwa depi m tounen Ozetazini, m santi m kapab komanse ekri seryèzman.

Mèsi pou atik sou *Institut Roi Henri Christophe.* Gen lè mounn-yo fè bèbèl nan resèpsyon ouvèti Enstiti Wa Anri Kristòf-la, men na wè ki rannman lap bay. Se dwòl mounn-yo kontinwe make non-a-Kristòf ak "i," tandiske msyè te pito òtograf Angle – **Henry**. [Anri Kristòf (1767-1820) te fèt Lagrenad, yon ti zwit zile nan èst reyjon Karayib-la kote anpil mounn te pale angle, malgre zile-a te koloni franse epòk-sa-a Kristòf te vin rete Sendomeng lè li te gen douzan konsa.] . . .

Avan male, kite-m ba-ou yon dènyè nouvèl. Èske ou sonje Jistin, ti danm Matadò-a? . . . M pa konnen kijan li fè pou mèt pat sou lajan pou pran kantè, men li teri Miyami. Lapolis imigrasyon mète-i nan prizon. . . . Ala fanm ki brav!

Oke, Ti Chèlbè, map flay, wi. . . . Alapwochèn fwa, salitasyon pou tout mounn-a-ou. Kenbe kò!

Ciao [Italyen pou orevwa],

DW

(7) Pou yon enstititè lekòl Gason Vensan Oje nan bouk Dondon

Wachintonn, DC
15 novanm 1981

Ki sa ki cho, Mèt Bacha?

Ti lèt kout 30 oktòb-ou-a te rive iyè. . . . Mwen espere wa pran tan ba-m rezilta kou lèt sila-a tonbe nan men-ou pou tras -la pa vin frèt.

Kèlkeswa se pa de kontan mwen te kontan jwenn lèt ou-a, m pa kapab kache di-ou . . . [mwen nan nwa devan yon bagay] ou ekri . . . . M pa kapab devinen ki sa ou gen nan tèt lè ou ekri m [pa janm fè anyen nan lèt-mwen-yo apa] "*insister des pays*" [pale afè peyi Ayiti ak afè peyi Ozetazini sèlman] epi "*raconter de mon voyage à chaque instant*" [rakonte touttan sa m te wè ak sa m te fè ann Ayiti]. Koute byen: m pa jennen osnon fache, non. Men, m pa konprann siyifikasyon sa ou te ekri-a.

Ou mèt di se flema mwen ye. S'on flema ki pou ta rekonnèt flema parèy-a-i, pa vre? (Mape souri.) Men flema oswa pa flema, m pa konn ki sije ki ta enterèse -ou .... Nan pwochèn lèt-ou-a, wa mete-m lekòl pou mwen konnen ki sa pou mwen ekri nan lèt-kina-m-yo. Tanpri souple, Mèt Bacha, ede-m sòti nan nwa. Bon papa-mwen, mète-m nan bon chemen! (Mape souri toujou.) . . . .

Depi dènyè fwa mwen ekri-ou, m resevwa lèt nan men . . . [5 mounn Dondon, zanmi kamarad-a-nou]. Yo tout gen ti pwoblenm-a-yo, men yo pa pi mal. Gen lè Bòb kontan kou kochon nan fatra nan Akademi Militè-a. Giyonm [frè mèt Bacha] renmen Nouvèlòleyan nan [Leta Lwizyàn, Ozetazini] e li komanse ekri ake tande Angle byen. Pale Angle ap vini. Giyonm di konsa se pi fasil ekri-ou dirèkteman Okap pase voye lèt ban-mwen pou ou.

Mwen te pale ak GRS nan telefonn tou dènyèman, tou. Ou sonje ki mounn li ye? GRS se blan ak ki ou te vin lakay-a -m Basen Kayiman yon fwa. Msyè ake tout madanm-a-i trè byen. Yo mande pou ou ....

Mèt Bacha, ou gen rezon lè ou di m bezwen twouve yon bon djòb. Lajan fè ra lakay-a-m sejousi, frè-mwen! . . . Mape toujou kale jè-m pou ti djòb mitan -yo, men m poko wè-yo. . . . Alò, nanpwen kòb tafya pou ou, nèg-pa. M konnen nan afè gròg kòz-a-ou pa pi mal pase sa. Yo pa pòte dlo nan lanmè!

M te kontan aprann ou byen ake Boje-yo [yon fanmi gwo boujwa nan bouk Dondon] ankò. Se toujou bon wè mounn ki te byen ansanm rezoud pwoblenm yo genyen. Franchman, m te etonnen tande mounn Dondon bay Boje yon dènyè chans. Jan ou-menm ake tout pitit-a-msyè te rakonte lagè ake krizdebouch ki pète akòz revandikasyon Komite Relevman Dondon-an, m pa ta kwè yo ta anbrase msyè ak de bra ankò. Sepandan, fòk mwen admèt m pa janm fin konprann deblozay-la byen. Yon bò, mounn ap pale sou keksyon "vòlè", "biznismann ki konn lajan twòp" ake "malfezans". Lòtbò, mounn ap pale sou "jalouzi," "egoyis" ake "mounn sòt ki gen pretansyon chef".

Dapre mwen-menm, lè se tripotaj ak teledjòl ki ensiste sou malantant pèsonnèl-yo sèlman kap kòmande diskisyon-an, yon mounn ki pa sou plas pa kapab devinen kilès ki gen rezon. Li pa konnen ki sa ki vre, ki sa ki manti. Jis kounye-a, si . . . yo mande-m si m wè Dondon pare pou chanjman [sosyal-ekonomik-politik] serye, m pa ta ka di wi oswa non. . . .

M regrèt m pa te la pou Senmaten [fè patwonnal Dondon se 11 novanm] men m bò pou RS epi m di tout zanmi-a-m nan bouk-yo bonjou. Kanta kontni korèspondans -a-nou-an, sonje byen,

Jè pete pa jwe zo,

DW

(8) Pou konpè-mwen, ansyen ajan agrikòl Lagiy, katriyenm sèksyon kominal Dondon

Wachingtonn, DC
Lèndi 18 oktòb 1981

Kote Regann ap betize tandiske pèp Ameriken ap dòmi.

Bonjou Viktoryen,

Bèl lèt 14 novanm-ou-an te vini jwenn-mwen semèn pase-a. M te byen kontan konnen ou te resevwa kina-m-nan san pwoblenm, epitou kè-a-m te kontan ... ou fè zefò pou eksprime-ou an Kreyòl. Se konsa pou nou valorize lang manman peyi-a . . .

Mèsi pou koudjè ou te ba-m-nan sou milye riral [Dondon]-an. Li ede-m anpil nan etid-a-m, paske m toujou bennefisye konnèsans mounn ki rète andeyò. Sa ou te ekri te bon pou mwen tou paske m pa wè milye riral-la menm jan ake jan ou wè-li. Sa pa vle di m panse ou pa gen rezon, non. An jeneral, m dakò ave ou. Sepandan pale etnològ-yo ake pale agwononm oswa lòt mounn ki pa etnològ pa menm ditou.

Lè m di "klas", "konpòtman-mounn", "travay tradisyonnèl" . . ., m gen yon lide pa te gen kòb vwayaj-la. . . . Jan m wè afè-m kounye-a, m pap ka f'on tou Dondon pou Nwèl-la nonplis. Yo pa tire bèf nan panyen! Wa bwè kèk kou pou mwen, tande!

Oke, Mèt Bacha, male, wi. M voye yon ti èspesifik nan tèt-a-m, wi. Depi mo-sa-yo gen sans èspesifik-pa-yo, ànaliz ou kapab fè ake yo nan milye riral blije fèt yon jan èspesifik tou. M pa gen tan ba-ou gwo eksplikasyon jodi-a. Nava ranvoye-sa pou yon lòt lè. Men m kapab ba-ou yon ti egzanp.

Lè ou di genyen tout kalite mounn ki rète nan milye riral, m dakò ave ou. M dakò tou ake lide ou kapab divize mounn-yo [separe, mète-yo] nan 3 klas. (Ou ta kapab chwazi 4 oswa 5 klas tou, men nou pap mize sou detay-sa-a kounye-a.) Depi tè-a se yon resous ki enpòtan anpil nan sèksyon riral-yo ou kapab sèvi ak rapò mounn-yo genyen ake latè pou baz divizyon klas-lan. Alò wa trouve mèt-tè; wa trouve demwatye ake jeran; wa trouve fèmye oswa mounn ki gen tè nan pretansyon.

Bon. Nan chak klas mounn-sa-yo, mounn-yo gen dwa diferan ni nan sa yape fè ak tè-a, ni sou tè-a ni devan "kominotè-a" an jeneral. Wa wè tou anndan 3 klas-yo ou kapab trouve mounn ki jere pi plus tè pase lòt-yo. Answit mounn ki nan 3 klas-yo bezwen travay pou mète tè-a an valè. Genyen sa ki fè jaden pou kont-yo e genyen sa ki chache lòt mounn pou travay nan jaden-a-yo. (Yo fè konbit, yo achte ranpanno, bagay-sa-yo.) . . . Gade ou fin gade tout ti detay-sa-yo, ou reyalize ou gen 2 baz pou divize an klas mounn ki rète andeyò: tè ake travay.

Dapre mwen-menm, yon pwoblenm analitik enterèsan parèt kou ou fin divize popilasyon-an nan 3 klas-yo. Klas-yo pa "eskliziv." Sa vle di, mounn-yo ou mète nan yon klas, ou vin wè ou te kapab mète -yo nan yon lòt klas. Depi prèske tout mounn nan lokalite-a [sètadi, abitasyon-an] gen plizyè mòso tè, depi yo fè plizyè jaden, yon sèl grenn mounn kapab mèt tè sou yon mòso, demwatye sou yon lòt, epi fèmye sou yon twazyenm mòso. Donk, [malgre] divizyon klas-la se yon . . . [optik] valab, nesesè, ou oblije presize ki sa "klas" vle di nan milye riral. M konstate yon lòt kondisyon kapital konnèsans lavi andeyò: nou pa kapab konsidere relasyon klas-yo sèlman. Reyalite milye riral-la oblije-ou, fòse-ou voye jè sou . . . lòt divizyon ki genyen nan lokalite-yo. [Pa egzanp, ras, grad, sèks, epi laj mounn-yo.] Ositou, ou blije kalkile estrateji mounn-yo pouswiv pou fè lajan, pou jwenn manje e pou demontre se **mounn** yo ye (pa bèt), menm si yo pa gen gwo mwayen.

Na gen tan reprann . . . [ti odyans-sa-a pita] . . . . M swete tout sa ki bon pase kot-a-ou pou fen lanne-a.

Kenbe kò-a-ou,

Drèks

9) Pou Madanm Merisya Fètyè, ansyen vwazin ki te konn fè manje pou mwen, Matadò,twazyenm sèksyon kominal Dondon

Wachintonn, DC
15 fevriye 1983

Bonjou Merisya!

Kouman lannwit-la te pase? . . . Mwen espere tout mounn-a-ou-yo konpòte byen jodi-a. . . . Pou mwen-menm m pa pi mal pase sa maten-an. Li sizè dimaten kounye -a, e kom dabitid m fèk lève. Pandan mape bwè yon ti kafe m sòt koule la-a, m te panse sa ta bon si m te fè-ou konnen m te resevwa bèl lèt ou te voye ban-mwen an janviye.

Mwen te byen kontan aprann ti kado-a te pèmèt-ou f'on bagay ou te vle fè. Lajan toujou fè ra kou griyo lakay-mwen, men lè m kapab ede yon mounndebyen tankou ou, sa toujou fè kè-a-m kontan. Dènyè fwa Ti Chèlbè te ekri-m, i te di ou te gen tan jwenn kado-a. Malgre sa, m tap tann yon koudplinm nan men-ou.

M di-ou mèsi anpil pou nouvèl lanfanmi-a-ou ake mounn Dondon ou te ban-m. Sa te fè-m yon gwo plezi tande ni makomè Mimi, ni Likresya, ni Mariliz ake pitit-a-i ape prospere. Kanta Zakari ak Man Zakari ala de mounn ki renmen fè pitit, papa! Mespere Man Zakari apray akouche byen epitou yo kapab jwenn mwayen byento pou rezoud pwoblenm kape anbete-yo. . . .

Mwen te regrèt tande Madanm Nawas [yon ansyen granmounn] te mouri prenmye janvye. M pa te gen nouvèl-a-i depi lontan, men m te toujou kenbe yon bon souvni bon vwazinaj i te demontre-m. Malerèzman, m pa konnen ki kote pou mwen ekri mounn-a-i dirèk. Alò, tanpri souple, si sa pa ba-ou twop traka, chache mwayen pou ou eksprime LJ, MC, RH ake tout rès lafanmi-a-Man Nawas kondoleyans-mwen. . . [Man Merisya pa te byen ak lafanmi Man Nawas. Yo pa te pale menm.]

Ni nan Filadelfi ni isit Wachintonn se lanèj ki sou bouch tout mounn. Lòt jou, 16 pous lanèj tonbe e i mete tout mounn nan zen. Depi nou pa konnen sa ki rele lanèj ann Ayiti, menm lè li fè frèt anpil, mape

voye de foto. Younn nan yo montre-ou kijan lanèj kouvri tout bagay tankou yon gwo lenn blanch. Lòt-la montre yon msyè kape defouye machin-a-i ake pèl. Nou pap janm wè traka konsa lakay

[Matadò]! . . .

Bon, Merisya, mwen oblije rete la. Pase bon jounen e kenbe kouray-la.

Salitasyon amikal,

Drèks

Zakari ak Man Zakari, nou fè-m yon gwo konpliman lè nou chwazi-m pou paren ti gason-nou ki te fèt pou 25 jen. M felisite-nou. Menm si sa fè de fwa Man Zakari fè piti dèyè do-m! Maksepte lonnè-

10) Pou menm ansyen vwazin ak lafanmi-li, Matadò, twazyenm sèksyon kominal Dondon.

Wachintonn, DC
3 out 1983

Bonjou Merisya!

Kijan nou ye jodi-a? Mespere liy-sa-yo ava jwenn-nou tout an bon sante epi an bon fòm.

M te byen kontan resevwa lèt Merisya, Zakari, Man Zakari, makomè Mimi, ake Likresya te konpoze 3 jiye-a. . . . [Anvan lèt-kina-yo te vini fen mwa jiye], m te gen tan voye yon konmisyon pou Zakari avèk IPL, ki te pati pou ale ann Ayiti 27 jiye. Èske nou sonje IPL? Li se blan Ameriken ki te vizite-m Basen Kayiman ansanm ake madanm e pitit-a-i an 1980. M mande IPL pòte komisyon-an bay Ti Chèlbè paske m konnen Ti Chèlbè kapab ekspedye-li Dondon pou Zakari. Mespere li gen tan okipesa pou mwen deja. . . .

M pa janm sispann nonmen non-a-nou depi m retounen [Ozetazini sòti Ayiti] pou 8 me. M te rakonte manman-m, ti sèa-m, ake tout zanmi-mwen dènyè detay ti

vizit m te fè [Basen Kayiman ak Matadò] an me. Lè ou fini, m te griye pi gwo pati kafe sèch Merisya te ban-m e m koule kafe-a-m chak maten ake poud-la. . . .

An verite, depi m rantre nan peyi-a-m, m te barase anpil. Prenmyèman, li te pran anpil tan pou fini travay yo te voye-m fè Chanbelan [yon komin nan Grandanslan]. M pa te remèt chef pwojè-a travay-la jis 4 jen. Apre sa, yon bann afè pèsonèl vin mande okipasyon. Antretan, m tap toujou goumen ake tèz doktora map prepare sou Basen Kayiman ak Matadò. Se bagay-sa-yo ki te anpeche-m ekri-nou.

Tout mounn bò isit trè byen, menm si chalè ap pete fyèl-a-kretyen. Manman-m ak ti sè-mwen voye bonjou pou nou anpil. BFW di-m pa bliye fè-nou konnen li mande pou nou, tou.

Pi gran nouvèl nan lavi-a-m sejousi se BFW ak mwen nou pral demennaje apatman-nou pou nou ale rete Douranm [Durham], yon vil ki distans 400 kilomèt ak Wachintonn. BFW aksepte yon pozisyon laba kòm pwofèsè epi m deside ale tou pou pa gate mennaj-a-nou. Kay-la tèt -anba, [kifè] pandan map ekri map gade bwat katon toupatou! Nou pral deplase 15 out-la pou ale Douranm definitivman.

sa-a avèk plezi. Anmenmtan mwen espere Man Zakari gaya konplètman. [Akouchman-ni te difisil.] Depi lèt-nou-an te rive byen ta, m sipoze nou te gen tan chwazi yon non pou pitit-la deja. Sa pa jennen-m trop, paske m pa te vle rèsponsab pou yon move chwa mwen-menm. Reflechi m reflechi, e se Gaspa, Erik ake Matiren sèlman ki te vini nan tèt-a-m. Si nou renmen younn nan non-sa-yo, chans-pa-m. Si nou pa renmen-yo . . . kòm manman ak papa-pitit-la, nou mèt fè sa nou pi pito. Se bèl jès ki enpòtan pou mwen epi map kontan nenpòt ki chwa nou fè.

Man Zakari, foto Zakarin ak Antenò te byen sòti. Ma oblije voye kopi ba-ou yon lòt jou paske dyapozitif-yo deja nan bwat.

Komè Mimi, felisitasyon! Matant-a-ou te di-m ou tapray Okap apre ou te fini sètifika, men m pa te konnen si ou te bon. Malerèzman, kounye-a m pa kapab voye mont-lan ou te mande-m. Dabò, kòb fè ra lakay-a-m akòz depans m blije fè pou ale Douranm. Lè ou fini, tout mounn m konnen ki panse vizite Ayiti pati deja. Ma wè sa m kapab fè pou ou apre m rive Douranm.

Anvan male, m gen de lòt bagay pou mwen di-nou. M fèk pale ake Ti Chèlbè sou telefonn-nan. Msyè te vini Ozetazini pase de twa semenn. Donk, Zakari, ou pap resevwa komisyon-an touswit. Ti Chèlbè gen pou rantre ann Ayiti 18 out-la. Lap ekspedye komisyon-an apre dat-sa. Dezyenmman, pa bliye di Mamay m regrèt anpil m pa te wè-i. M sonje-li anpil, epi m pap manke wè-i prochèn fwa m pase Matadò.

Bon, mezanmi, afè-a-m ap kriye pou rantre nan bwat katon. Yon konpanyi ava vini pou demennaje kay-la 10 oswa 12 out, e mwen poko fin mete bagay-yo ann òd. Ale m ale, wi. Map tann yon lòt koudplim nan men-nou.

Toujou zanmi-nou,

Drèks

Dènyè ti pawòl pou wout-la

Mwen sòti ban-nou mòso nan 10 lèt-mwen-yo ki montre-nou yon fason pou abòde pwoblenm kominkasyon an kreyòl ayisyen. Lèt-yo te pèmèt-mwen, yon antwopològ, kenbe kontak ak ansyen zanmi kamarad Dondon lè nou pa te kapab pale vizavi. Zanmi kamarad-yo te abitan nan sèksyon kominal Matadò ki te apèn konn li ak ekri oswa mounn nan bouk Dondon ki pa te abitye ni li ni ekri an Kreyòl. Donk, mwen te chwazi gramè senp pou fòme fraz-yo. Pandan 1979-1980, lè mwen te rete nan komin-nan, se zanmi kamarad-sa-yo ki te fè-m konprann mounn nan nò-yo pa pale kreyòl toutafè menm jan ak Ayisyen ki fèt nan lòt rejyon peyi Ayiti. Donk, nan lèt-mwen-yo mwen te sèvi ak anpil mo ak ekspresyon ki te toujou nan bouch mounn Dondon epòk-sa-a.

Pou mwen-menm, lèt-yo se dokiman biyografik, men yo se dokiman istorik sou Dondon ak Ayiti, tou. Pou prezante-yo nan *MOZAYIK*, mwen te seye prezève valè-yo nan toulede sans sila-yo. Tèks-yo plen elips: elips 3 pwen-an (. . .) montre kote mwen sote mo ki te nan lèt orijinal-yo, [illegible] ekri tout koulè ekriti [illegible] entwodwi fraz [illegible] dakò pou nou itilize mo "kès" [illegible] oswa sou ekran konpitè. Divès [illegible] nou vle manyen zouti-yo pou reflechi [illegible] jan nap viv nenpòt ki kote nou [illegible] kapab pèmèt-nou wè nan ki mezi "kreyòl [illegible] pa devan Miyami, Monreyal oswa nan lavil [illegible]

[illegible] èspanyòl sèlman. Abitan pa pale menm jan ak mounn nan bouk oubyen ak ni mas- pèp ni gwo boujwa lavil. E piti piti, nou kòmanse detèkte patikilarite nan kreyòl yo pale nan Dyaspora. Poutan, malgre [illegible] syen-yo reyisi konprann younn lòt paske yo tout pale **Ayisyen**.

Ni Ayisyen natifnatal ni blan (nwa kou wouj) ka sèvi ak kreyòl-la an woutin pou tout bezwen kominikasyon. Nou pa be- zwen rete tann yon antwopològ oubyen yon lòt kalite èspesyalis pou nou fè sa. [illegible] zanp, anmenmtan nap pale franse, angle, oubyen èspanyòl. Anmenmtan tou,

[illegible] li ak ekri- li, nou kapab apresye sajès ansyen gran- mounn Dondon-yo ki pa janm bouke di, "Lè ou kontre zo nan gran chemen, sonje vyann te kouvri-li." Pètèt na kapab adapte sajès-la tou, pou ede Ayisyen leve [illegible]

NÒT-YO

1. An Franse yo rele EPN-nan "*Institut Pédagogique National*", ki ban-nou sig "IPN". Gen plizyè entwodiksyon pou ede mounn ki pale angle, franse oubyen al- man aprann pale kreyòl, epi ede tout mounn metrize sistèm EBN pou ekri lang -lan. Pami pi bon entwodiksyon sila-yo se Savèn (1995, 1997, 1999 [1991]), Tadyè (1994), Valdmann (1988) ak Frimann (1990). Sèl entwodiksyon nou gen pou

Chifilinn, Banbi ak Rachèl Chalye Dousèt [Schieffelin, Bambi B., and Rachelle Charlier Doucet], 1994. "The "Real" Haitian Creole: Ideology, Metalinguistics, and Orthographic Choice." *American Ethnologist* 21 (1):176-200.

Dejan, Iv [Déjean, Yves], 1983. [illegible] Chevy Chase, MD: The Haitian American Training Institute and the Center for Human Services.

Delespinas, Pyèjèn [De Lespinasse, Pierre-Eugène], 1961. *Gens d'autrefois . . . Vieux Souvenirs. . . .* Deuxième édition du tome premier [1926], complétée du second tome inédit. Paris: Les Éditions du Scorpion.

Frimann, Brayant [Freeman, Bryant C.], 1990. *Überleben auf Kreolisch: Mit Kassette*. Port-au-Prince: La Presse Évangélique.

Frimann, Brayant ak Jowèl Lagè [Freeman, Bryant C., and Jowel C. Laguerre], 1996. *Haitian-English Dictionary*. Lawrence, KS: Institute of Haitian Studies, University of Kansas, and Port-au-Prince: La Presse Évangélique. [De edisyon nouvèl soti an 2000 ak 2004]

Hòl, Wobè [Hall, Robert A., Jr.], 1953. *Haitian Creole: Grammar, Texts, Vocabulary*. With the collaboration of Suzanne Comhaire-Sylvain, H. Ormonde McConnell and Alfred Métraux. Memoir of the American Anthropological Association, No. 74, Memoir of the American Folklore Society, No. 43, and *American Anthropologist* 65(2), Part 2:222-309.

Jilabè, Hòhè Kòl [Gilabert, Jorge Coll], 1984a. *Kréyòl: Cuaderno de Ejercicios Gramaticales*. Santo Domingo: Equipo de Pastoral Haitiana, Instituto de Catequesis "Fray Ramón Pané."

__________, 1984b. *Kréyòl: Método Practico para Aprender el Idioma de la República de Haití*. Santo Domingo: Equipo de Pastoral Haitiana, Instituto de Catequesis "Fray Ramón Pané."

Jilyen, Wène [Julien, René], [1992?]. *Yon Seksyon Kominal: Twa Roch Dife*. Piblikasyon L'Amicale des Juristes ak PIRÈD. Pòtoprens: Enprimeri GRAFOS.

__________, 1994. *Etasivil nan Seksyon Kominal*. Pòtoprens: Pwoje Entegre pou Ranfòse Demokrasi an Ayiti (PIRÈD).

__________, 1995. *Eleksyon nan Bon Jan Ti Mamit*. Koleksyon Sosyete ak Demokrasi. Pòtoprens: Pwoje Entegre pou Ranfòse Demokrasi an Ayiti (PIRÈD).

Lagè, Michel [Laguerre, Michel S.], 1982. *The Complete Haitiana: A Bibliographic Guide to the Scholarly Literature, 1900-1980*. Millwood, NY; London, UK: Kraus International Publications. 2 volumes.

Leyon, Rulks [Léon, Rulx], 1979. *Simples Propos d'Histoire*. Port-au-Prince: Imprimerie Henri Deschamps.

Lowental, Ira P. ak Drèksèl G. Woudsonn [Lowenthal, Ira P. et Drexel G. Woodson] (redaktè), 1974. *Catalogue de la Collection Mangonès (Pétionville, Haïti)*. ARP Occasional Papers, 2. New Haven: Antilles Research Program, Yale University.

REFERANS-YO

Lis-sila ramase tout liv ak atik mwen pale nan tèks-mwen, epi li bay tout detay piblikasyon-yo. Klasman liv ak atik-yo swiv kat kritè biblyografik. Li pale di: (1) non òtè (moun ki ekri dokiman) oubyen non redaktè (moun ki rèsponsab lòganizasyon ak prezantasyon dokiman); (2) tit liv-la owsa atik-la; (3) kote dokiman-an parèt avèk kay piblikasyon; e (4) nan ki ane dokiman-sa parèt. Apa gran lèt pou non tout nasyon ak non tout lang, lis-la pa chanje pyès ni lang manman dokiman orijinal-la ni òtograf òtè-a chwazi pou ekri lang Ayisyen-an. Poutan, tout non-òtè-yo make nan òtograf EPN-nan dabò, epi jan non-an parèt nan dokiman orijinal-la.

Alèksi, Jèson [Alexis, Gerson], 1970. *Lecture en Anthropologie Haïtienne*. Port-au-Prince: Presses Nationales d'Haïti.

Bantolila, Alen [Bentolila, Alain], 1976. *Ti Diksyonnè Kréyol-Franse*. Port-au-Prince: Éditions Caraïbes.

Lòlès, Wobè [Lawless, Robert], 1990. *Haiti: A Research Handbook*. New York, NY; London, UK: Garland Publishing Company, Inc.

Magwayè, Wobè [Maguire, Robert], 1979. *Dévlopman ki Soti nan Baz nan Peyi Dayiti*. Rosslyn, VA: Inter-American Foundation.

__________, 1981. *Bottom-Up Development in Haiti/Desarollo desde las Bases en Haití*. Rosslyn, VA: Inter-American Foundation.

Makonnèl, H. Òmond ak Ijèn Swann [McConnell, H. Ormonde, and Eugène Swan], 1945. *You Can Learn Creole: A Simple Introduction to the Haitian Creole for English-Speaking People*. Port-au-Prince: Imprimerie de l'État.

Michel, Antwann [Michel, Antoine], 1913. *Salomon Jeune et l'Affaire Louis Tanis*. Port-au-Prince: Imprimerie St.-Jacques.

__________. 1932/33, *La XIVème Législature*. Port-au-Prince: Imprimerie La Presse, 4 volumes.

Pèlmann, Lodewik Fwedwik [Peleman, Lodewijk Frederik], 1984. *Gesproken Taal van Haïti met Verbeteringen en Aanvullingen/Ti Diksyonnè Kréyòl-Nélandè ak yon Ti Dégi*. Revised edition by Bryant C. Freeman. Port-au-Prince: Bon Nouvèl.

__________, 1986. *Afzonderlijke Uitgave: Verbeteringen en Aanvullingen van de Gesproken Taal van Haïti/Yon Ti dégi Kréyòl-Nélandè*. Bryant C. Freeman (ed.). Port-au-Prince: Bon Nouvèl.

Richmann, Karèn E. [Richman, Karen E.], 1990. "With Many Hands, the Burden isn't Heavy": Creole Proverbs and Political Rhetoric in Haiti's Presidential Elections. *Folklore Forum* 23 (1&2):115-123.

__________, 1992. "A *Lavalas* at Home/A *Lavalas* for Home": Inflections of Transnationalism in the Discourse of Haitian President Aristide. In *Towards a Transnational Perspective on Migration: Race, Class, Ethnicity and Nationalism Reconsidered*, Nina Glick-Schiller, Linda Bosch, and Cristina Blanc-Szanton (eds.), pp. 189-200. Annals of the New York Academy of Sciences, Volume 645. New York: New York Academy of Sciences.

Saven, Woje [Savain, Roger E.], 1995. *La langue haïtien en dix étapes/Dis Pa nan lang ayisyen-an*. Préface du Professeur Pradel Pompilus. Port-au-Prince, Haïti: Imprimerie Le Natal.

__________, 1997. *Dis Pa nan Lang Ayisyen-an*. Pwofesè Iv J. Jozèf [Yves J. Joseph] ki ekri prenmyè koze-a. Pòtoprens: Enprimri Lenatal; Rochester, VT: Schenkman Books.

__________, 1999 [1991]. *Haitian Kreyol in Ten Steps/Dis Pa nan Kreyòl Ayisyen-an*. Revised fifth edition, with two audio cassettes. Rochester, VT: Schenkman Books, Inc.

Tadyè, Geramari [Tardieu, Gérard-Marie], 1994. *Le Créole Rapide*. Troisième édition. Port-au-Prince: Éditions Areyitos.

Tebo, Edèl [Thébaud, Edele], 1994. *Gid pou travay ak fanm nan kominote yo.* Entwodiksyon pa Eveline Pressoir. Potoprens: Komite Ente-Ajans "Fanm nan Devlopman" (Comité Inter-Agence Femmes et Développement [CIFD], Nations Unies).

Tinmyan, Jowèl [Timyan, Joel C.], 1996. *Bwa Yo: Important Trees of Haiti*. Washington, DC: South-East Consortium for International Development (SECID).

Twouyo, Michèlwòlf [Trouillot, Michel-Rolph], 1977. *Ti Difé Boulé sou Istoua Ayiti.* Brooklyn, NY: "Koléksion Lakansièl".

Valdmann, Albè [Valdman, Albert], 1970. *Basic Course in Haitian Creole*. Indiana University Publications Language Science Monographs, Volume 5. Bloomington: Indiana University, and The Hague, Netherlands: Mouton and Company.

__________, 1988. *Ann Pale Kreyòl: An Introductory Course in Haitian Creole*. In collaboration with Renote Rosemond. Illustrations by Pierre-Henri Philippe. Bloomington: Creole Institute, Indiana University.

Valdmann, Albè [Valdman, Albert] (ed.), 1981. *Haitian Creole-English-French Dictionary*. Albert Valdman, Project Director; Sarah Yoder, Craige Roberts, Yves Joseph, Editorial Assistants; Francia Laborde Joseph, Josiane Hudicourt, Native Consultants; Claude Berrouet, Michel Lange, Micheline King, Yanick Augustin, Lydie Brissonnet, Margaret Bachman, Research Assistants; Linda Neagley, Lois Kuter, Clerical Assistants. Bloomington: Creole Institute, Indiana University, 2 volumes.

Vène, Pyè ak Brayant Frimann [Vernet, Pierre ak Bryant C. Freeman], 1988. *Diksyonè otograf Kreyòl Ayisyen*. Pòtoprens: Sant Lengwistik Aplike, Inivèsite Leta Ayiti.

Woudsonn, Drèksèl G. [Woodson, Drexel G.], 1990. *Tout Mounn sé Mounn, men Tout Mounn pa Menm*: Microlevel Sociocultural Aspects of Land Tenure in a Northern Haitian Locality. Ph.D dissertation, The University of Chicago, 3 volumes.

__________, 1997. *Lamanjay*, Food Security, *Sécurité Alimentaire*: A Lesson in Communication from BARA's Mixed-Methods Approach to Baseline Research in Haiti, 1994-1996. *Culture & Agriculture* 19(3):108-122.

Editors' Note

MOZAYIK: **Yon Konbit Literè ann Ayisyen** assembles twelve essays in Haitian Kreyòl by Haitians and Americans about topics in the humanities, social sciences, and sciences. The contributors - scholars, teachers, and researchers who are well informed about Haiti, its people and their traditions - reflect on various aspects of Haitian realities. Their contributions are responses to Roger E. Savain's February 1998 invitation to join a literary ***konbit***, a work group to produce texts written directly in Haiti's most widely spoken language to demonstrate that it serves equally well for written communication.

MOZAYIK is the first anthology of its kind, given that writers have previously used Haitian Kreyòl almost exclusively for creative fiction, poetry, religious texts, musical lyrics and the dissemination of public information.

This volume specifically addresses the needs of high school and college students, in Haiti as well as the Diaspora, who seek to enrich their knowledge by reading about Haitian realities in the country's primary language. The contributors engage their topics in ways that will stimulate critical thinking among students, encouraging them to adopt the habit of carefully analyzing people, events, processes, and forms of discourse about them. However, people of all ages and walks of life who are interested in reading Haitian Kreyol to learn about Haiti's past, reflect on its present, and envision its future will find in **MOZAYIK** an array of informative and thought-provoking arguments.

MOZAYIK's subtitle evokes the teamwork of the ***konbit***, the collective labor association that Haitian peasants use to clear land, plant gardens, and harvest crops. In the spirit of a traditional ***konbit***, the volume's contributors collectively cultivate a garden of significant intellectual issues by treating Haitian Kreyòl as a topic of discussion or by using the language as a tool to explore other subjects.

In the preface, **Hugues St. Fort** describes the history of Haitian Creole and discusses current linguistic theories about Creoles as compared to other "types" of languages.

The late **Pradel Pompilus** (1914-2000) expresses his incisive views about Haitian Kreyòl and linguistic approaches to its study for the last time in print, while outlining the major phases of his long career as a researcher, literary historian/critic, and teacher.

Using the exploits of fictional detectives as a metaphor, **Maximilien Laroche** outlines steps for planning and executing sound research projects: defining problems, selecting appropriate methods of investigation, and scrutinizing evidence.

Drexel G. Woodson reflects on letter-writing as a supplementary channel of communication for historically-minded ethnographers, after recounting how he learned Haitian Kreyòl in the 1970s, reviewing debates about orthography since the 1940s, and describing currently available reference works that facilitate the transition from spoken to written language.

The late **Hervé Florival** (1955-2005), adopting the nostalgic perspective of someone forced by circumstances to leave his homeland, reminisces about the good times of adolescence in rural Haiti.

Bryant Freeman's transcription of Haitian folktales highlights the significance of sociocultural and linguistic contexts of performance as guides to the interpretation of traditional oratory.

Emphasizing the importance of context as well in poems and short stories, **Jean Mapou** evokes both his childhood memories and his adult vision of connections among political developments in Haiti, the United States of America and Africa.

Michel-Rolph Trouillot critically analyzes how Toussaint Loverture manipulated the "family," a homogenizing concept and word with sharply varied real-world referents. Trouillot's analysis, written in a casual conversational style, reveals how the concept/word "family" produced ideological deception and political exclusion in Toussaint's day and suggests that these conditions still plague contemporary Haiti.

Katia Ulysse and Gina Ulysse, sisters and members of the Haitian Diaspora, allow readers to listen in on their conversation about Haitian historical narratives and social identities. Contrasting "grand" historical narratives with those called "small" or "petty," the Ulysse sisters advocate giving voice to the small narratives as a way to counter the powerful but distorted stories that grand narratives tell about Haiti and Haitians past, present and future.

Focusing on the sad spectacle of Haitian politics today, **Frits Fontus** makes an impassioned Christian plea for unambiguous commitment to ideas and objectives that will promote national sociopolitical reconciliation.

François Severin informs Haitians about techniques to improve the cultivation of two plants, ginger and citronella (or lemon grass), and describes their levels of production in countries around the world. Then, bringing his knowledge of agronomy to bear on Haitian health problems, he reminds readers of the plants' often-overlooked nutritional and medicinal values.

Gerdes Fleurant explains why and how music plays an important role in Vodou. He describes music, musical instruments and musicians among today's Haitian servitors and in the African countries from which their ancestors brought religious/spiritual ideas, values, and practices. That description paves the way for his careful analysis of five ritual songs that introduce Vodou services, which explicates the songs' meanings and shows how they influence subsequent ritual acts.

Karen E. Richman illuminates a mode of communication mediating the gap between routinely engaging in face-to-face conversations and sporadically fashioning written documents, which has developed in the context of transnational migration. She deftly analyzes how Haitians at home and abroad use cassette recordings to send and interpret "pwent" and "pwen" - elements of indirect discourse about power, status, and social obligations that Haitians on both sides of migration streams understand.

As the foregoing description suggests, **MOZAYIK** presents a wealth of substantive information about Haitian realties coupled with thought-provoking interpretations of that information. The volume clearly demonstrates that complex ideas about a wide range of topics can be expressed in Haitian Kreyòl.

Thus, we include in this literary ***konbit*** selected writings of **Georges Silvain** (1866-1925), **Pauris Jean-Baptiste** (1936), **Justin Lherisson** (1873-1907), and **Marcel Silvain** (1910-1987) who have published tales, poetry, novels, and popular songs that have become part of Haiti's national heritage.

Based on experience and aesthetic sensibilities the contributors differ, of course, in their manipulations of the official
orthography, their word-choices, and their writing styles. This is to be expected in an old spoken language that is becoming a new written language. Yet, all of the contributors enthusiastically embraced the idea, embodied in the official orthography, that standardization of written Haitian Kreyòl is an important element of the language's evolution. Thus, each contributor made the effort to write Haitian Kreyòl consistently, while infusing his or her writing with the spoken language's creativity, evocative imagery and distinctive rhythm.

Roger E. Savain — Plantation, Florida
Drexel G. Woodson — Tucson Arizona

NOTES ON THE HAITIAN KREYOL LANGUAGE

***The Haitian Language is autonomous and written phonetically. It has primarily borrowed words from French since the 17th and 18th centuries, although other languages spoken in the Old and New Worlds have also supplied loan words. The Haitian language uses principles of sytax found in certain West African languages as well as in English. Commonly called Kreyol, it is the national language of Haiti and, along with French, one of the country's two official languages. Spoken by the entire Haitian population as well as by most foreigners who work closely with Haitians, the Haitian language is also widely spoken by people of Haitian descent born or living abroad. Although written the way it is pronounced, the written language has specific grammatical rules. Some Haitians now call their language* Ayisyen.**

The Haitian Language is based on 4 fundamental principles:

1. One sign for each sound
2. The same sign for the same sound
3. No silent letter
4. Each letter has its own function

It has 10 basic sounds and they are the vowels:

a (father), **an** (no English equivalent, approximates **awn**ing),

e (say), **è** (get), **en** (no English equivalent, approximates Sp**an**iard)

i (sea), **o** (low), **ò** (ought), **on** (don't), **ou** (two).

Thus, we include in this literary ***konbit*** selected writings of **Georges Silvain** (1866-1925), **Pauris Jean-Baptiste** (1936), **Justin Lherisson** (1873-1907), and **Marcel Silvain** (1910-1987) who have published tales, poetry, novels, and popular songs that have become part of Haiti's national heritage.

Based on experience and aesthetic sensibilities the contributors differ, of course, in their manipulations of the official orthography, their word-choices, and their writing styles. This is to be expected in an old spoken language that is becoming a new written language. Yet, all of the contributors enthusiastically embraced the idea, embodied in the official orthography, that standardization of written Haitian Kreyol is an important element of the language's evolution. Thus, each contributor made the effort to write Haitian Kreyòl consistently, while infusing his or her writing with the spoken language's creativity, evocative imagery and distinctive rhythm.

Roger E. Savain
Plantation, Florida

Drexel G. Woodson
Tucson, Arizona

NOTES ON THE HAITIAN KREYOL LANGUAGE

The Haitian Language is autonomous and written phonetically. It has primarily borrowed words from French since the 17th and 18th centuries, although other languages spoken in the Old and New Worlds have also supplied loan words. The Haitian language uses principles of syntax found in certain West African languages as well as in English. Commonly called Kreyol, it is the national language of Haiti and, along with French, one of the country's two official languages. Some Haitians now call their language **Ayisyen.** ***Spoken by the entire Haitian population as well as by most foreigners who work closely with Haitians, the Haitian language is also widely spoken by people of Haitian descent born or living abroad. Although written the way it is pronounced, the written language has specific grammatical rules.***

The Haitian Language is based on 4 fundamental principles:

1. One sign for each sound
2. The same sign for the same sound
3. No silent letter
4. Each letter has its own function

It has 10 basic sounds and they are the vowels:

a (father), **an** (no English equivalent, approximates Spa**n**iard),
e (say), **è** (get), **en** (no English equivalent, approximates l**en**s).
i (sea), **o** (low), **ò** (ought), **on** (don't), **ou** (two).
Notes: an en on ou always function as single vowels
and one sound each.

The grave accent (`) modifies the sound of **a e o** that become:
à as in kànva, **è** as in fèt, **ò** as in mòn.

The vowel sounds never change.

HAITIAN KREYOL LANGUAGE ALPHABET

a	**an**	b	ch	d	**e**	**è**	**en**	f	g
h	**i**	j	k	l	m	n	**o**	**ò**	**on**
ou	p	r	s	t	ui	v	w	y	z

The bold signs are the 10 vowel-sounds.

Notes: The Haitian Kreyol language alphabet includes

ui but not **u** and **ch** but not **c**, and excludes the consonants **q** and **x**.

The letter **g** is always pronounced like in **go**.

The letter **j** is always pronounced like "ge" in **beige.**

Do not roll the letter "**r** ".

It does not occur at the end of any syllable.

The letter "**r** "is replaced by **w** before **o ò on ou:**

wo (high), **wòb** (dress), **won** (round), **wou** (hoe).

The letter "**s**" is always pronounced **ess** at the beginning of a word before

a consonant: **espò** (sport), **estòp** (stop), **espesyal** (special).

The letter "**s**" never substitutes for "**z**".

Other particularities:

◊ The five pronouns: **mwen ou li nou yo** always come after the nouns and verbs, except when they are pronoun-subjects.

◊ The five singular definite articles: **la lan nan a an,** are used according to the ending of the word that precedes them.

◊ The only plural definite article is **yo,** and the only indefinite article is **yon**. It precedes the noun.

◊ The tenses of the verbs are indicated by verb markers (small particles placed before the verbs): **te** (past), **ap** (present), **prale/pral/a/va/ava** (future).

A **hyphen** is used to join:

1. a noun and a definite article: **liv-la**
2. a noun and a possessive pronoun: **travay-mwen**
3. a noun and a demonstrative: **kay-sa-a**
4. a verb and a pronoun object: **renmen-yo**

(Excerpts from *Haitian Kreyol in Ten Steps, 5th edition, 1999.*)

CPSIA information can be obtained at www.ICGtesting.com
Printed in the USA
LVOW02s2223020915

452548LV00013B/478/P

9 780741 440457